教学的智慧
——高三数学落实核心素养教法指导

王春红　等　编著

中国水利水电出版社
www.waterpub.com.cn

·北京·

内 容 提 要

本书是一部专为高中数学教师和高三学生量身打造的教学资源与教学方法指南．全书分为教学资源整合和教学方法指导两大部分，将高中数学知识系统划分为七个关键单元，每个单元内又细分为五个模块，分别是"一题多问、串联知识""专题专训、总结方法""变式训练、探寻本质""自主探究、提升能力"以及"文化情境、数学应用"．这一精细的模块划分旨在将原本碎片化的知识点串联起来，形成完整的知识体系．

本书不仅提供了丰富的教学资源，还通过具体实例给出了各模块的课堂教学方法指导．在互动式、启发式教学的基础上，鼓励教师采用探究式、合作式等多元化教学方式，以培养学生的自主学习和探究能力，同时发展其批判思维和创新能力．

本书适合高中数学教师及高三学生作为教学和学习的重要参考，旨在帮助学生优化学习路径，提升数学能力和核心素养．

图书在版编目（CIP）数据

教学的智慧：高三数学落实核心素养教法指导 / 王春红等编著. -- 北京：中国水利水电出版社，2024.6（2024.11重印）．
ISBN 978-7-5226-2548-5

Ⅰ．G633.602

中国国家版本馆CIP数据核字第2024UL3664号

策划编辑：陈艳蕊　责任编辑：邓建梅　加工编辑：高志　封面设计：苏敏

书　　名	教学的智慧——高三数学落实核心素养教法指导 JIAOXUE DE ZHIHUI—GAOSAN SHUXUE LUOSHI HEXIN SUYANG JIAOFA ZHIDAO
作　　者	王春红　等　编著
出版发行	中国水利水电出版社 （北京市海淀区玉渊潭南路1号D座　100038） 网址：www.waterpub.com.cn E-mail：mchannel@263.net（答疑） 　　　　sales@mwr.gov.cn 电话：（010）68545888（营销中心）、82562819（组稿）
经　　售	北京科水图书销售有限公司 电话：（010）68545874、63202643 全国各地新华书店和相关出版物销售网点
排　　版	北京万水电子信息有限公司
印　　刷	三河市德贤弘印务有限公司
规　　格	170mm×240mm　16开本　12印张　220千字
版　　次	2024年6月第1版　2024年11月第2次印刷
定　　价	58.00元

凡购买我社图书，如有缺页、倒页、脱页的，本社营销中心负责调换
版权所有·侵权必究

编 委 会

编　　著　王春红

参编人员　（按姓氏拼音排序）

　　　　　　蔡秀梅　洪尚峰　李海超　彭　红

　　　　　　王春红　王桢罡　张奇琛　赵　迪

　　　　　　朱丽丽

前　言

　　教育部自党的十八大以来，关于教育改革的相关政策给教育发展提出了明确的方向：以习近平新时代中国特色社会主义思想为指导，坚持为党育人、为国育才，全面贯彻党的教育方针，落实立德树人根本任务，发展素质教育，促进教育公平．其中关于基础教育教学改革的指导有：深化课程教学改革，加强机制创新，指导、发动各地和学校深化育人关键环节和重点领域改革，更新教育理念，转变育人方式，坚决扭转片面应试教育倾向，切实提高育人水平，促进学生德、智、体、美、劳全面发展．

　　在政策和意见中提到关于教学方式改革的建议有：优化课程设置，注重课程的实效性和实践性；创新教学方法，培养学生自主学习和批判思考的能力；根据"以人为本"和"全面发展"等基本原则，推动课程、育人方式和教学方法的改革，鼓励探究式、合作式的教学方式，注重培养学生自主学习能力．

　　高中新课标要求学生通过高中学习，逐步形成适应个人终身发展和社会发展需要的必备品格与关键能力，其中高中数学学科的核心素养包括数学抽象、逻辑推理、数学建模、直观想象、数学运算和数据分析．新课标强调教师应引导学生主动学习、自主学习、合作交流，以及培养学生分析问题、解决问题的能力．

　　新课标指导下的高考数学命题，以能力立意为主，以思想方法为魂，以问题为中心，以数学素养为导向，强调试题的基础性、综合性、应用性和创新性，展现数学的学科价值和人文价值．在考试内容上突出考查数学知识中基本的、核心的、主干的、可再生性的内容以及知识之间的内在联系，注重数学本质、通性通法；考查学生的学习方法、学习能力和创新思维，同时也发挥数学高考的选拔功能．

　　本书可以有效帮助教师指导学生建立数学知识体系、框架和网络，把握数学知识的内部联系和规律，整理归纳常见问题及其通性通法，把离散的知识点连成线，再把若干条线有机、有序地合成为程序性知识．本书在数学知识上遵从基础性、系统性和综合性的原则，在解题方法上注重通性通法，在教师教法上提出探究式教学、互动式教学、自主式教学的指导建议，既可为高三教师备课提供帮助，也可为高三学生自我检验和提升提供指导．

　　本书各单元根据教师的教学教法建议进行编写，主要分为五个部分：

　　（一）一题多问、串联知识．我们建议教师在进行知识复习时，能够通过一个或几个（尽量少）例题，将本单元的所有重要知识都串起来复习一遍，只要落实了该例题，就可以掌握本部分内容的主干知识和解题方法．

（二）专题专训、总结方法． 我们建议在复习中安排针对性的专题复习，将重要的解法思路和算法类型归纳梳理，学生通过专题训练，可以积累并归纳常见问题的处理方法，形成通性通法．

（三）变式训练、探寻本质． 我们建议教师在课堂教学中针对重要的概念、定理、公式等进行深层次的解读，以具体题目为载体，通过层层递进的设问互动，或通过由易到难的问题解决，或通过变式对比等，帮助学生加深对核心概念等知识的理解．

（四）自主探究、提升能力． 我们建议在教学中安排探究性问题、开放性设问、劣构性题目等，帮助学生拓宽探究问题的思路，积累研究问题的方法，提高探究能力，从而提升学生的探究能力、思维推理能力、应用知识综合解决问题的能力，提升数学素养．

（五）文化情境、数学应用． 我们建议在复习时加强数学文化的积累、数学应用题目的训练，帮助学生在问题解决中提升数学阅读能力、提取信息和数据的能力，积累研究问题的方法，提高分析问题、解决问题的能力，全面发展核心素养．

本书的宗旨是研究推动素养导向的教学方式改革，推动传统教学模式向更加以学生为中心、能力为导向的教学模式转变；注重培养学生的综合能力和素养，使其具备适应未来社会发展需求的能力；为教师提供相关的理论、方法和实践经验，提升教师的教学能力，减轻备课负担；为一线教师提供复习思路和方法的指导，以及课堂教学方式的建议；促进教育教学改革的进程．

北京市西城区的教育一直是北京市的教育"高原"，北京市"八中"的数学教学又在西城区发挥引领性作用．本书是"八中"数学组多位教师总结多年的复习经验凝结成的复习策略和教学教法指导用书．在信息与资源极度扩张的当下，选什么题、选题意图、教学目标，以及怎么教学是高三数学教师在备课中常遇到的问题．本书以"八中"数学组教师精选精编的题目为主要内容，对数学中核心概念、重点知识、通性通法进行梳理，对不同知识内容、形式对应的教法有效性给出具体的指导建议．

由于时间等因素，书中难免存在疏漏与不足，恳请广大读者不吝赐教，使本书更完善．

编 者

2024 年 3 月

目　　录

前言

教学方法指导 ··· 1

　一、一题多问、串联知识教法指导 ··· 2

　　（一）一题多问、串联知识的优势 ··· 2

　　（二）一题多问、串联知识的形成方法 ··· 3

　　（三）一题多问、串联知识教学方法案例指导 ·· 4

　二、专题专训、总结方法教法指导 ··· 6

　　（一）专题专训的优势 ··· 6

　　（二）专题专训课例的形成方法 ·· 7

　　（三）专题专训的教学案例指导 ·· 7

　三、变式训练、探寻本质教法指导 ·· 10

　　（一）变式训练、探寻本质的优势 ·· 10

　　（二）变式训练设计课例的方法 ··· 11

　　（三）变式训练教学方法案例指导 ·· 12

　四、自主探究、提升能力教法指导 ·· 14

　　（一）教与学中探究问题的必要性 ·· 14

　　（二）选取探究性问题的建议 ·· 15

　　（三）自主探究、提升能力的教学方法案例指导 ···································· 16

　五、数学文化、数学应用与创新问题教法指导 ·· 20

　　（一）数学文化、数学应用与创新问题的必要性 ···································· 20

　　（二）数学文化、数学应用与创新问题选题与设计的方法建议 ·················· 21

　　（三）数学文化、数学应用教学方法案例指导 ······································· 22

　　（四）创新问题教学方法案例指导 ·· 23

第1单元　集合、逻辑、不等式、数列、复数 ·· 26

　1.1　一题多问、串联知识 ··· 26

　1.2　专题专训、总结方法 ··· 33

　　1.2.1　充要条件的判断方法 ·· 33

　　1.2.2　二次不等式中的恒成立、能成立问题 ·· 34

　　1.2.3　各种不等式的解法 ··· 36

　1.3　变式训练、探寻本质 ··· 39

	1.4	自主探究、提升能力	42
	1.5	文化情境、数学应用	43
第 2 单元	**函数、导数**		**45**
	2.1	一题多问、串联知识	45
	2.2	专题专训、总结方法	49
		2.2.1 复合函数和分段函数	49
		2.2.2 函数的图象	52
		2.2.3 分类讨论策略	53
		2.2.4 超越问题的处理方法	55
		2.2.5 二元问题（双变量问题）处理方法	58
	2.3	变式训练、探寻本质	59
	2.4	自主探究、提升能力	62
	2.5	文化情境、数学应用	64
第 3 单元	**三角函数、平面向量与解三角形**		**69**
	3.1	一题多问、串联知识	69
	3.2	专题专训、总结方法	75
	3.3	变式训练、探寻本质	78
	3.4	自主探究、提升能力	85
	3.5	文化情境、数学应用	89
第 4 单元	**空间向量与立体几何**		**94**
	4.1	一题多问、串联知识	94
	4.2	专题专训、总结方法	99
		4.2.1 正方体中的截面问题	100
		4.2.2 立体几何中的翻折问题	104
		4.2.3 立体几何中的最值问题	106
		4.2.4 立体几何中空间想象能力的培养与提升	107
	4.3	变式训练、探寻本质	111
	4.4	自主探究、提升能力	113
		4.4.1 立体几何中的运动变化问题	113
		4.4.2 立体几何中的劣构问题	117
	4.5	文化情境、数学应用	119
第 5 单元	**解析几何**		**121**
	5.1	一题多问、串联知识	121
		5.1.1 直线与圆锥曲线联立求解问题	121
		5.1.2 设点求解圆锥曲线问题	123

5.2　专题专训、总结方法 ·· 125
　　　　5.2.1　直线和圆的问题 ··· 125
　　　　5.2.2　圆锥曲线定义的应用 ·· 127
　　　　5.2.3　求离心率的取值或范围 ·· 131
　　　　5.2.4　圆锥曲线中的几何性质转化 ··· 135
　　　　5.2.5　圆锥曲线中参数（设点、设线方法）的选择 ······························· 136
　　　　5.2.6　圆锥曲线中的先猜后证问题 ··· 138
　　　　5.2.7　计算的技巧 ··· 140
　　　　5.2.8　圆锥曲线的最值问题 ·· 142
　　5.3　变式训练、探寻本质 ··· 145
　　　　5.3.1　解析几何中重要的思想方法——"转化"和"消元" ····················· 145
　　　　5.3.2　解析几何中常用的几何转化方法 ··· 152
　　5.4　自主探究、提升能力 ··· 154
　　　　5.4.1　变量的多元与优化——"坐标、长度、角度……" ······················· 154
　　　　5.4.2　新定义问题——"美育精神" ·· 155

第 6 单元　排列组合、二项式定理、概率统计 ··· 157
　　6.1　一题多问、串联知识 ··· 157
　　　　6.1.1　概率统计中的常见问题 ·· 157
　　　　6.1.2　二项式系数的计算 ·· 160
　　6.2　专题专训、总结方法 ··· 161
　　　　数字特征相关问题 ··· 161
　　6.3　变式训练、探寻本质 ··· 164
　　　　6.3.1　二项式定理的灵活应用 ·· 164
　　　　6.3.2　抽样中的分布列 ··· 165
　　6.4　自主探究、提升能力 ··· 166
　　　　概率统计的综合应用 ·· 166

第 7 单元　创新题 ·· 171
　　7.1　知识拆分、积累方法 ··· 171
　　7.2　真题反复、逐渐提升 ··· 174

教学方法指导

教育部给教育发展提出明确的目标：以习近平新时代中国特色社会主义思想为指导，坚持为党育人、为国育才，全面贯彻党的教育方针，坚持马克思主义指导地位，贯彻新时代中国特色社会主义思想，坚持社会主义办学方向，落实立德树人根本任务，发展素质教育，促进教育公平，办好人民满意的教育，努力培养担当民族复兴大任的时代新人，培养德、智、体、美、劳全面发展的社会主义建设者和接班人．

教育教学改革一直在进行着，党的十八大以来关于教育改革的相关政策有 2014 年教育部《关于全面深化课程改革落实立德树人根本任务的意见》，2018 年中共中央、国务院《关于全面深化新时代教师队伍建设改革的意见》，2019 年《中国教育现代化 2035》，2020 年中共中央、国务院印发《深化新时代教育评价改革总体方案》，2023 年 5 月教育部办公厅关于印发《基础教育课程教学改革深化行动方案》的通知等．其中关于基础教育教学改革的文件，指出改革的原则与方向：教育应以德育为先，注重发展素质教育，教育要面向人人，注重全面发展，终身学习，因材施教，知行合一，融合发展，共建共享．深化课程教学改革，加强机制创新，指导、发动各地和学校深化育人关键环节和重点领域改革，更新教育理念，转变育人方式，坚决扭转片面应试教育倾向，切实提高育人水平，促进学生德、智、体、美、劳全面发展．关于改革行动的做法和建议有：有组织地持续推进基础教育课程教学深化改革．至 2027 年，形成配套性的常态长效实施工作机制，培育一批深入实施新课程的典型区域和学校；总结发现一批教学方式改革成果显著、有效落实育人要求的教育教学案例；教师教学行为和学生学习方式发生深刻变化，教与学方式改革创新的氛围日益浓厚，基础教育课程教学改革形成新气象．重点工作围绕"课程方案转化落地规划行动""教学方式变革行动""科学素养提升行动""教学评价牵引行动""专业支撑与数字赋能行动"等几方面推进．

本书编者在关于"教学方式变革"和"提升科学素养"的具体工作中做了实践和探究，将一些具体做法和案例分享给读者．我们根据教育部各政策和意见中提到的关于教学方式改革的建议，优化课程设置，注重课程的实效性和实践性；创新教学方法，培养学生自主学习和批判思考的能力；根据"以人为本"和"全面发展"等基本原则，推动课程、育人方式和教学方法的改革，鼓励探究式、合作式的教学方式，注重培养学生的自主学习能力．

具体做法如下．

（一）知识的有效串联

我们将教材中碎片化的知识进行有效串联，以一个题目背景为载体，将重要的知识和方法进行全面复习，减少了简单知识点的机械重复，大大提高了复习的效率．这种课程内容的安排经过了多年的实践、改进，具有很强的实效性．

（二）教学重点、难点的突破

我们将高中数学中的重点、难点进行深入分析，将突破重点、难点的一些方法做了总结归纳，在教学方法上做了一些尝试，有很好的教学效果，是优秀论文和教学思想方法的汇集．

（三）案例分析与教法建议有机结合

对深入学习和探究主干知识的方式方法给出教学教法建议，也给出了具体的案例分析，并针对设置问题的方法给出建议，可以推广至其他知识点．同时，在具体教学中对具体问题的解法给出独到的分析和见解，以培养学生自主学习和批判思考的能力．

（四）教学方法的实践与创新

根据教学内容和形式的不同，创新教学方法，采用不同的教学方法，鼓励探究式、合作式的教学方式，培养学生自主学习和批判思考的能力．

本书以数学常规课教学为例，引导广大教师深入研究课程教材内容和课堂教学规律，创新教学设计和教学方法，带动广大教师变革教与学的方式，尊重学生的主体地位，发挥教师的主导作用，注重启发式、互动式、探究式教学，避免单纯教师讲学生听等单一的教学其式，引导学生主动思考、积极提问、自主探究，切实发展学生的数学思维，提高分析问题、解决问题以及终身学习的能力，提升数学素养，使其具备适应未来社会发展需求的能力．

一、一题多问、串联知识教法指导

（一）一题多问、串联知识的优势

高中数学的每一章中，都有一些主要的知识和方法，利用一个问题背景，把需要掌握的知识和方法串起来，做一道题就把相关的主要知识和方法都涉及，可以提高学习效率，让学生花最少的时间达到最好的效果，从整体上把握相关知识和方法，更从容地面对相关问题．在解决"问题串"的过程中，能更加深入地理解基本知识,以及相关的数学思想和方法,有助于掌握其"宗",万变不离其宗.

"问题串"教学的好处如下.

(1) 夯实数学基础. 通过"问题串",可以将此背景下应知应会的基础知识、基本方法进行梳理和知识再现,更好地理解和掌握知识点及通性通法,巩固数学基础.

(2) 提高数学的整体把握能力. 通过"问题串",将与此有关的问题进行串联对比,构建出完整的知识脉络,有利于学生对知识的结构、常见问题和方法在整体上有更好的把握,有助于学生举一反三.

(3) 提高效率,避免重复性训练. 用一个"问题串",把主要的知识和方法都串起来,做一道题相当于做了许多题. 通过一个"问题串",就基本掌握了相关的知识和方法,提高了学生的学习效率.

(二) 一题多问、串联知识的形成方法

这一过程体现了教师在教学中的主导作用,更是教师教学和备课的智慧体现,需要教师根据要讲授的知识背景、学生应知应会的基础知识和基本方法,提前整理典型问题和解法,设计"问题串".

例如,在解决"直线和圆锥曲线的位置关系"问题时,常用直线与圆锥曲线联立,使用韦达定理消元的方法,而韦达定理的优势是条件转化为两根的对称式即可,所以根据几何条件可以转化为对称的常见问题,可以设计以下"问题串".

【例】已知直线 $l: y = kx + 1$ 与椭圆 $C: x^2 + \dfrac{y^2}{4} = 1$ 相交于两点 A, B.

(1) 若 AB 的中点的横坐标大于 $\dfrac{1}{5}$,求 k 的取值范围;

(2) 求 AB 的中点的横坐标的取值范围;

(3) 若 AB 的中点与短轴右端点连线的斜率为 -1,求 k 的值;

(4) 若 $|AB| = 2\sqrt{2}$,求 k 的值;

(5) 求 $\triangle OAB$ 面积的取值范围;

(6) 以 AB 为直径的圆过原点,求 k 的值;

(7) 设点 $N(2, 0)$,以 AB 为直径的圆过 N 点,求 k 的值;

(8) 设 $P\left(\dfrac{1}{2}, 0\right)$,若 $\left|\overrightarrow{PA}\right| = \left|\overrightarrow{PB}\right|$,求 k 的值;

（9）设直线 l 与 y 轴交于点 M，若 $\overrightarrow{AM}=2\overrightarrow{MB}$，求 k 的值；

（10）若椭圆上有一点 M，使得四边形 $OAMB$ 是平行四边形，求 k 的值．

具体设计说明：

1．求弦中点的坐标及其他与弦中点有关的问题，可以直接使用韦达定理，设计了（1）至（3）问．

2．求弦长及与弦长相关的问题，根据两点间距离公式与直线方程，可以转化为根系关系，从而设计（4）至（5）问，还可以拓展求某个三角形的面积，求两条弦长的比等．

3．两个经典转化：

①以弦 AB 为直径的圆过某一点 P，转化为 $PA \perp PB$，设计了（6）至（7）问．

②以弦 AB 为底边，另一点 Q，$\triangle QAB$ 为等腰三角形，转化为找 AB 中点 M，$QM \perp AB$，设计了第（8）问．

4．直线 AB 过某一点 P，但 P 不是 AB 中点时，根据比例可以求出横（纵）坐标的关系，再结合根系关系进行消元，从而解决问题，设计了第（9）问．

5．根据所给的复杂条件（如平行四边形）转化为根系关系的问题，设计了第（10）问．

由浅入深，由最基本的问题到需要转化的问题，层层递进设计"问题串"，学生在解决问题的过程中，通过比较和分析，逐渐理解并掌握用根系关系消元求解的思路和方法，慢慢积累常见几何问题转化的方法，逐渐掌握消元方法、方程与函数思想方法，提升逻辑推理、数学运算等核心素养．

（三）一题多问、串联知识教学方法案例指导

教学方式一：互动式、启发式

可以先留作业，请学生做"小教师"，编一道椭圆和直线联立的小测题．让学生都动起来，换成教师的角度来思考和总结直线和椭圆联立后经常会出现的问题．因为每个学生都参与到出题工作中来了，他们也很好奇别人是怎样出题的，大家的学习热情就被激发出来了．教师挑选出几道较好的小测题，让出题的"小教师"跟同学们分享和交流，互相启发互相学习．然后让学生独立完成同学编的"问题串"，分组讨论交流，每组请一名学生上讲台跟同学们分享和交流．

例如第（6）问以 AB 为直径的圆过原点，求 k 的值．

学生 1：求出 AB 的中点 M，求出 $|AB|$ 的弦长，中点就是圆心，弦长的一半是半径，求出圆的方程，再代入原点坐标求出 k 值．

教师活动 1：鼓励学生，非常好，掌握了中点和弦长的求法，并且会根据情

况简单应用．还有没有更好的方法？

学生2：利用直径所对的圆周角是直角，转化为$OA \perp OB$可用勾股定理$OA^2 + OB^2 = AB^2$运算，或者还可用$\overrightarrow{OA} \cdot \overrightarrow{OB} = 0$，计算更加简单了．

教师活动2：太棒了！同学们，从中我们学到了什么？

学生3：我们需要注意观察要解决的几何问题有没有相关的几何性质，用相关性质把问题转化一下，可以让计算变得更加简单．

教师活动3：太棒了！遇到一个问题，首先明确几何问题为"以AB为直径的圆过原点，求k"．根据圆的几何性质，我们先把问题等价转化为"$OA \perp OB$"，再转化为"$\overrightarrow{OA} \cdot \overrightarrow{OB} = 0$"，最后转化为代数问题"$x_1 x_2 + y_1 y_2 = 0$"．解析几何首先是几何，解析的代数方法是帮助我们解决几何问题．我们需要注意观察要解决的几何问题有没有相关的几何性质，能不能转化为更简单的几何问题，再转化为代数问题．可以让计算变得更加简单．

教师在旁边根据情况作出点评，对好的想法和做法给出肯定和表扬，有问题的地方引导学生进行思考，得出正确的做法．

教学方式二：启发式、探究式、合作式

教师活动1：先给出"问题串"的第一个问题，已知直线$l: y = kx + 1$与椭圆$C: x^2 + \dfrac{y^2}{4} = 1$相交于两点$A, B$．（1）若$AB$中点的横坐标大于$\dfrac{1}{5}$，求$k$的取值范围．

学生1：可以联立方程，消元，用韦达定理求出横坐标，横坐标大于$\dfrac{1}{5}$，可以求出k的范围．

教师活动2：非常好，直线和椭圆联立，我们就能用韦达定理求出中点坐标．以例题的题干为背景，我们还能出什么样的问题？

学生2：求AB中点横坐标的取值范围．

教师活动3：非常好，这个问题怎么解决呢？

学生3：求出中点横坐标$x_M = -\dfrac{k}{k^2 + 4}$，转化为关于$k$的函数的求值域问题．

教师活动4：非常好，但是别忘了k的取值范围……大家继续出题．

学生4、5、6：……

教师和学生就这样互相启发，互相讨论．总之，要让学生成为学习的主人，学生为主体，教师就负责组织和引导，学生在充分的思考、讨论和交流的过程中提高了解决问题的能力．

教师一定要在课前做好准备，设计出比较好的"问题串"，尽量让学生参与到设计"问题串"的过程中，要想尽办法提高学生的学习热情、学习兴趣．在教学过程中，可以采用互动式、启发式、探究式等教学方式．要让学生充分参与到课堂中来，成为课堂的主人，学生的主观能动性被调动起来了，才能有更好的学习效果，更好地达成教师的教学目标．学生在设计"问题串"、解决"问题串"的过程中，应充分思考、充分讨论、充分发言．教师应及时对学生的讨论和发言情况进行总结，肯定其优点，以提高学生的积极性和自信心；对学生存在的问题提出中肯的意见，以促使其改进．培养学生提出问题、解决问题的能力，提高学生的数学抽象、逻辑推理、数学建模、数学运算、直观想象、数据分析等数学核心素养．在教学双方平等交流探讨的过程中，不同观点碰撞交融，激发教学双方的主动性和探索性，培养学生成为学习和探索的主人，提高其学习数学的兴趣．

二、专题专训、总结方法教法指导

（一）专题专训的优势

对于数学的学习，如果仅停留在一味刷题上，就会陷入盲目的困境．题目是无限的，但重要的题型则是有章可循的．从数学定义、定理、公式出发，精选重要题型，由浅入深、层层递进，总结重要的数学思想方法，进而举一反三，熟练迁移到更为复杂的、综合问题的解决中．在专题训练的过程中，思想方法的提取和总结尤为重要，这样才能居高临下，以不变应万变.

专题专训的好处在于以下几点：

1. 夯实数学基础．通过专项训练，学生可以对必须落实的基本功进行夯实，并通过不同结构和方法的对比，将基本知识进行优化整理，构建出完整的知识脉络，更好地理解和掌握知识点，巩固数学基础.

2. 提高计算能力和解题技巧．针对某一专项的练习，精准地计算和分析数据，在复杂的数据变化中逐渐找到规律，能更好地提升学生的计算能力和解题技巧.

3. 提升思维综合能力．专项训练能够培养学生的抽象思维、形象思维、逻辑思维和逆向思维等，从而提升学生的思维综合能力.

4. 增强学习兴趣和创新能力．当学生能够快速准确地解决一类数学题目时，这种成就感能够增强学生对数学的热情和自信心，激发学生的主观能动性，积极主动投身到对其他问题的探索和研究中，形成良性循环.

（二）专题专训课例的形成方法

专题专训的优势毋庸置疑，但高中数学的内容繁多，因此其中最重要的一个环节，也是首要的环节，就是选取构成专题专训的素材．读者可以考虑从以下几个方面来选取素材组成专题．

1．需要落实的数学基本功．例如，用三角公式化为正弦型函数专题，圆锥曲线求离心率问题，等等．

2．数学知识的重点、难点．例如，解析几何中的几何性质转化，解析几何中的运算（简算与巧算），导数中构造函数的方法，导数中超越问题的处理，等等．

3．针对综合问题解决能力的培养．例如，北京高考常规压轴题涉及的知识点范围较广，对学生的综合能力要求较高．不妨采取"分解"的方式，将复杂的解题思路和过程进行拆分，形成若干个小专题，将涉及的知识点一一突破，化繁为简，等等．

4．数学思想方法、数学素养的培养．例如，复杂或多元函数问题的"整体"与"主元"意识，解析几何中的"转化"与"消元"思想，立体几何中直观想象力的培养，等等．

（三）专题专训的教学案例指导

课例：椭圆中转化思想的应用．

【例】 过点 $D(0,4)$ 的直线 l 与椭圆 $\dfrac{x^2}{4}+y^2=1$ 交于不同的两点 E,F，O 为坐标原点．

（1）若 $\angle EOF$ 为直角，求直线 l 的斜率；

（2）若 $\triangle EOF$ 为直角三角形，求直线 l 的斜率；

（3）求 $\triangle EOF$ 面积的最大值，及此时直线 l 的斜率；

（4）若 $\overrightarrow{DF}=3\overrightarrow{EF}$，求直线 l 的斜率；

（5）求 $\dfrac{|DE|}{|DF|}$ 的取值范围；

（设计问题）（6）（7）……

1．指导思想与理论依据：解析几何首先是几何，应关注几何特征，进行合理的转化，数形结合，从而简化运算．有利于学生直观想象、转化与化归、逻辑推理等数学素养的有效提升．

2．储备知识与教学背景：在学习了椭圆的定义、几何性质、直线与椭圆的位置关系基础上,以专题的形式,对转化思想进行探究.

3．教学目标:通过不同的几何特征,能够恰当选取路径,进行合理的转化,积累常见的转化方法.

4．课例可采用的实施方法:

(1)以教师为主导,抛砖引玉,可以将题目设置成一个开放题的形式,引领学生解决设定的几个问题之后,激发学生的主观能动性,引导学生主动设计问题并加以解决,最后师生共同整理,总结常见的结论,构建体系.

(2)以学生为主体,展开讨论,自主设计问题,恰当转化,解决问题,最后师生共同整理,总结常见的结论,构建体系.

5．教学方法参考案例:

第一层次教学方法:互动式、启发式

教师给出具体的研究问题,如上述问题中的第(1)问,学生跟随教师的问题引领,思考并回答问题,从而解决问题.

教师设问:已知角是直角,可以联想到什么知识方法来解决?

学生互动:勾股定理、直线斜率、向量数量积……

进一步设问:无论选择哪种方法,都和 E、F 两点的什么有关系?

学生互动:和坐标有关系.

教师设问:从计算量、是否需要分类讨论等方面,将这几种方法进行对比和优化,选取哪一种方法更简便?

学生互动:思考并回答.

教学设问:将直线 l 方程和椭圆联立,将 E、F 两点坐标代入椭圆方程,两种方式哪一种更简便?

学生互动:思考并回答.

【说明】此种教学方式一般适用于基础水平较弱但是勤于思考的学生.

第二层次教学方法:探究式、启发式

教师给出具体的研究问题,学生自主探究并解决,教师适时给予引导和启发,结合学生的作答情况,请学生回答解题思路和方法.

例如,给出上述例题的题干部分,可添加探究问题:"结合 $\triangle EOF$ 的元素(边、角)、形状、面积等,尝试设计问题并作答"等.

教师活动 1:请结合 $\triangle EOF$ 的元素(边、角)、形状、面积等,尝试设计问题并作答.

学生 1:若 $\angle EOF$ 为直角,求直线 l 的斜率.

教师活动 2:与第一层次教学指导中的过程类似,继续展开……

同时可继续引导启发:"直角,还有哪些等价的变式说法?""若角为锐角、钝角,又如何作答……",等等.

学生2:若△EOF为直角三角形,求直线l的斜率.

教师活动3:请思考以上两位同学设计的问题,二者之间有什么联系?

学生3:第二个问题是第一个问题的推广,需要讨论三种情况(三个角分别为直角).

教师活动4:再进一步思考一下,这三种情况是否需要单独列式计算?

学生3(或学生4):只需要讨论两种情况就可以了,因为题目中没有明确给出E、F两点谁在上方、谁在下方,所以∠OEF是直角或∠OFE是直角,推理过程是同理可得的.

(若学生回答不上来)教师可引导学生重新阅读题目,仔细挖掘条件,并强调指出:一般题目给出的图,只是一个示意图,并不代表点E一定在点F的上方.

【说明】此种教学方式一般适用于基础水平中等但思维比较固化的学生.

第三层次教学方法:探究式、启发式、互动式、合作式

教师只给出一个题干及整体的研究方向,以开放题的形式,让学生自主思考并提出问题.可以将学生分成若干个小组,组内合作讨论,师生之间积极互动,共同解决问题,总结思想方法.

例如,给出上述例题的题干部分,以及一个整体的研究方向:"添加不同的几何特征、合理进行转化,积累常见的转化方法".

教师活动1:添加不同的几何特征来设计问题,并作答.

学生1:若∠EOF为直角,求直线l的斜率.

教师活动2:与第一层次教学指导中的过程类似,继续展开……

同时可继续引导启发:"直角,还有哪些等价的变式说法?""若角为锐角、钝角,又如何作答……",等等.

学生2:若△EOF为直角三角形,求直线l的斜率.

教师活动3:请思考以上两位同学设计的问题,二者之间有什么联系?

学生3:第二个问题是第一个问题的推广,需要讨论三种情况(三个角分别为直角).

教师活动4:再进一步思考一下,这三种情况是否需要单独列式计算?

学生3(或学生4):只需要讨论两种情况就可以了,因为题目中没有明确给出E、F两点谁在上方、谁在下方,所以∠OEF是直角或∠OFE是直角,推理过程是同理可得的.

(若学生回答不上来)教师可引导学生重新阅读题目,仔细挖掘条件,并强调指出：一般题目给出的图，只是一个示意图，并不代表点 E 一定在点 F 的上方.

【说明】此种教学方式一般适用于：基础水平较高，思维比较灵活的学生.

6. 教学建议与反思：

关于"椭圆中转化思想的应用"，在教学中需要循序渐进、逐步推进，不断完善总结转化的方法．因此，在开始的一两节课中，建议采用第一层次的教学方式，后续根据学生的学情等反馈情况，可升级到第二层次或第三层次的教学方式．如果学生整体水平较高，可以直接采用第二层次或第三层次的教学方式．

此外，对于开放性问题的设计，毕竟课堂上的时间是有限的，不妨延续到课下，以小论文的形式布置给学生，可以自由组成小组，充分调动学生的积极性，激发学生研究数学的热情.

上述以"椭圆中转化思想的应用"这一专题为例，抛砖引玉．转化思想在解析几何中非常重要，涉及的几何图形也比较丰富．在实际教学中，可以采用开放题的形式，解决设定的几个问题之后，激发学生的创新能力，引导学生自主探究，积极主动设计问题并解决问题，以便积累常见的几何转化的结论，构建体系.

专项训练既可以激发学生的主观能动性，对问题进行深入思考；同时也有助于学生类比推理、发散思维、逻辑推理和逆向思维等能力的培养，从而提升学生的思维综合能力．在教学中，教师应合理地整合教学内容，根据学生的学情采取灵活有效的教学方法，以更好地实现教学目标.

三、变式训练、探寻本质教法指导

（一）变式训练、探寻本质的优势

变式训练这部分内容应建立在基础知识和基本方法掌握熟练的前提下进行.

在解题过程中，很多学生往往因为做过类似的题可以"回忆"起解题思路．通过大量做题，了解"套路"，建立"条件反射"，进而完成一些重复性题目．而当问题以一种比较新的表达形式出现时，学生有时就会不知所措，出现"见山不是山，见水不是水"的情况，每一道题对于学生来说，都是新的．这就是所谓的"没有思路".

于是，我们采用变式训练教法，就是希望学生能够拨开重重迷雾，通过转化的数学思想，直接探寻问题的本质，将新的问题转化为已经掌握的基本知识和基本方法，让学生感受到"万变不离其宗"，感受到数学规则的强大与美妙，修炼出"见山还是山，见水还是水"的慧眼．这就是所谓举一反三的"知识迁移能力".

变式训练对学生有如下帮助：

1. 有利于建立知识体系．在处理这类题目时，学生很难直接看出应该使用哪类知识工具解决问题，需要在比较完整的知识体系中寻找适合的方法，这就需要学生对所学知识能够做好分类和梳理．

2. 有利于一题多解的思维训练．一道知识点指定不明确的题目，可能会有很多解题方法，可以抓住这样的机会，让学生找到不同的方法，并比较其优劣，得到问题的最优解法，从而达到训练思维、拓宽思维的目的．

3. 有利于数学思想的建立．在解决变式问题时，会不断渗透函数与方程思想、数形结合思想、转化与化归思想、整体思想等，教师在学生解决问题后，要以此为载体，引导学生关注数学思想的建立．

4. 有利于培养学生自主学习、自主探究的能力．可以鼓励学生自己改变题目条件或问题，更全面本质地自主探究，提升学生深入思考和善于提问的自主学习能力．

（二）变式训练设计课例的方法

1. 确定考查的知识和方法．例如，如果希望考查函数图象的对称性，可以选择一些"新定义"为背景的题目，让学生在定义中发现已学知识，进而将知识和方法得以应用．

【例】若函数 $y=f(x)$ 的图象上存在不同两点 M、N 关于原点对称，则称点对 (M,N) 是函数 $y=f(x)$ 的一对"和谐点对"[点对 (M,N) 与 (N,M) 看作同一对"和谐点对"]．已知函数 $f(x)=\begin{cases}e^x, & x<0, \\ x^2-4x, & x\geq 0,\end{cases}$ 则此函数"和谐点对"有（　　）．

A．1 对　　　　B．2 对　　　　C．3 对　　　　D．4 对

本题中的"和谐点对"是新的概念，尽管叫法很新，但学生要分析理解其含义，利用图象的中心对称变换，将对称问题转化为交点问题，从而回归本质，回归基础．

2. 侧重一题多解的题目．选择有多种解题方法的题目，可以让学生更加重视构建知识体系，也利于建立转化思想，寻找最优解题方法．通过一道题，将不同的知识和方法串联起来，让学生感受针对同一问题的不同思考角度．

【例】已知等差数列 $\{a_n\}$ 前 n 项的和为 S_n，$S_{10}=10$，$S_{30}=20$，求 S_{100}．

可以用基本量法，可以用带鱼公式，可以用待定系数法求二次函数解析式，

也可以使用 $\{\dfrac{S_n}{n}\}$ 为等差数列的性质解决问题．

3．关注隐含不同思想方法的题目．如常见的比大小的问题，就是可以综合函数、不等式、数形结合、整体思想的一类问题．让学生通过一道题，体会不同思想方法的巧妙之处，让思维更加开阔灵活．

【例】已知数列 $\{a_n\}$ 是等差数列，数列 $\{b_n\}$ 是等比数列，
且 $a_1 = b_1 > 0$，$a_{2n-1} = b_{2n-1}$（$n>1$，$n \in \mathbf{N}^*$），则 a_m _____ b_m（$1<m<2n-1$）（填>，<，=）．

可以从不等式的角度，借助均值不等式比大小，也可以利用函数图象、数形结合解决问题．

（三）变式训练教学方法案例指导

下面通过上述例题介绍不同的教学方法．

【例1】若函数 $y = f(x)$ 的图象上存在不同两点 M、N 关于原点对称，则称点对 (M, N) 是函数 $y = f(x)$ 的一对"和谐点对"［点对 (M, N) 与 (N, M) 看作同一对"和谐点对"］．已知函数 $f(x) = \begin{cases} e^x, & x<0 \\ x^2 - 4x, & x \geq 0 \end{cases}$，则此函数"和谐点对"有（　　）．

A．1对　　　　B．2对　　　　C．3对　　　　D．4对

【题目教学目标】在讲函数图象章节内容时，学生能够掌握基本初等函数的图象画法、函数图象变换的知识，用数形结合的思想方法转化问题，简化问题．

教学方法一：启发式、互动式

教师抛出问题，让学生畅所欲言．

但在学生回答问题前，教师需要在学生思考问题时走到下面，观察并与学生交流他们解决问题的不同方法，在心中定好学生回答问题的顺序，让问题解决从复杂到简单，从常规到巧妙．

如按照以下顺序：解法1，带入点的坐标，转化为二元方程解的个数；解法2，带入点的坐标，转化为二元方程后，画图解决问题；解法3，将点的对称转化为图象的对称，利用两图象交点解决问题．

【说明】此种教学方式适合基础知识掌握较好、有中等思维能力的学生．

教学方法二：启发式、互动式

教师引导学生变被动为主动．

（1）首先，教师抛出问题：能否改变一些条件，变化出新的问题？如题目条

件改为：关于 y 轴对称；关于 x 轴对称；关于 $y=x$ 对称.

（2）能否改变函数，使得题目具有更加普遍的探究价值？如将分段函数的右半段改为 x^2+ax，使得 $y=f(x)$ 有两对"和谐点对"，求参数 a 的范围. 当然，现场改编的题目不一定好算，可以只说方法，不计算. 但是通过这样的方式，可以让学生发散思维，举一反三，变被动为主动.

【说明】此种教学方式适合数学基础好、有一定思维能力的学生，可以引导学生关注题目的变化及"万变不离其宗"的本质.

教学方法三：互动式、合作探究式

对于教学方法二中的变式问题，可以让学生以分组讨论的方式完成，学生自己提出问题、探究问题.

【说明】此种教学方式适合数学基础好、思维能力强的学生，通过这样的过程建立他们的自信心和学习数学的热情，从而激发学习兴趣.

【例2】已知数列 $\{a_n\}$ 是等差数列，数列 $\{b_n\}$ 是等比数列，

且 $a_1=b_1>0$，$a_{2n-1}=b_{2n-1}$（$n>1$，$n\in \mathbf{N}^*$），则 a_m _____ b_m（$1<m<2n-1$）（填 >，<，=）.

这个问题在形式上打破了数列的一般题目形式，条件不算常规，但解决问题的方法依然可以是常规的. 如果能建立函数思想，有图象意识，就有更简单的解决方法.

教学方法一：启发式、互动式

（1）引导学生使用基本量法解决问题，渗透消元的意识.

（2）引导学生发现等差中项和等比中项.

（3）引导学生发现和与乘积的大小关系，使用均值不等式解决问题.

【说明】此种教学方式适合能够熟练掌握基本知识，并对基本知识有应用能力的学生.

教学方法二：启发式、互动式

给学生一定的时间思考并完成题目. 让学生回答问题，但在学生回答问题前，教师要在学生思考问题时走到下面，观察并与学生交流他们解决问题的不同方法，在心中定好学生回答问题的顺序，让问题解决从复杂到简单，从常规到巧妙.

如按照以下顺序安排学生回答：解法1，使用例1中的方法；解法2，能够想到数列的函数思想，数形结合思想，分类讨论思想，借助图象解决问题.

【说明】此种教学方式适合能够掌握基本知识、对知识能熟练应用，并能够建立起一些重要数学思想的学生.

教学方法三：启发式、互动式

教师引导学生变被动为主动．

教师抛出问题：能否改变一些条件，变化出新的问题？如题目条件改为："$a_1=b_1<0$"，或"$a_{2n}=b_{2n}$"，或"$a_n=b_n$"．

【说明】此种教学方式适合数学基础好、有一定思维能力的学生，对于分类讨论的思想要求较高，即对学生思维的严谨度要求较高，将问题一般化，研究等差数列与等比数列有两项相等问题的普遍规律．

教学方法四：互动式、合作探究式

可以尝试让学生去提出问题，并且分小组讨论得到结果，激发学生学习数学的兴趣．

教师可以考虑布置一项小组探究作业，去研究一般性的情况，以小组为单位交一份报告，实现作业形式的多样性．

本节以几个简单的例子为引，谈了如何通过选题注重知识、方法、思想、学生能力和兴趣，以及如何根据学生情况开展教学．抛砖引玉，相信读者可以发挥自己的智慧，将选题和组织教学做得更加科学高效，让学生真正受益．

四、自主探究、提升能力教法指导

（一）教与学中探究问题的必要性

在教学中，我们建议设置劣构问题或开放性问题让学生进行探究，通过设置劣构问题让学生分析各个条件的特征和公式选择，比较各种解法的优劣和条件的作用．学生在解决问题的过程中，探寻知识的本质，积累解决问题的方法．而开放性问题更会发展学生的逻辑思维能力，培养学生的创造性思维，是常规教学方法的必要补充．设置劣构问题、开放性问题进行探究的优势有：

1. 培养批判性思维和创造性思维．探究问题通常不是直截了当的，学生需要运用批判性思维和解决问题的能力来深入思考、分析，最终得出结论．这有助于培养学生独立思考、逻辑推理及创造性解决问题的能力．

2. 激发学习兴趣，并学以致用．探究性问题常常涉及现实生活中的复杂情境，能够引起学生的兴趣和好奇心．通过这样的问题，学生更有可能对所学知识产生浓厚的兴趣，提高学习的积极性．学生通过解决这些问题，能够将所学知识应用到实际情境中．这样的实践应用学习能够提高学生的问题解决能力和实际操作能力．

3．促进跨学科综合学习．开放性问题往往涉及多个学科的知识和技能，能促进学生跨学科综合学习．这样的综合性学习有助于学生更好地理解知识的关联性，培养其综合思考能力．

4．培养团队合作及沟通能力．面对探究性问题，学生可能需要合作解决，这有助于培养其团队合作及沟通协作的能力．在解决问题的过程中，学生学会与他人合作、分享观点，并借助集体智慧来找到最佳解决方案．

5．提高自主学习及解决问题的能力．探究性问题通常要求学生主动获取、整理和应用信息，这有助于培养其自主学习能力．通过主动探索问题，学生也提高了解决问题的能力．

总体而言，探究问题的能力是未来生活和学习中不可或缺的能力，在教学中重视探究问题的解决有助于培养学生的综合素养，使其在面对未知和复杂的情境时更具适应力和创造性．这种学习方式有助于学生全面发展，效果远远超越了传统教学中的死记硬背和单一学科的知识传授．

（二）选取探究性问题的建议

在高中阶段，探究性问题的选取有以下几种常见形式．一种是劣构形式，给出几个待选的条件，解决问题；另一种是开放性命题形式，体现为在若干结论中作出判断；还有一种是新定义形式，从定义的理解、具体实例的分析、性质和结论的归纳等方面进行探究．在教学中设置"好"的探究性问题是非常关键的．一般地，探究性问题的提出可以参考如下步骤：

1．确定知识章节，选取相关题目．教材中的"试一试""思考""拓展阅读"等都是可以生成探究性问题的源头．例如，教材研究了高斯函数、狄利克雷函数的图象与性质，我们可以让学生探究"符号函数" $\mathrm{sgn}(x)=\begin{cases}1, & x>0, \\ 0, & x=0, \\ -1, & x<0,\end{cases}$ 或基本初等函数的组合如 $f(x)=2^x-x^2$ 的图象与性质等．

2．深挖题目背景，对题目背后的理论知识了然于胸．例如，学习了基本不等式后，可以让学生拓展研究基本不等式串的证明与应用．

$$0<a\leqslant b,\ a\leqslant \frac{2ab}{a+b}\leqslant \sqrt{ab}\leqslant \frac{a+b}{2}\leqslant \sqrt{\frac{a^2+b^2}{2}}\leqslant b.$$

3．根据教学目标，希望学生要达到的知识、方法、能力、活动经验，以及具体的核心素养等选择合适的载体．根据问题和目标，对问题进行变式设问，设问要层层递进．可以设置一个具体的、可感知的、容易直观理解的问题，让学生先理解问题的基本含义，如观察数据、观察图象、观察动画等；然后，可以设置一些能让学生产生认知冲突的问题，激发学生的探究热情；再回归问题本身，设置一些不同情况下的变式问题，让学生从多个角度感受问题；接着深度探究问题的本质，用数学的方法进行严谨论证；最后设置研究性任务或者总结性任务，让学生在课后充分理解问题的本质．

4．在平时教学过程中，对所遇到的感兴趣的题目进行深入研究．例如，平面内到两个定点的距离的和为定值、差的绝对值为定值的点的轨迹已经研究了，那么就可以对到两个定点的距离的积或商为定值的点的轨迹进行探究等．

5．跨学科知识的探究．数学在其他学科中有着广泛应用，探究其应用的原理和本质可以增加对相应学科知识的理解．

6．观察生活中数学应用的实例，编写新定义的问题，让学生去研究，更鼓励学生自己编题并互相解答．

探究性问题旨在培养学生解决问题的能力，注重培养学生的思维能力、创造力和批判性思维．探究性问题的选取对教师的要求比较高，要确保问题是开放性的、具有挑战性的，可以引导学生深入思考和探索．这类问题应能激发学生的好奇心和求知欲．

（三）自主探究、提升能力的教学方法案例指导

探究性问题的讲授过程中，要注重启发式教学，不能直接提供给学生思路与方法，应该注重启发学生的思维．使用引导性的问题供学生思考，这有助于培养其自主学习和解决问题的能力．引导学生表达对题目的理解，鼓励学生自己修改条件，自己命题．

探究性问题的讲授过程中，还要注重合作式、互动式教学，鼓励学生进行小组合作，共同探讨问题、分享观点及合作解决难题．团队合作有助于培养学生的沟通和协作能力．实际操作时，可以采取如下步骤：

1．独立思考，得出问题答案．
2．小组讨论，组内达成共识．
3．让每个小组内部学习水平较弱的学生和其他同学分享本组的讨论结果．
4．教师总结和评价．

探究性问题的讲授过程中，更要注重引导学生进行反思和总结，鼓励学生在解决问题后进行反思，总结经验和教训．这有助于学生发展批判性思维和自我调

整的能力．反思和总结环节在开放性问题的解决过程中，意义更加突出，因为问题比较开放，学生的思维容易发散，在发散过程中，会产生一些智慧的火花，也有可能产生一些错误的思考．如果学生能够进行比较好的归纳与总结，则对知识体系的完善和深刻理解有非常明显的帮助作用．

下面以概率统计章节中的例题来说明．

【例】关于某高校法学院和商学院新学期已完成的招生情况，现有数据：

院系	申请人数/人	性别	录取率/%
法学院	200	男	50
		女	60
商学院	300	男	70
		女	80

对于此次招生，给出下列四个结论：
①法学院的录取率小于商学院的录取率；
②这两个学院所有男生的录取率小于这两个学院所有女生的录取率；
③这两个学院所有男生的录取率不一定小于这两个学院所有女生的录取率；
④法学院的录取率不一定小于这两个学院所有学生的录取率．

其中，所有正确结论的序号是_____．

以此题目为背景可以开展开放性问题的教学活动．此题的知识背景是统计学中的一个著名悖论——辛普森悖论，它指的是"在分组比较中都占优势的一方，在总评中有时反而是失势的一方．"这个悖论虽是大学统计学科的基本知识，但是高中生也完全能够很好地理解与掌握．并且辛普森悖论在实际生活与工作中也有许多案例，掌握这一内容，能够帮助学生更好地解决实际问题．此题目可以按照如下设计来开展教学．

1．观察表格，在每个学院内部，很明显能看出女生的录取率都比男生要高，考虑两个学院总体的录取情况，男生的录取率和女生的录取率哪个更高？

第1题设置的目标是让学生直观地感受问题，引导学生从数据中直接得出结论．学生得出错误的结论非常正常，甚至我们更加希望他们说出错误答案，然后教师再指出答案有问题，这样会让学生产生强烈的求知欲，甚至会产生不服气的感觉，这是教师最希望学生达到的一种状态．

2．请同学们分组讨论，有没有可能男生的总体录取率比女生的总体录取率更高？

第2题设置的目标是让学生合作学习，应当遵循合作式教学的基本要点．要求学生按如下步骤进行：①独立思考，得出问题答案；②小组讨论，组内达成共识；③选派代表说明结论和理由．

3．分别求男生女生的总体录取率，并比较大小．

情况 1：法学院男女生比例 100∶100，商学院男女生比例 100∶200．

解：法学院：男生录取 50 人，女生录取 60 人．

商学院：男生录取 70 人，女生录取 160 人．

男生总录取率：$\dfrac{120}{200}=\dfrac{3}{5}$．

女生总录取率：$\dfrac{220}{300}=\dfrac{11}{15}$．

情况 2：法学院男女生比例 10∶190，商学院男女生比例 200∶100．

解：法学院：男生录取 5 人，女生录取 114 人．

商学院：男生录取 140 人，女生录取 80 人．

男生总录取率：$\dfrac{145}{210}=\dfrac{29}{42}$．

女生总录取率：$\dfrac{194}{290}=\dfrac{97}{145}$．

情况 3：法学院男女生比例 60∶140，商学院男女生比例 240∶60．

解：法学院：男生录取 30 人，女生录取 84 人．

商学院：男生录取 168 人，女生录取 48 人．

男生总录取率：$\dfrac{198}{300}=\dfrac{33}{50}$．

女生总录取率：$\dfrac{132}{200}=\dfrac{33}{50}$．

第 3 题设置的目标是让学生通过实际数据的计算，得到三个不同的结论，即男生的总体录取率可能比女生的总体录取率更高，也可能更低，也有可能相等．让学生能够明白结论会受到学院内部男女比例不同的影响，从而启发学生进行下一步的思考．

4．请你探究，两个学院的男女比例满足怎样的关系时，男生的总体录取率会高于女生的总体录取率呢？低于和等于呢？

解：设法学院有 x 个男生报名，商学院有 y 个男生报名．

法学院：男生录取人数 $0.5x$，女生录取人数为 $0.6\times(200-x)=120-0.6x$．

商学院：男生录取人数 $0.7y$，女生录取人数为 $0.8\times(300-y)=240-0.8y$．

男生总录取率：$\dfrac{0.5x+0.7y}{x+y}$.

女生总录取率：$\dfrac{360-0.6x-0.8y}{500-x-y}$.

若男生总录取率高于女生总录取率，则 $\dfrac{0.5x+0.7y}{x+y} > \dfrac{360-0.6x-0.8y}{500-(x+y)}$，

整理得 $110x+10y-0.1(x+y)^2 < 0$.

当 $110x+10y-0.1(x+y)^2 < 0$ 时，男生的总体录取率高于女生的总体录取率；

当 $110x+10y-0.1(x+y)^2 > 0$ 时，男生的总体录取率低于女生的总体录取率；

当 $110x+10y-0.1(x+y)^2 = 0$ 时，男生的总体录取率等于女生的总体录取率．

第4题对学生的数学素养有比较高的要求，能够提高学生的数学建模、数学运算等核心素养．

5. 在每个学院的报名人数不变的情况下，请你分别给两个学院设置一组男生和女生的录取率，使得无论学院内部的男女比例如何，男生的总体录取率都低于女生．

第5题开放性较强，可以要求学生更加深入地探究这一问题．下面给出一组解，在这种情况下，无论学院内部的男女比例如何，男生的总体录取率会处于 $[0.5, 0.6]$，而女生的总体录取率会处于 $[0.7, 0.8]$，满足题意．

院系	申请人数/人	性别	录取率/%
法学院	200	男	50
		女	70
商学院	300	男	60
		女	80

各位读者可以从本书的创新题章节中选用合适的题目，创新题对于激发学生的探究精神、完善思维体系、提升解决实际问题的能力有重大作用．在解决创新题的过程中，培养了学生数学抽象、逻辑推理、数学建模、数学运算、直观想象、数学分析等核心素养，学生能够得到数学学科核心素养的全面提升．在这一部分的教学过程中，教师可以灵活选取启发式教学、合作式教学、探究式教学等教学方法，针对每个问题进行合适的课程设计，力求做到一题解而万点通，让学生真正体会到数学知识的神奇、解决问题的快乐、合作探究的成就感．

五、数学文化、数学应用与创新问题教法指导

（一）数学文化、数学应用与创新问题的必要性

数学应用问题和数学创新问题一直是一张数学试卷里最吸引眼球的两个问题．数学应用问题有着丰富的文化背景，在考查数学知识的同时，也对学生的综合素质进行考察．在解决数学应用问题的过程中，往往需要学生有着较强的数学建模、数学抽象与直观想象能力．创新问题一直是北京高考试卷的特色，也凭借着其自身特点牢牢占据着北京高考试卷最后一题的位置．很多学生甚至教师在面对创新题时，认为题目难度过大．本题对学生数学抽象、直观想象等能力有着较高要求，因此在复习备考时往往"敬而远之"．数学应用问题与创新问题在试卷中由于其本身的灵活特点，往往在复习备考时不像其他部分的知识或者题型那样有着系统性的应对方法．这两部分内容，虽然外在的呈现形式天差地别，但是内在的联系其实很强——都是在一个新问题或新情境中考查学生的数学抽象、逻辑推理与直观想象等数学素养．所以在平时教学中，我们只要针对数学能力和素养的提升进行教学，再辅以必要的针对性训练，学生的能力和水平也会逐步提升．

区别于直接的数学知识方法的考查，数学应用题可以在数学文化背景下考查数学知识，也可以在跨学科情境下解决简单的实际问题，体现了学以致用的宗旨，该部分内容的必要性如下：

1. 培养数学兴趣．数学应用题可以激发学生对数学的兴趣，有助于培养更多的数学爱好者和专业人才．

2. 拓宽数学视野．数学应用题可以展示数学的多样性，体现数字应用领域之广泛．能让学生了解到数学不仅是计算和公式，而且是一个丰富有趣的领域，与艺术、历史、文化等多个领域相互联系．

3. 培养创新思维．解决数学创新问题需要创新思维和解决问题的能力．鼓励学生思考这些问题可以培养其创新意识和解决实际问题的能力，这对于个人的发展和社会的进步都是至关重要的．

4. 促进数学发展．数学创新问题可以激发学生的创造力和思维能力，推动数学的不断发展和进步．解决这些问题需要新的思维方式和方法，有助于拓展数学的边界．

综上所述，数学应用问题和数学创新问题对于数学的发展、普及和应用都具有重要的意义．同时也可以激发学生的兴趣，拓宽数学视野，培养创新思维．因此，

我们应该重视并鼓励数学应用题和数学创新问题的研究和探索.

（二）数学文化、数学应用与创新问题选题与设计的方法建议

1. 关于素材的选取，教师可以根据教学进度，安排适当的内容作为研究问题的载体. 如最近在复习有关数列部分的知识，首先确保学生对于数列部分内容本身应知应会的基本知识与方法有所掌握，再进一步地开展数学应用问题与创新问题教学. 所选载体需要既能体现本部分核心知识，考查的知识和技能不宜过偏，给学生充分探究的空间，又能比较好地落实探究创新问题的基本方法：数学试验、反证法与数学归纳法.

2. 选好载体后，问题的设置要保证层层递进，学生能在教师控制的方向内进行探究. 问题的设置需注意以下几点：

（1）要有合适的预热问题. 学生毕竟不是机器，不可能上课铃一响就立刻进入探究一个全新问题的状态.

（2）每一层次的问题要对不同程度学生都有可探究的空间. 建议可以对一个一般性结论发问，并同时给出某一具体情形的问题，这样可以兼顾不同水平的学生进行探究.

（3）研究的问题不一定都有确定的答案，有些问题适合作为课堂的延伸，让学生在课后能够行动起来，毕竟课堂的走向要自然，并不一定所有问题都能在预设时间内解决.

（4）教师要有对探究方式的示范和引导，在学生思维发散和充分思考后，学会规范地书写和语言表达. 这一过程很关键，输出的过程也是对学生内在思路形成的一个梳理和锻炼.

（5）要有对于探究方式方法和思维推理方法的总结. 在学生回答问题、相互交流的过程中，积累并总结归纳解决问题的思维途径、转化方法、探究方式. 我们的出发点是训练学生掌握探究创新问题的方法，从方法出发，经过某一具体问题的探究后，最后回归到探究问题一些共性方法的总结上. 如前面说的数列创新题，最后需要总结强调基本方法：数学试验、反证法与数学归纳法. 让学生经过探究后体会到这些方法是鲜活的、具体的，而不是呆板的、空泛的.

我们以 2015 年北京高考创新题为例，结合实例进一步说明.

题目：已知数列 $\{a_n\}$ 满足：$a_1 \in \mathbf{N}^*$，$a_1 \leq 36$，且 $a_{n+1} = \begin{cases} 2a_n, & a_n \leq 18 \\ 2a_n - 36, & a_n > 18 \end{cases}$

$(n = 1, 2, \cdots)$. 记集合 $M = \{a_n \mid n \in \mathbf{N}^*\}$.

此问题是北京 2015 年高考题的题干，问题分为三问，分别是：

（Ⅰ）若 $a_1=6$，写出集合 M 的所有元素；

（Ⅱ）若集合 M 存在一个元素是 3 的倍数，证明：M 的所有元素都是 3 的倍数；

（Ⅲ）求集合 M 的元素个数的最大值.

但我们在课堂上可以将设问稍作修改.

问题 1：给你的同桌一个 a_1，让他写出相应的集合 M.

【设问目的】让学生在课堂伊始预热，同时熟悉题目中的条件，为后续的探究进行铺垫.

问题 2：反过来，给你一个集合 M 里的数，你能找到其他数吗？比如给你 3，或者有一个 3 的倍数在，其他元素都有啥？

【设问目的】有意识地引导学生往高考题所涉及的方向上研究，并对问题进行分层，不同程度的学生都能对此问题进行探究. 基础薄弱的同学，可以研究具体的问题，水平高的同学可以直接探究更一般性的问题. 而对于具体问题的探究，也往往是对于更一般性结论探究的入手点.

问题 3：若给的不是 3 的倍数呢？假设是任意一个数的倍数在，刚才那个结论还对吗？

【设问目的】对于条件的进一步加深理解，并不是任意数都可以，需要是 36 的正因数. 发现此规律对于后续问题的探究有一定的启发作用.

问题 4：集合 M 里最多能有几个数？

【设问目的】对于考试题第三问发起冲击. 最后师生一起反思总结，归纳探究过程中的共性收获.

（三）数学文化、数学应用教学方法案例指导

以 2021 年北京高考题为例. 定义：将 24 小时内降水在平地上积水厚度（mm）来判断降雨程度，其中小雨（0mm～10mm），中雨（10mm～25mm），大雨（25mm～50mm），暴雨（50mm～100mm）. 小明用一个圆锥雉形容器接了 24 小时的雨水，则这天降雨属于（　　）.

A．小雨　　B．中雨　　C．大雨　　D．暴雨

教学方式一：互动式、启发式

通过教师和学生之间的互动，增进学生对问题的理解程度，教师给出及时的启发设问，帮助学生找到解决问题的关键和入手点.

问题 1：降雨等级是怎么定义的？你是如何理解这个定义的？

问题 2：操场上 10m² 和 1m² 面积上的降雨量是否一样？降雨等级是否一样？

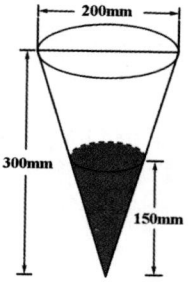

问题 3：圆锥体内的雨水是多大面积收集的降雨量？

一方面，学生对降雨量和降雨等级容易混淆；另一方面，学生往往读不到这里的隐含信息，即圆锥的上口面积收集的降雨量，按照圆锥上口面积形成的高度（即圆柱的高）就是实际的降雨高度．理解了这个定义，求出圆锥的体积，除以圆锥上口的底面面积，即可求解．教师在这一过程中应及时了解学生的理解程度、审题误区、困难等，并给予学生一定的提示，使学生能够用所学的数学知识解决实际问题．这样既能锻炼学生获取信息的能力，又又锻炼学生的数学建模能力．

教学方式二：合作探究、互动式

让学生分成若干小组，互相交流解法心得，互相纠正解法中的各种错误，然后再选定代表给出问题的解答，其他小组学生或本组同学进行补充，同时交流解题过程中的审题环节、解法思路等，提升学生的阅读理解、逻辑推理等能力．

教学方式三：启发式、自主探究

学生自己独立探究，在解答过程中出现问题时举手提问，教师针对学生的实际情况给予启发和指导，在学生现有能力下提升学生的自主学习能力．

教学建议：问题的拓展延伸

无论采用哪种教学方式，可以给学生提出延伸性问题，拓展学生的思路，培养学生的创新思维．

例如，若想要制作一个圆锥形状的降雨等级容器，可以根据降雨面水平线的刻度直接得到降雨高度，请你给出本题中每隔 5mm 厚度降雨量所对应的刻度．再如，若该容器变成棱锥体，你能给出降雨厚度和雨水高度对应的函数关系吗？

（四）创新问题教学方法案例指导

下面以数列问题中的创新问题教学为例．

【教学目标】 学生能够了解数学试验、归纳法、反证法等探究数列问题的方法．

第一层次教学方法：互动式、启发式

教师活动 1：给出载体．

已知 $\{a_n\}$ 是无穷数列，给出两个性质：

（1）对于 $\{a_n\}$ 中任意两项 $a_i, a_j (i > j)$，在 $\{a_n\}$ 中都存在一项 a_m，使 $\dfrac{a_i^2}{a_j} = a_m$；

（2）对于 $\{a_n\}$ 中任意项 a_n（$n \geq 3$），在 $\{a_n\}$ 中都存在两项 a_k, a_l（$k > l$），使得 $a_n = \dfrac{a_k^2}{a_l}$．

学生活动1：阅读载体，熟悉性质．

教师活动2：代入具体数，解读载体．

教师活动3：提问，先看性质（1），等差数列满足吗？什么样的无穷数列能满足？

活动目的：①从读懂题目开始，引出动手尝试对于探究问题的帮助；②利用问题，让学生在具体问题中熟悉问题载体的条件，进一步体会动手试验对于探究问题的帮助．

第二层次教学方法：探究式、启发式

教师活动4：提问，那等比数列能否同时满足性质（1）和性质（2），或者说能不能给出一个满足的等比数列？尝试证明一下．

学生活动2：不同程度的学生可以分层次对问题进行探究，程度好的学生可以尝试证明等比数列均满足性质（1）和性质（2）．

活动目的：①验证完性质（1）很自然地去思考什么数列能同时满足题目中的性质（1）和性质（2）；②根据等比中项这个知识点联想到等比数列可能满足要求；③对于问题的探究与证明，不同程度的学生都有能入手的机会，能力强的同学可以对于一般性结论进行证明，即证明任意等比数列满足性质（1）和性质（2），能力稍弱的同学可以先从某一具体等比数列入手开始研究，从特殊到一般的数学思想也是研究问题的一个重要思想．

教师活动5：让学生分享证法．

学生活动3：分享证法．

活动目的：①规范学生的表达；②提炼从特殊到一般的数学思想方法，以及练习动手尝试做数学试验的探究方法．

教师活动6：提问，证明了问题的充分性，很自然地想到其必要性，如果数列$\{a_n\}$满足性质①和性质②，那么数列$\{a_n\}$一定是等比数列吗？

学生活动4：回答问题举反例（显然不对，在一个2^{n-1}前加一项1即可）．

活动目的：①正难则反，从反面找反例思考，为后续反证法作铺垫；②为后续问题作铺垫和引导．

教师活动7：提问：那我再加个条件，比如数列$\{a_n\}$单调递增且同时满足性质（1）和性质（2），那么数列$\{a_n\}$一定是等比数列吗？

学生活动5：探究问题．

活动目的：引出高考题的最终一问，让学生在自然的"问题串"中得到提示，层层递进地对最终问题发起挑战．

教师活动8：请学生分享方法或给出必要提示．

学生活动 6：分享和聆听．

活动目的：①根据课堂时间进行调控；②规范学生的表达；③与学生一起总结提炼探究过程中的反思与收获；④或引导出，或提炼出数学试验、数学归纳法、反证法等基本探究方法．

教师活动 9：还可以加哪些条件？

活动目的：①将课堂内容进行发散和延伸；②学生获得解决新问题的土壤．

无论是解决创新题本身，还是提升学生解决此类问题的能力，其实都是一件很困难的事情．学生在此之前需要对载体知识掌握得很好，只有在此基础上才会有探究的土壤．提升学生解决数学应用问题或者创新题的教学方法有很多，之所以选用启发式与探究式的教学方法，是为了最大限度地锻炼学生解决新问题的能力．在教师的引导下，学生能对数学知识与解决问题的方法有一些共性认识．

对于数学应用题与创新问题的研究一直以来都是教师和学生所关注的．由于该类型问题比较灵活，需要学生具备较强的能力，同时也没有很好的通法，所以对于该类型问题的教法一直是比较难的．这里建议探究式与启发互动式结合的教学方法，以学生为主体，把课堂交给学生，让学生自主探究，在不断尝试与试验中解决问题．同时教师作为课堂的引导者，及时对学生的思考困境进行启发和提示，给学生交流展示的空间，并在必要的时候进行方法和知识上的比较与总结．一堂课，教师既要"放"得开又要"收"得回来．让每个学生在课堂中既能有千差万别的想法，又能产生一些共性的认知，这对于教师和学生都是较高的要求．但如果能够做到，相信无论是学生还是教师，收获和成长也是对得起相应付出的．本书所涉及的方法是笔者在教学过程中的一些感悟，希望能够抛砖引玉，给读者提供一些思路，激发出更多好的想法．

第1单元 集合、逻辑、不等式、数列、复数

集合、常用逻辑用语、不等式是高中数学的基础知识，可以用符号语言、字母语言、文字语言等不同方式表达．数列是一种特殊的函数，复数集是高中数学数系扩充后最大的集合．学生需应用基本概念、关系、公式、性质、运算解决问题．

应用这些基础知识的常用数学思想有：数形结合思想、化归与转化思想、函数与方程思想等．考查的核心素养有：数学抽象、逻辑推理、数学运算、直观想象、数学建模、数据分析等．

1.1 一题多问、串联知识

【例 1】 设集合 $P = \{x \mid x^2 - x - 6 < 0\}$，$Q = [a-2, 2a+4]$．

（1）若 $P \subseteq Q$，求实数 a 的取值范围；

（2）若 $P \cap Q = \varnothing$，求实数 a 的取值范围；

（3）若"$x \in P$"是"$x \in Q$"的充分不必要条件，求实数 a 的取值范围；

（4）若"$x \in P$"的充分不必要条件是"$x \in Q$"，求实数 a 的取值范围．

分析：集合与区间的表达方法有差异，区间要求左端点严格小于右端点，所以集合 Q 中有隐含条件 $2a+4 > a-2$ 即 $a \in (-6, +\infty)$．

在解决集合之间的包含关系问题时，一方面注意符号语言的等价转化，如 $P \cap Q = P \Leftrightarrow P \cup Q = Q \Leftrightarrow P \subseteq Q$，另一方面往往用到数轴、韦恩图等几何直观的方法解决问题．

在逻辑用语中，A 是 B 的充分条件与 A 的充分条件是 B 是有区别的．A 是 B 的充分条件指 $A \Rightarrow B$，A 的充分条件是 B 是指 $B \Rightarrow A$．

解：$P = \{x \mid x^2 - x - 6 < 0\} = (-2, 3)$，集合 Q 成立的条件是 $2a+4 > a-2 \Rightarrow a \in (-6, +\infty)$．

（1）因为 $P \subseteq Q$，所以 $\begin{cases} a-2 \leqslant -2, \\ 2a+4 \geqslant 3, \\ a-2 < 2a+4 \end{cases}$（见图 1-1），解得 $a \in \left[-\dfrac{1}{2}, 0\right]$，所以 a

的取值范围是 $[-\frac{1}{2}, 0]$；

图 1-1

（2）因为 $P\cap Q = \varnothing$，所以 $\begin{cases} a-2 \geqslant 3, \\ a-2 < 2a+4 \end{cases}$ （见图 1-2）或 $\begin{cases} 2a+4 \leqslant -2, \\ a-2 < 2a+4 \end{cases}$ （见图 1-3）；

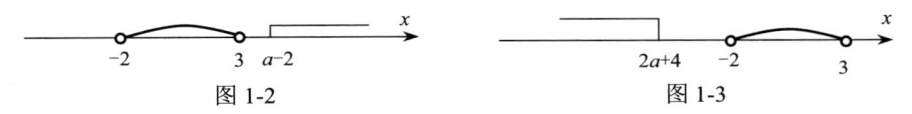

图 1-2　　　　　　　图 1-3

解得 $a \geqslant 5$ 或 $-6 < a \leqslant -3$，所以 a 的取值范围是 $(-6, -3] \cup [5, +\infty)$；

（3）若"$x \in P$"是"$x \in Q$"的充分不必要条件，则 $P \subseteq Q$，且 Q 不是 P 的子集，所以 $\begin{cases} a-2 \leqslant -2, \\ 2a+4 \geqslant 3, \\ a-2 < 2a+4 \end{cases}$ （见图 1-4），解得 $a \in [-\frac{1}{2}, 0]$，所以 a 的取值范围是 $[-\frac{1}{2}, 0]$；

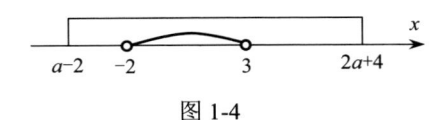

图 1-4

（4）若"$x \in P$"的充分不必要条件是"$x \in Q$"，所以 $Q \subseteq P$，且 P 不是 Q 的子集，所以 $\begin{cases} a-2 > -2, \\ 2a+4 < 3, \\ a-2 < 2a+4 \end{cases}$ （见图 1-5），得出解集是空集，所以不存在实数 a 满足条件.

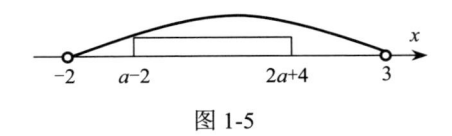

图 1-5

【设计意图】 本题以集合为载体，结合充分必要条件的逻辑关系，转化考查集合的包含关系与运算．一方面是对基本概念和运算的考查，另一方面用到数形结合的方法，在解决问题的过程中提升数学运算、直观想象和数学抽象等数学素养.

这部分知识在高考中以基础题出现，教师可以将易错题和易错点做整理，方便学生对比、归纳、整理和落实.

例如，审题时注意集合代表元素的属性，$A=\{x\in \mathbb{N}\,|\,2^x<4\}$ 区别于 $A=\{x\,|\,2^x<4\}$；

逻辑关系的等价转化，如 $2\notin\left\{x\,\bigg|\,\dfrac{1-x}{x+a}<1\right\}$ 与 $\dfrac{1-2}{2+a}\geqslant 1$ 不等价，还少 $a=-2$，常规的做法是先求满足 $2\in\left\{x\,\bigg|\,\dfrac{1-x}{x+a}<1\right\}$ 中 a 的范围，再求其补集；

利用数轴确定大小关系时，要判断临界值（即端点值）能否取等.

【例2】 已知 $a>0$，$b>0$，$a+2b=3$. 求解下列问题：

（1）求 ab 的最大值；

（2）求 a^2b 的最大值；

（3）求 $\lg a+\lg b$ 的最大值；

（4）求 2^a+4^b 的最小值；

（5）求 $\dfrac{1}{a}+\dfrac{1}{b}$ 的最小值；

（6）求 $a-\dfrac{1}{b}$ 的最大值；

（7）求 a^2+b^2 的最小值；

（8）若 $a\geqslant 2$，求 ab 的取值范围.

分析：已知二元方程，求解二元代数式取值范围通常有两种解法：一是利用特殊结构基本不等式的结论，这种解法往往只能解决半边的最值问题；一是借助方程消元，转化为函数求值域，这种解法在消元的过程中需注意变量的取值范围.

解：（1）**方法一**：利用基本不等式.

因为 $a>0$，$b>0$，$a+2b=3$，所以 $ab=\dfrac{1}{2}\cdot a\cdot 2b\leqslant\dfrac{1}{2}\left(\dfrac{a+2b}{2}\right)^2=\dfrac{1}{2}\left(\dfrac{3}{2}\right)^2=\dfrac{9}{8}$，当且仅当 $a=2b=\dfrac{3}{2}$ 时取等，即 ab 的最大值为 $\dfrac{9}{8}$；

方法二：利用函数求值域.

因为 $a>0$，$b>0$，$a+2b=3$，所以 $a=3-2b>0$，所以 $b\in\left(0,\dfrac{3}{2}\right)$，

所以 $ab=(3-2b)\cdot b=-2b^2+3b=-2\left(b-\dfrac{3}{4}\right)^2+\dfrac{9}{8}\leqslant\dfrac{9}{8}$，当且仅当 $b=\dfrac{3}{4}\in\left(0,\dfrac{3}{2}\right)$

时取等，即 ab 的最大值为 $\dfrac{9}{8}$.

（2）因为 $a>0$，$b>0$，$a+2b=3$，所以 $a=3-2b>0$，所以 $b\in\left(0,\dfrac{3}{2}\right)$，$a^2b$ $=(3-2b)^2\cdot b$，$b\in\left(0,\dfrac{3}{2}\right)$，设 $f(b)=(3-2b)^2\cdot b$，$b\in\left(0,\dfrac{3}{2}\right)$，

$$f'(b)=-4(3-2b)\cdot b+(3-2b)^2=3(3-2b)(1-2b)>0,$$

解得 $b\in\left(0,\dfrac{1}{2}\right)$，所以 $f(b)$ 在 $\left(0,\dfrac{1}{2}\right)$ 上增，在 $\left(\dfrac{1}{2},\dfrac{3}{2}\right)$ 上减，所以 $f(b)_{\max}=f\left(\dfrac{1}{2}\right)=2$，即 a^2b 的最大值为 2．

（3）由（1）知，$\lg a+\lg b=\lg(ab)\leqslant\lg\dfrac{9}{8}$，当且仅当 $a=2b=\dfrac{3}{2}$ 时取等．

（4）因为 $2^a>0$，$4^b>0$，所以
$$2^a+4^b=2^a+2^{2b}\geqslant 2\sqrt{2^a\cdot 2^{2b}}=2\sqrt{2^3}=4\sqrt{2},$$
当且仅当 $a=2b=\dfrac{3}{2}$ 时取等，2^a+4^b 的最小值为 $4\sqrt{2}$．

（5）因为 $a>0$，$b>0$，$a+2b=3$，所以
$$\dfrac{1}{a}+\dfrac{1}{b}=\dfrac{1}{3}\left(\dfrac{1}{a}+\dfrac{1}{b}\right)(a+2b)=\dfrac{1}{3}\left(1+2+\dfrac{a}{b}+\dfrac{2b}{a}\right)\geqslant\dfrac{1}{3}(3+2\sqrt{2}),$$
当且仅当
$$\begin{cases}\dfrac{a}{b}=\dfrac{2b}{a}\\ a+2b=3\end{cases}\Rightarrow\begin{cases}a=\dfrac{3}{\sqrt{2}+1}=3(\sqrt{2}-1)\\ b=\dfrac{3}{2+\sqrt{2}}=3\left(1-\dfrac{\sqrt{2}}{2}\right)\end{cases}$$
时取等，即 $\dfrac{1}{a}+\dfrac{1}{b}$ 的最小值是 $\dfrac{1}{3}(3+2\sqrt{2})$．

（6）因为 $a>0,b>0,a+2b=3$，所以 $a=3-2b>0$，所以 $b\in\left(0,\dfrac{3}{2}\right)$，
$$a-\dfrac{1}{b}=3-2b-\dfrac{1}{b}=3-\left(2b+\dfrac{1}{b}\right)\leqslant 3-2\sqrt{2},$$
当且仅当 $b=\dfrac{\sqrt{2}}{2}\in\left(0,\dfrac{3}{2}\right)$ 时取等，即 $a-\dfrac{1}{b}$ 的最大值为 $3-2\sqrt{2}$．

（7）**解法一**：利用函数求最值．

$$a^2+b^2=(3-2b)^2+b^2=5b^2-12b+9=5\left(b-\frac{6}{5}\right)^2+\frac{9}{5}\geqslant\frac{9}{5},$$

当且仅当 $b=\frac{6}{5}\in\left(0,\frac{3}{2}\right)$ 时取等，即 a^2+b^2 的最小值是 $\frac{9}{5}$；

解法二：数形结合，利用 a^2+b^2 的几何意义（原点到线段 $a+2b=3$，$b\in\left(0,\frac{3}{2}\right)$ 上的点的距离的平方），得最小值是 $d^2=\left|\frac{3}{\sqrt{1+4}}\right|^2=\frac{9}{5}$.

（8）因为 $a\geqslant 2,b>0,a+2b=3$，所以 $a=3-2b\geqslant 2$，所以 $b\in\left(0,\frac{1}{2}\right]$，所以

$$ab=(3-2b)\cdot b=-2b^2+3b=-2\left(b-\frac{3}{4}\right)^2+\frac{9}{8}\leqslant 1,$$

当且仅当 $b=\frac{1}{2}$ 时取等，即 ab 的最大值为 1.

【设计意图】本题以已知二元方程，求二元最值为载体，考查均值定理的使用条件（正、定、等），积累利用函数与导数求最值、利用几何意义等方法求最值问题的解法．在解题的过程中，提高用数形结合、化归与转化、方程与函数思想方法解决问题的能力，提升数据分析、直观想象、数学抽象、数学运算等核心素养．

【例3】已知 $\{a_n\}$ 是等差数列，求解下列问题：

（1）已知 $a_8=6$，$a_{12}=9$，求 a_{16}，a_n，S_n；

（2）已知前三项和是 15，后三项和是 78，所有项和是 155，求项数 n；

（3）已知 $d=1$，$S_{98}=137$，则 $a_2+a_4+\cdots+a_{98}=$ _____；

（4）比较 a_n^2 与 $a_{n-1}a_{n+1}(n\geqslant 2)$ 的大小；

（5）若等差数列 $\{a_n\}$ 满足 $a_7+a_8+a_9>0$，$a_7+a_{10}<0$，则当 $n=$ _____ 时，$\{a_n\}$ 的前 n 项和最大，使得 $S_n>0$ 的最大的 $n=$ _____；

（6）下列结论中正确的是（ ）．

A. 若 $a_1+a_2>0$，则 $a_2+a_3>0$ B. 若 $a_1+a_3<0$，则 $a_1+a_2<0$

C. 若 $0<a_1<a_2$，则 $a_2>\sqrt{a_1a_3}$ D. 若 $a_1<0$，则 $(a_2-a_1)(a_2-a_3)>0$

解：因为 $\{a_n\}$ 是等差数列，

（1）解法一（基本量法）：$a_8=a_1+7d=6$，$a_{12}=a_1+11d=9$，解得 $a_1=\frac{3}{4}$，$d=\frac{3}{4}$，

$a_{16} = a_1 + 15d = 12$；$a_n = a_1 + (n-1)d = \dfrac{3}{4} + \dfrac{3}{4}(n-1) = \dfrac{3}{4}n$；

$S_n = na_1 + \dfrac{n(n-1)}{2}d = \dfrac{3}{4}n + \dfrac{3}{8}(n-1)n = \dfrac{3n(n+1)}{8}$；

解法二（灵活应用公式法）：$d = \dfrac{a_{12} - a_8}{12 - 8} = \dfrac{3}{4}$，$a_{16} = a_{12} + 4d = 9 + 3 = 12$；

解法三（直接用性质）：$a_{16} + a_8 = a_{12} + a_{12}$，即 $a_{16} = 12$。

【设计意图】 复习等差数列的基本公式，利用等差数列的性质简化求解。

（2）前三项和是 15，即 $a_1 + a_2 + a_3 = 15$，后三项和是 78，即
$$a_n + a_{n-1} + a_{n-2} = 78，$$
两式相加得 $3(a_1 + a_n) = 15 + 78 \Rightarrow a_1 + a_n = 31$，

所有项和是 155，即 $\dfrac{a_1 + a_n}{2} \cdot n = 155$，即 $\dfrac{31}{2} \cdot n = 155$，$n = 10$。

【设计意图】 前 n 项和公式的选择决定求解计算的简繁，注意等差数列的性质与前 n 项和公式之间的联系，及其背后倒序相加法的推广使用。

（3）因为 $\{a_n\}$ 是等差数列，$d = 1$，$S_{98} = 137$，
$$a_2 + a_4 + \cdots + a_{98} = (a_1 + a_3 + \cdots + a_{97}) + 49，$$
$$S_{98} = (a_1 + a_3 + \cdots + a_{97}) + (a_2 + a_4 + \cdots + a_{98}) = 137，$$
解得 $a_2 + a_4 + \cdots + a_{98} = 93$。

（4）因为 $\{a_n\}$ 是等差数列，当 $n \geqslant 2$ 时，
$$a_{n+1}a_{n-1} = (a_n + d)(a_n - d) = a_n^2 - d^2 \leqslant a_n^2。$$

（5）由 $a_7 + a_8 + a_9 = 3a_8 > 0$，$a_7 + a_{10} = a_8 + a_9 < 0$，所以 $a_8 > 0$，$a_9 < 0$，所以，当 $n = 8$ 时，$\{a_n\}$ 的前 n 项和最大；

又 $a_1 + a_{16} = a_7 + a_{10} < 0$，$a_1 + a_{15} = 2a_8 > 0$，所以 $S_{16} = \dfrac{a_1 + a_{16}}{2} \cdot 16 < 0$，同理 $S_{15} > 0$，$S_n > 0$ 时最大的 $n = 15$。

（6）等差数列 $\{a_n\}$，$a_n = 4 - 2n$ 时，满足 $a_1 + a_2 > 0$，但 $a_2 + a_3 < 0$，所以，A 错误；

$a_n = 3 - 2n$ 时，满足 $a_1 + a_3 < 0$，但 $a_1 + a_2 = 0$，所以 B 错误；

$(a_2 - a_1)(a_2 - a_3) = -d^2 \leqslant 0$，所以 D 错误；

对于 C，若 $0 < a_1 < a_2$，则 $a_2 = \dfrac{a_1 + a_3}{2} > \sqrt{a_1 a_3}$ 成立。

【设计意图】 本题以等差数列为载体，复习数列的通项公式、前 n 项和的基

本量公式、基本性质、基本方法，以及与不等式知识的综合等．解决问题时还要注意从函数的观点看待数列，从而利用数形结合的方法直观解决数列问题．等比数列有很多性质都可以从等差数列的性质中类比得到，这里的题干都可以通过变式得到等比数列的相关问题．

【例4】已知复数 z_1，z_2 对应的向量如图 1-6 所示，则

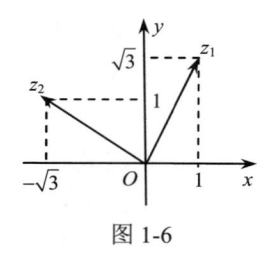

图 1-6

（1）复数 $z_1 = $ _____，其虚部是 _____，$|z_1| = $ _____，共轭复数 $\overline{z_1} = $ _____，复数 z_1 的三角形式可以写成 _____；

（2）计算 $z_1 - z_2$，$z_1 \cdot z_2$，$\dfrac{z_2}{z_1}$，z_1^3；

（3）若 $z_3 = \cos\alpha + i\sin\alpha$，$\alpha \in \mathbf{R}$，求 $|z_1 - z_3|$ 的最大值．

解：（1）复数 $z_1 = 1 + \sqrt{3}i$，其虚部是 $\sqrt{3}$，$|z_1| = 2$，共轭复数 $\overline{z_1} = 1 - \sqrt{3}i$，复数 z_1 的三角形式可以写成 $z_1 = 2\left(\cos\dfrac{\pi}{3} + i\sin\dfrac{\pi}{3}\right)$．

（2）因为 $z_2 = -\sqrt{3} + i$，$z_1 = 1 + \sqrt{3}i$，

所以 $z_1 - z_2 = (1+\sqrt{3}) + (\sqrt{3}-1)i$，$z_1 \cdot z_2 = -\sqrt{3} - \sqrt{3} + i - 3i = -2\sqrt{3} - 2i$，

$\dfrac{z_2}{z_1} = \dfrac{z_2 \cdot \overline{z_1}}{z_1 \cdot \overline{z_1}} = \dfrac{(-\sqrt{3}+i)(1-\sqrt{3}i)}{1+3} = \dfrac{4i}{4} = i$，$z_1^3 = 2^3(\cos\pi + i\sin\pi) = -8$．

（3）若 $z_3 = \cos\alpha + i\sin\alpha$，$\alpha \in \mathbf{R}$，求 $|z_1 - z_3|$ 的最大值．

解法一（数形结合）：$z_3 = \cos\alpha + i\sin\alpha$，$\alpha \in \mathbf{R}$ 对应的点在以原点为圆心的单位圆上，$|z_1 - z_3|$ 表示点 z_1 到圆上点的距离，所以最大值为 $|Oz_1| + 1 = 3$．

解法二（代数运算）：

$|z_1 - z_3| = \sqrt{(1-\cos\alpha)^2 + (\sqrt{3}-\sin\alpha)^2} = \sqrt{4 + 1 - 2\cos\alpha - 2\sqrt{3}\sin\alpha}$

$= \sqrt{5 - 4\sin\left(\alpha + \dfrac{\pi}{6}\right)} \leqslant \sqrt{5+4} = 3$．

【设计意图】复数集是高中阶段最大的数集，了解复数的概念、代数运算、

几何意义等，有助于进一步对数域知识的学习．这里还需要注意复数运算与向量运算的区别与联系．

1.2 专题专训、总结方法

1.2.1 充要条件的判断方法

【例5】 指出下列命题中，p 是 q 的什么条件．

（1）已知 $x \in \mathbf{R}$，$p:|x-1|<2$，$q:x(x-3)<0$；

（2）已知 x、$y \in \mathbf{R}$，$p:(x-1)^2+(y-2)^2=0$，$q:(x-1)(y-2)=0$；

（3）在 $\triangle ABC$ 中，$p:\angle A=\angle B$，$q:\sin A=\sin B$；

变式：①$\triangle ABC$ 中，$p:\angle A>\angle B$，$q:\sin A>\sin B$；

②$\triangle ABC$ 中，$p:A>30°$，$q:\sin A>\sin 30°$；

（4）对于实数 x，y，$p:x+y\neq 8$，$q:x\neq 2$ 或 $y\neq 6$；

（5）p:双曲线的离心率是 2，q: 双曲线的渐近线方程是 $y=\pm\sqrt{3}x$．

解：（1）$x \in \mathbf{R}$，$p:|x-1|<2$，得 $p=(-1,3)$；$q:x(x-3)<0$，得 $q=(0,3)$；因为 $q \subset p$，所以 p 是 q 的必要不充分条件．

（2）x、$y \in \mathbf{R}$，$p:(x-1)^2+(y-2)^2=0$，得 $x=1$ 且 $y=2$，可以看成坐标平面上的点 $(1,2)$；$q:(x-1)(y-2)=0$，得 $x=1$ 或 $y=2$，可以看成坐标平面上的直线 $x=1$ 或 $y=2$；所以 p 是 q 的充分不必要条件．

（3）在 $\triangle ABC$ 中，$p:\angle A=\angle B$，$q:\sin A=\sin B$，

由正弦定理 $\dfrac{a}{\sin A}=\dfrac{b}{\sin B}$ 知，$\sin A=\sin B$ 等价于 $a=b$，而 $a=b$ 等价于 $\angle A=\angle B$，所以 p 是 q 的充要条件．

变式①$\triangle ABC$ 中，由正弦定理 $\dfrac{a}{\sin A}=\dfrac{b}{\sin B}$ 知，$\sin A>\sin B$ 等价于 $a>b$，而 $a>b$ 等价于 $A>B$，所以 p 是 q 的充要条件．

变式②$\triangle ABC$ 中，$A=150°$ 时，$\sin A=\sin 30°$，所以 p 不能推出 q；$\triangle ABC$ 中，$q:\sin A>\sin 30°$ 时，$30°<A<150°$，能够推出 $p:A>30°$；

所以 p 是 q 的必要不充分条件．

（4）对于实数 x，y，$p:x+y\neq 8$，$q:x\neq 2$ 或 $y\neq 6$．

q 对应集合的补集 $A=\{(x,y)|x=2且y=6\}$，p 对应集合的补集 $B=\{(x,y)|x+y=8\}$，

显然 $A\subset B$ 前能推出后，后不能推前，所以 p 是 q 的充分不必要条件．

（5）p：双曲线的离心率是 2，当双曲线的焦点在 x 轴上时，渐近线方程是 $y=\pm\sqrt{3}x$；当双曲线的焦点在 y 轴上时，渐近线方程是 $y=\pm\dfrac{\sqrt{3}}{3}x$．

q：双曲线的渐近线方程是 $y=\pm\sqrt{3}x$，当双曲线的焦点在 x 轴上时，离心率为 2；当双曲线的焦点在 y 轴上时，离心率为 $\dfrac{2\sqrt{3}}{3}$．

所以 p 是 q 的既不充分也不必要条件．

【设计意图】通过本专题，总结常见的充要条件的判断方法：画箭头；数形结合（数轴、韦恩图）；等价转化；逆否命题的等价转化．其中，画箭头是最主要的方法．因为充要条件的判断还要结合着具体的知识载体进行判断，涉及具体知识载体的概念、性质、公式等，需要对该知识点进行全面掌握，是重点，也是难点，希望师生予以重视．

1.2.2　二次不等式中的恒成立、能成立问题

【例 6】在下列条件下，求参数的取值范围：

（1）对 $\forall x\in\mathbf{R}$，不等式 $(a-1)x^2+(a-1)x-1<0$ 恒成立，求 a 的取值范围；

（2）若 $\exists x\in\mathbf{R}$，不等式 $(a-1)x^2-(a-1)x+1<0$ 成立，求 a 的取值范围；

（3）若对 $\forall x\geq 1$ 时，$(a-1)x^2+(a-1)x-1<0$ 恒成立，求 a 的取值范围；

（4）若 $\exists x\geq 1$，使得 $(a-1)x^2+(a-1)x-1<0$ 成立，求 a 的取值范围；

（5）若对 $\forall a\geq 1$ 时，$(a-1)x^2+(a-1)x-1<0$ 恒成立，求 x 的取值范围．

解：（1）不等式 $(a-1)x^2+(a-1)x-1<0$ 对 $\forall x\in\mathbf{R}$ 恒成立，设
$$f(x)=(a-1)x^2+(a-1)x-1,$$
所以 $\begin{cases}a-1=0\\-1<0\end{cases}$ 或 $\begin{cases}a-1<0\\\Delta=(a-1)^2+4(a-1)<0\end{cases}$，解得 $a\in(-3,1]$，

a 的取值范围是 $(-3,1]$．

（2）$\exists x\in\mathbf{R}$，不等式 $(a-1)x^2-(a-1)x+1<0$ 成立，设
$$f(x)=(a-1)x^2-(a-1)x+1,$$

则 a<1 时恒成立；当 $\begin{cases} a-1>0 \\ \Delta=(a-1)^2-4(a-1)>0 \end{cases}$ 即 $a>5$ 时也成立.

所以，a 的取值范围是 $(-\infty,12)\cup(5,+\infty)$.

（3）$(a-1)x^2+(a-1)x-1<0$ 对 $\forall x \geqslant 1$ 恒成立，设
$$f(x)=(a-1)x^2+(a-1)x-1,$$

方法一（看成区间 $[1,+\infty)$ 上的二次函数）：

当 $a=1$ 时显然成立；当 $\begin{cases} a-1<0 \\ f(1)=2a-3<0 \end{cases}$ 即 a<1 时成立；

即 a 的取值范围是 $(-\infty,1]$.

方法二（分离变量）：即 $a(x^2+x)<x^2+x+1$ 对 $\forall x \geqslant 1$ 恒成立，

当 $x \geqslant 1$ 时，$a<\dfrac{x^2+x+1}{x^2+x}$，设 $g(x)=\dfrac{x^2+x+1}{x^2+x}$，则 $a<g(x)_{\min}$，因为 $x \geqslant 1$，

所以 $g(x)=1+\dfrac{1}{x^2+x}$，$x^2+x \geqslant 2$，$0<\dfrac{1}{x^2+x}\leqslant\dfrac{1}{2}$，所以 $g(x)\in\left(1,\dfrac{3}{2}\right]$，$a\leqslant 1$，

所以 a 的取值范围是 $(-\infty,1]$.

（4）若存在 $x \geqslant 1$，使得 $(a-1)x^2+(a-1)x-1<0$ 成立，设
$$f(x)=(a-1)x^2+(a-1)x-1,$$

方法一（看成区间 $[1,+\infty)$ 上的二次函数）：

则 $a \leqslant 1$ 时恒成立；当 $\begin{cases} a-1>0 \\ -\dfrac{1}{2}<1 \\ f(1)=2a-3<0 \end{cases}$ 即 $a\in\left(1,\dfrac{3}{2}\right)$ 时成立；

即 a 的取值范围是 $\left(-\infty,\dfrac{3}{2}\right)$.

方法二（分离变量）：即 $a(x^2+x)<x^2+x+1$，

当 $x\geqslant 1$ 时，$a<\dfrac{x^2+x+1}{x^2+x}$，设 $g(x)=\dfrac{x^2+x+1}{x^2+x}$，则 $a<g(x)_{\max}$，$x\geqslant 1$，

所以，$g(x)=1+\dfrac{1}{x^2+x}$，$x^2+x\geqslant 2$，$0<\dfrac{1}{x^2+x}\leqslant\dfrac{1}{2}$，因为 $g(x)\in\left(1,\dfrac{3}{2}\right]$，所

以 $a<\dfrac{3}{2}$，所以 a 的取值范围是 $\left(-\infty,\dfrac{3}{2}\right)$.

（5）$(a-1)x^2+(a-1)x-1<0$ 对 $\forall a \geqslant 1$ 恒成立，设

$$g(a)=(a-1)x^2+(a-1)x-1=(x^2+x)a-(x^2+x+1), \quad a \geq 1,$$

看成关于 a 的函数（图象是射线），则只需斜率小于等于 0，左端点函数值小于 0，即 $\begin{cases} x^2+x \leq 0 \\ g(1)=-1<0 \end{cases}$，即 $x \in [-1,0]$，即 x 的取值范围是 $[-1,0]$．

【设计意图】 本专题对恒成立、能成立问题做了梳理与归纳．一般地，对谁恒成立，就看成谁的函数、方程、不等式，这就需要审题和问题转化时注意变更主元的方法．另外，恒成立（能成立）问题常用到分离变量的方法，转化为求具体函数的最值问题，可以避免分类讨论．一般地，a 大于函数 $f(x)$ 恒成立，只要 a 大于函数的最大值；存在 a 大于函数 $f(x)$，只要 a 大于函数的最小值．

1.2.3 各种不等式的解法

【例 7】 解下列关于 x 的不等式．

（1）二次不等式：① $-x^2+5x-6>0$；② $x^2+5x+7>0$．

【设计意图】 正确又熟练地解二次不等式是高中数学的基本功．建议使用数形结合的方法，结合因式分解、配方、求判别式、求根等方法快速求解．

解：① $-(x^2-5x+6)=-(x-2)(x-3)>0$，二次函数开口向下，方程的两根是 2、3，要大于 0 的函数值，所以取两根之间，解集是 $(2,3)$；

② 由 $\Delta=25-28<0$，图象与 x 轴无交点，函数开口向上，$x^2+5x+7>0$ 的解集是 **R**．

（2）简单高次不等式：$x^2(2-x)(x+1) \leq 0$．

解：不等式解集是 $\{x \mid x \leq -1,$ 或 $x=0,$ 或 $x \geq 2\}$（见图 1-7）.

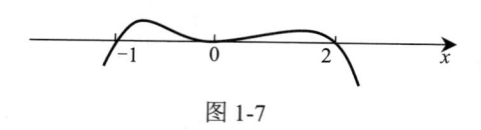

图 1-7

【设计意图】 会简单的高次不等式的解法：移项（一侧为 0）、因式分解、穿线．穿线时注意最大根的右侧是从上穿还是从下穿，同时因式的次数决定了"奇穿偶不穿"，写解集时注意零点是否可取．

（3）简单分式不等式：$\dfrac{5x^2+4x+1}{x+1} \geq \dfrac{1}{2}$．

解：$\dfrac{5x^2+4x+1}{x+1}-\dfrac{1}{2} \geq 0 \Rightarrow \dfrac{10x^2+7x+1}{2(x+1)}=\dfrac{(2x+1)(5x+1)}{2(x+1)} \geq 0$，

由穿线法可得不等式的解集是 $(-1,-\dfrac{1}{2}]\cup[-\dfrac{1}{5},+\infty)$.

【设计意图】会简单的分式不等式的解法：移项—通分—因式分解—穿线. 穿线时注意分母的根要标为空心，其余按照高次不等式的穿线方法求解集.

（4）简单绝对值不等式：① $|x^2-3x-1|>3$；② $|x^2-3x-4|<x+1$.

解：① $x^2-3x-1<-3$ 或 $x^2-3x-1>3$，即 $x^2-3x+2<0$ 或 $x^2-3x-4>0$，$(x-1)(x-2)<0$ 或 $(x-4)(x+1)>0$，得 $x\in(1,2)$ 或 $x\in(-\infty,-1)\cup(4,+\infty)$，所以不等式的解集是 $(-\infty,-1)\cup(1,2)\cup(4,+\infty)$.

② 由题 $\begin{cases}-x-1<x^2-3x-4\\ x^2-3x-4<x+1\end{cases}$，解得 $\begin{cases}x^2-2x-3>0,\\ x^2-4x-5<0\end{cases}\Rightarrow\begin{cases}x<-1,\text{或}x>3,\\ -1<x<5\end{cases}$

不等式的解集为 $(3,5)$.

【设计意图】总结绝对值不等式的解法. 主要有：①根据定义去掉绝对值符号的分类讨论法；②等价转化法.

$|f(x)|<a\Leftrightarrow -a<f(x)<a$，

$|f(x)|>a\Leftrightarrow f(x)<-a$，或 $f(x)>a$，

以及 $|f(x)|<g(x)\Leftrightarrow -g(x)<f(x)<g(x)$，

$|f(x)|>g(x)\Leftrightarrow f(x)<-g(x)$，或 $f(x)>g(x)$.

（5）简单的指数、对数不等式：① $3^{2x-1}>9$；② $\log_2(2x-1)<3$.

解：① $3^{2x-1}>3^2$，$2x-1>2$，$x>\dfrac{3}{2}$，不等式的解集是 $\left(\dfrac{3}{2},+\infty\right)$；

② $\log_2(2x-1)<\log_2 2^3\Rightarrow 0<2x-1<8\Rightarrow x\in\left(\dfrac{1}{2},\dfrac{9}{2}\right)$，

或 $0<2x-1<2^3\Rightarrow x\in\left(\dfrac{1}{2},\dfrac{9}{2}\right)$.

【设计意图】总结指数、对数不等式的解法. 先根据运算法则化为同底的指数、对数不等式，再根据指数、对数函数的单调性解决问题，其中要注意对数的定义域.

（6）混合不等式：① $x(x+1)(e^{x-1}-1)>0$；② $(x+1)(x-2)(\ln x-1)>0$.

分析：① $e^{x-1}>1\Leftrightarrow x-1>0\Leftrightarrow x>1$，所以原不等式等价于 $x(x+1)(x-1)>0$；

② 由定义域知 $x>0$，所以因式 $x+1$ 恒正，又 $\ln x>1\Leftrightarrow x>e$，所以原不等式等价于 $\begin{cases}x>0,\\ (x-2)(x-e)>0.\end{cases}$

解：①不等式的解集是 $(-1,0) \cup (1,+\infty)$；

②不等式的解集是 $(0,2) \cup (e,+\infty)$．

（7）含参不等式：①解关于 x 的不等式：$ax^2 + 1 < (a+1)x (a \in \mathbf{R})$；

②解关于 x 的不等式：$ax^2 + 2x + a > 0$；

③解关于 x 的不等式：$\ln(x+1) \cdot (e^x - m) > 0$．

解：①不等式转化为 $(ax-1) \cdot (x-1) < 0$．

当 $a = 0$ 时，不等式的解集是 $(1,+\infty)$．

当 $a > 0$ 时，$\dfrac{1}{a} - 1 = \dfrac{1-a}{a} > 0 \Leftrightarrow 0 < a < 1$．

所以，$0 < a < 1$ 时，解集是 $\left(1, \dfrac{1}{a}\right)$；$a > 1$ 时，解集是 $\left(\dfrac{1}{a}, 1\right)$；$a = 1$ 时，解集为空集．

当 $a < 0$ 时，解集是 $\left(-\infty, \dfrac{1}{a}\right) \cup (1,+\infty)$．综上略．

②解关于 x 的不等式：$ax^2 + 2x + a > 0$．

当 $a = 0$ 时，不等式的解集是 $(0,+\infty)$．

当 $a \neq 0$ 时，$\Delta = 4 - 4a^2 > 0 \Leftrightarrow -1 < a < 1$，令 $x_1 = \dfrac{-1-\sqrt{1-a^2}}{a}$，$x_2 = \dfrac{-1+\sqrt{1-a^2}}{a}$．

所以当 $a > 0$ 时，

ⅰ）$a > 1$ 时，$\Delta < 0$，解集为 $\mathbf{R}$；

ⅱ）$a = 1$ 时，$\Delta = 0$，解集为 $\{x | x \neq -1\}$；

ⅲ）$0 < a < 1$ 时，$\Delta > 0$，此时 $x_1 < x_2$，解集是 $(-\infty, x_1) \cup (x_2, +\infty)$．

当 $a < 0$ 时，

ⅰ）$a \leqslant -1$ 时，$\Delta \leqslant 0$，解集为空集；

ⅱ）$-1 < a < 0$ 时，$\Delta > 0$，此时 $x_1 > x_2$，解集是 (x_2, x_1)．综上略．

【设计意图】这里给出了两类二次型含参不等式的结构：一是可以因式分解的，只讨论开口和两根的大小；二是不确定有根的，讨论顺序是开口，判别式，有根时再讨论根的大小．值得注意的是，二次型含参不等式的解集有个重要的结果：开口向上向下的解集形式一定是相反的，并且根的大小也会改变，这在解题时要注意检验．

③由题知 x 的取值范围是 $(-1, +\infty)$，所以 $e^x > e^{-1}$，$\ln(x+1) > 0 \Leftrightarrow x > 0$，

所以当 $m \leqslant \dfrac{1}{e}$ 时，$e^x - m > 0$ 恒成立，不等式解集是 $(0, +\infty)$；

当 $m > \dfrac{1}{e}$ 时，$e^x - m > 0 \Leftrightarrow x > \ln m$，不等式等价于 $\begin{cases} x > -1, \\ x(x - \ln m) > 0. \end{cases}$

所以：当 $-1 < \ln m < 0$ 即当 $\dfrac{1}{e} < m < 1$ 时，不等式解集是 $(-1, \ln m) \cup (0, +\infty)$；

当 $\ln m \geqslant 0$ 即当 $m \geqslant 1$ 时，不等式解集是 $(-1, 0) \cup (\ln m, +\infty)$.

【设计意图】 含参不等式的讨论在导数中求单调区间有着很重要的作用，这里要清楚讨论的原则和顺序，从而求解问题. 一般地，二次型含参不等式的讨论顺序是：开口—判别式—两根大小（与定义域取交集），确定解集形式. 若判别式是完全平方，说明二次方程一定有根，可以因式分解，可以跳过是否有根的讨论. 此外，先用定义域约束某些函数的取值会减少讨论的步骤（如③）.

1.3 变式训练、探寻本质

【例8】 已知数列 $\{a_n\}$ 是等差数列，数列 $\{b_n\}$ 是等比数列，
且 $a_1 = b_1 > 0$，$a_{2n-1} = b_{2n-1}$ $(n > 1, n \in \mathbf{N}^*)$.
（1）比较 a_n 与 b_n 的大小.
（2）比较 a_m 与 b_m $(2 \leqslant m \leqslant 2n-2)$ 的大小（变式）.

分析： a_n 与 b_n 分别是 a_1, a_{2n-1} 与 b_1, b_{2n-1} 的等差中项与等比中项，借助基本不等式比较大小；变式中，注意等差数列的图象是直线上的点，等比数列是指数函数乘以一个系数对应的图象上的点，可以数形结合解决比较大小的问题.

解：（1）数列 $\{b_n\}$ 是等比数列，$b_n^2 = b_1 \cdot b_{2n-1}$，$b_n = \pm\sqrt{b_1 \cdot b_{2n-1}}$，

数列 $\{a_n\}$ 是等差数列，$a_n = \dfrac{a_1 + a_{2n-1}}{2}$，

因为 $b_1 > 0$，$b_{2n-1} = b_1 \cdot q^{2n-2} > 0$，$a_1 > 0$，$a_{2n-1} = b_{2n-1}$ $(n > 1, n \in \mathbf{N}^*)$，

所以 $a_n = \dfrac{a_1 + a_{2n-1}}{2} = \dfrac{b_1 + b_{2n-1}}{2} \geqslant \sqrt{b_1 b_{2n-1}} \geqslant b_n$.

（2）①当等比数列 $\{b_n\}$ 的公比为 1 时，可知 $a_m = b_m$ $(2 \leqslant m \leqslant 2n-2)$；

②当等比数列 $\{b_n\}$ 的公比为正（且不为 1）时，由已知得数列 $\{a_n\}$ 的图象在直线上，数列 $\{b_n\}$ 的图象在曲线上，如图 1-8 所示，于是 $a_m > b_m$ $(2 \leqslant m \leqslant 2n-2)$；

图 1-8

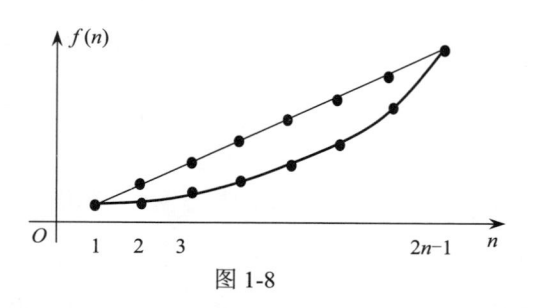

③ 当等比数列 $\{b_n\}$ 的公比为 -1 时，$\{b_n\}$ 取值正负交替，$a_m \geqslant b_m$ $(2 \leqslant m \leqslant 2n-2)$；

④ 当等比数列 $\{b_n\}$ 的公比为负（且不为 -1）时，由已知得数列 $\{a_n\}$ 的图象在直线上，数列 $\{b_n\}$ 的图象在曲线上，如图 1-9 所示，于是 $a_m > b_m$ $(2 \leqslant m \leqslant 2n-2)$；

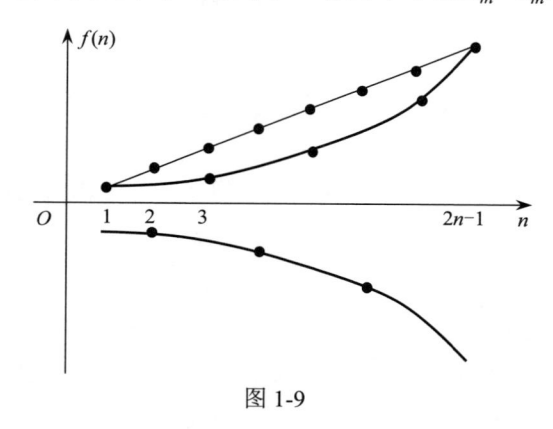

图 1-9

综上，$a_m \geqslant b_m (2 \leqslant m \leqslant 2n-2)$.

【例9】已知数列 $\{a_n\}$ 满足 $a_{n+1} = \dfrac{1}{4}(a_n - 6)^3 + 6$（$n = 1,2,3,\cdots$），下列说法正确的是（　　）.

A. 若 $a_1 = 3$，则 $\{a_n\}$ 是递减数列，且存在常数 $M \leqslant 0$，使得 $a_n > M$ 恒成立
B. 若 $a_1 = 5$，则 $\{a_n\}$ 是递增数列，且存在常数 $M \leqslant 6$，使得 $a_n < M$ 恒成立
C. 若 $a_1 = 7$，则 $\{a_n\}$ 是递减数列，且存在常数 $M > 6$，使得 $a_n > M$ 恒成立
D. 若 $a_1 = 9$，则 $\{a_n\}$ 是递增数列，且存在常数 $M > 0$，使得 $a_n < M$ 恒成立

分析：方法一（一一列举）：根据幂运算的取值趋势判断单调性和是否有界.

如 B 选项中，$a_1 = 5$，$a_2 = 6 - \dfrac{1}{4}$，$a_3 = 6 - \left(\dfrac{1}{4}\right)^4$，$a_4 = 6 - \left(\dfrac{1}{4}\right)^{13}\cdots$ 观察规律可

知 $\{a_n\}$ 递增，且 $a_n < 6$ 恒成立.

方法二（数形结合）：设 $b_n = a_n - 6$ 所以 $b_{n+1} = \frac{1}{4}b_n^3$，转化为由函数 $f(x) = \frac{1}{4}x^3$ 生成数列 $b_{n+1} = f(b_n)$，研究函数 $f(x)$ 不动点的问题. 如图 1-10 所示，$f(x) = x \Rightarrow \frac{1}{4}x^3 = x \Rightarrow x = -2$，$x = 0$，$x = 2$，对于不同的初始值，研究其函数值的趋势.

答案：B.

【设计意图】以数列为载体的选填题，若考查其基本概念、公式、性质，则为基础题，只需按部就班代入计算即可. 若考查其与不等式、函数性质的综合问题，则为中档题，需要用函数的观点看数列的性质、变化趋势、值域分布等. 掌握一些从函数的角度研究数列等问题的方法，就可以从烦杂的运算中解放出来.

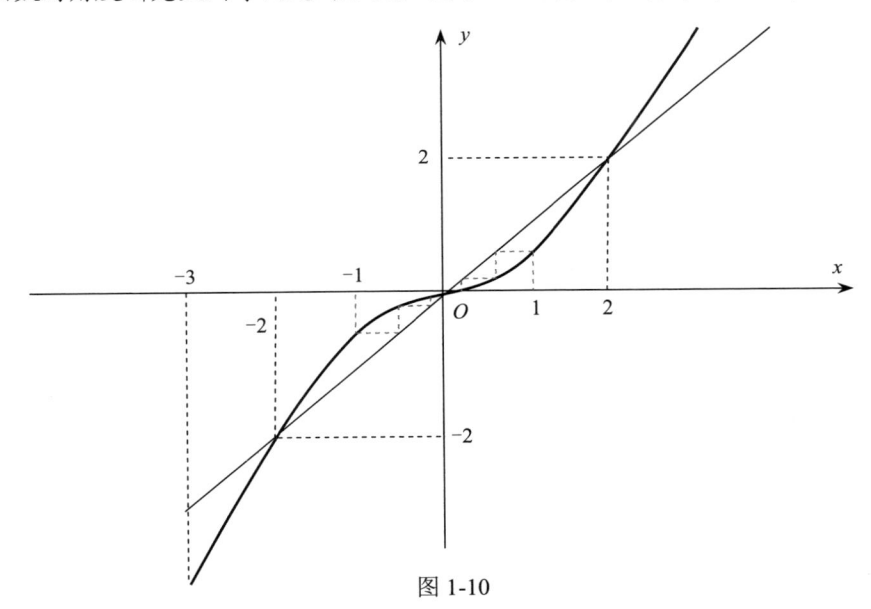

图 1-10

例9（变式）：已知函数 $f(x) = x^3 - x^2 + \frac{x}{2} + \frac{1}{4}$，且存在 $x_0 \in \left(0, \frac{1}{2}\right)$，使 $f(x_0) = x_0$.

设 $x_1 = 0$，$x_{n+1} = f(x_n)$；$y_1 = \frac{1}{2}$，$y_{n+1} = f(y_n)$；其中 $n = 1, 2, \cdots$

（Ⅰ）证明：$f(x)$ 是 **R** 上的单调增函数；

（Ⅱ）证明：$x_n < x_{n+1} < x_0 < y_{n+1} < y_n$.

证：(I) $\because f'(x) = 3x^2 - 2x + \dfrac{1}{2} = 3\left(x - \dfrac{1}{3}\right)^2 + \dfrac{1}{6} > 0$，$\therefore f(x)$ 是 **R** 上的单调增函数.

(II) 用数学归纳法证明如下：

(1) $\because x_0 \in \left(0, \dfrac{1}{2}\right)$，即 $x_1 < x_0 < y_1$；又 $f(x)$ 是增函数，$\therefore f(x_1) < f(x_0) < f(y_1)$，即 $x_2 < x_0 < y_2$.

又 $x_2 = f(x_1) = f(0) = \dfrac{1}{4} > 0 = x_1$，$y_2 = f(y_1) = f\left(\dfrac{1}{2}\right) = \dfrac{3}{8} < \dfrac{1}{2} = y_1$.

所以 $x_1 < x_2 < x_0 < y_2 < y_1$. 即当 $n = 1$ 时，不等式成立.

(2) 假设当 $n = k (k \geqslant 1, k \in \mathbf{N}^*)$ 时有 $x_k < x_{k+1} < x_0 < y_{k+1} < y_k$.

则当 $n = k + 1$ 时，由 $f(x)$ 是单调增函数，

有 $f(x_k) < f(x_{k+1}) < f(x_0) < f(y_{k+1}) < f(y_k)$，

所以，$x_{k+1} < x_{k+2} < x_0 < y_{k+2} < y_{k+1}$.

由（1）（2）知对一切 $n = 1, 2, \cdots$，都有 $x_n < x_{n+1} < x_0 < y_{n+1} < y_n$.

【设计意图】 以数列、函数、不等式等为载体的综合题. 需要我们分析结论和已知的逻辑关系，结合所学的知识综合解决问题.

1.4 自主探究、提升能力

【例10】 数列 $\{a_n\}$ 是递增的整数数列，且 $a_1 \geqslant 3$，$a_1 + a_2 + \cdots + a_n = 100$，则 n 的最大值为（　　）.

A. 9　　　　B. 10　　　　C. 11　　　　D. 12

分析：将数列看成以 3 为首项，公差为 1 的等差数列，使其和小于 100，则项数即为所求.

解：$a_n = 3 + n - 1 = n + 2$，$S_n = \dfrac{3 + n + 2}{2} \cdot n \leqslant 100 \Leftrightarrow n(n + 5) \leqslant 200$，

当 $n = 12$ 时，$12 \times 17 > 200$；当 $n = 11$ 时，$11 \times 16 < 200$. 所以答案为 11，选 C.

【例11】 已知数列 $\{a_n\}$ 的各项均为正数，其前 n 项和 S_n，满足 $a_n \cdot S_n = 9$ $(n = 1, 2, \cdots)$ 给出下列四个结论：

① $\{a_n\}$ 的第 2 项小于 3；　　　② $\{a_n\}$ 为等比数列；

③ $\{a_n\}$ 为递减数列； ④ $\{a_n\}$ 中存在小于 $\dfrac{1}{100}$ 的项.

其中所有正确结论的序号是_____.

分析：$a_1 \cdot S_1 = 9 \Rightarrow a_1 = 3$，$a_n > 0$，$a_2 \cdot S_2 = a_2 \cdot (3 + a_2) = 9 \Rightarrow a_2 < 3$，即①正确；$S_n = \dfrac{9}{a_n}, S_{n+1} = \dfrac{9}{a_{n+1}}$，所以 $a_{n+1} = S_{n+1} - S_n = \dfrac{9}{a_{n+1}} - \dfrac{9}{a_n} = \dfrac{9(a_n - a_{n+1})}{a_{n+1} a_n} > 0$，

所以，$a_n > a_{n+1}$，即③正确；

假设 $\{a_n\}$ 为等比数列，$a_{n+1} = \dfrac{9}{a_{n+1}} - \dfrac{9}{a_n} \Rightarrow a_{n+1}^2 = 9 - \dfrac{9 a_{n+1}}{a_n} = 9 - 9q$ 为定值，不合题意，即②错误；

假设 $\{a_n\}$ 中不存在小于 $\dfrac{1}{100}$ 的项，所以 $\forall n$，$a_n \geqslant \dfrac{1}{100}$，$S_n = a_1 + a_2 + \cdots + a_n \geqslant \dfrac{n}{100}$，当 $n > 90000$ 时，

$$a_n \cdot S_n > \dfrac{1}{100} \times 90000 \times \dfrac{1}{100} = 9,$$

与已知矛盾. 综上答案：①③④.

1.5 文化情境、数学应用

【**例 12**】古典吉他的示意图如图 1-11 所示，A_0、B 分别是上弦枕、下弦枕，A_i（$i = 1, 2, \cdots, 19$）是第 i 品. 记 a_i 为 A_i 与 A_{i-1} 的距离，L_i 为 A_i 与 A_0 的距离，且满足 $a_i = \dfrac{X_L - L_{i-1}}{M}$，$i = 1, 2, \cdots, 19$，其中 X_L 为弦长（A_0 到 B 的距离），M 为大于 1 的常数，并规定 $L_0 = 0$，则（　　）.

A. 数列 $a_1, a_2, \cdots, a_{19}$ 是等差数列，且公差为 $-\dfrac{X_L}{M^2}$

B. 数列 $a_1, a_2, \cdots, a_{19}$ 是等比数列，且公比为 $\dfrac{M-1}{M}$

C. 数列 $L_1, L_2, \cdots, L_{19}$ 是等比数列，且公比为 $\dfrac{2M-1}{M}$

D. 数列 $L_1, L_2, \cdots, L_{19}$ 是等差数列，且公差为 $\dfrac{(M-1)X_L}{M^2}$

分析：由题可知条件 $a_i = \dfrac{X_L - L_{i-1}}{M}$，$i = 1, 2, \cdots, 19$，等

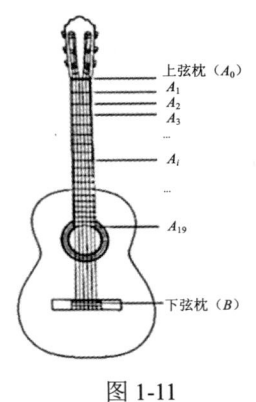

图 1-11

价于数列前 n 项和与项的关系,由递推关系 $a_n = S_n - S_{n-1}$ ($n \geq 2$),可得相邻两项之间的关系从而解决问题.

解:因为 $a_i = \dfrac{X_L - L_{i-1}}{M}$,$i = 1,2,\cdots,19$,$L_0 = 0$,所以 $a_1 = \dfrac{X_L}{M}$,$a_{i+1} = \dfrac{X_L - L_i}{M}$,

所以 $a_{i+1} - a_i = \dfrac{X_L - L_i}{M} - \dfrac{X_L - L_{i-1}}{M} = \dfrac{-(L_i - L_{i-1})}{M} = -\dfrac{a_i}{M}$,

即 $a_{i+1} = a_i - \dfrac{a_i}{M} = \dfrac{M-1}{M} a_i$,又 M 为大于 1 的常数,

所以 $\dfrac{a_{i+1}}{a_i} = \dfrac{M-1}{M}$,即数列 $a_1, a_2, \cdots, a_{19}$ 是等比数列,且公比为 $\dfrac{M-1}{M}$,故 A 错误,B 正确;

由上可知 $a_i = \dfrac{X_L}{M}\left(\dfrac{M-1}{M}\right)^{i-1}$,又 $a_i = \dfrac{X_L - L_{i-1}}{M}$,$i = 1,2,\cdots,19$,

所以 $L_{i-1} = X_L - X_L\left(\dfrac{M-1}{M}\right)^{i-1}$,$L_i = X_L - X_L\left(\dfrac{M-1}{M}\right)^i$,

所以 $\dfrac{L_i}{L_{i-1}} = \dfrac{1 - \left(\dfrac{M-1}{M}\right)^i}{1 - \left(\dfrac{M-1}{M}\right)^{i-1}}$,$i = 2,3,\cdots,19$ 不是常数,故 C 错误;

所以 $L_i - L_{i-1} = X_L\left(\dfrac{M-1}{M}\right)^{i-1} - X_L\left(\dfrac{M-1}{M}\right)^i$,$i = 2,3,\cdots,19$,不是常数,故 D 错误.

故选:B.

【设计意图】 不等式、数列等知识在生活中有很多应用,与其他学科也有着紧密的联系,如在音乐、美术、体育等学科中都曾以数学文化和数学应用的形式进行考查.一方面,学生通过具体情境发现数学知识的具体应用;另一方面,学生通过自己的观察与需要解决生活中的问题,落实数据分析、数学建模核心素养.

第 2 单元　函数、导数

函数是贯穿高中数学知识的主线，函数思想是非常重要的数学思想．函数在数列、向量、解析几何等章节都有着广泛应用．函数的定义域、值域、性质与图象是高考高频考查的知识点，用导数解决单调性、最值的问题以及导数的应用是高考的难点．

本单元内容包括函数和导数．本单元涉及的主要思想包括函数思想、数形结合思想、化归与转化思想、方程思想等．本单元需要落实的核心素养包括数学抽象、逻辑推理、数学运算等．

2.1　一题多问、串联知识

【例 1】已知 $f(x) = \dfrac{x+a}{\sqrt{4-x^2}}$，

（1）求 $f(x)$ 的定义域；

（2）若 $f(x)$ 是奇函数，求 a 的值；

（3）若 $a=0$，求 $f(x)$ 的单调区间；

（4）若 $a=0$，$x \in [-1,1]$ 时，求 $f(x)$ 的值域；

（5）若 $a=0$，$f(2-m)+f(1-m)<0$，求 m 的范围；

（6）若 $x \in [0,2)$ 时，$f(x) \geqslant 1$ 恒成立，求 a 的取值范围；

（7）若 $a=0$，$g(x)$ 的周期是 4，且当 $x \in (-2,2)$ 时，$g(x)=f(x)$，求 $g(2025)$．

解：（1）$4-x^2>0$，定义域为 $(-2,2)$．

（2）定义域中含 0，由奇函数的性质可知，$f(0)=0$，可得 $a=0$．

（3）由（2）可知，$x \in (-2,2)$，

$$f'(x) = \dfrac{\sqrt{4-x^2} - x \cdot \dfrac{1}{2} \cdot \dfrac{-2x}{\sqrt{4-x^2}}}{4-x^2}$$

$$= \dfrac{4}{\sqrt{4-x^2}^3} > 0,$$

所以$f(x)$在定义域$(-2,2)$内单调递增，$f(x)$的增区间为$(-2,2)$，无减区间.

（4）由（3）可知，$f(x)$在$(-2,2)$是增函数，故$f(x)_{\min}=f(-1)=-\dfrac{\sqrt{3}}{3}$，$f(x)_{\max}=f(1)=\dfrac{\sqrt{3}}{3}$，则$f(x)$的值域为$\left[-\dfrac{\sqrt{3}}{3},\dfrac{\sqrt{3}}{3}\right]$.

（5）由（2）、（3）可知，$f(x)$是奇函数，也是增函数，定义域为$(-2,2)$，$2-m\in(-2,2)$，$1-m\in(-2,2)$，可知$m\in(0,3)$. 由$f(2-m)+f(1-m)<0$，可知$f(2-m)<-f(1-m)=f(m-1)$. 所以$2-m<m-1$，得$m>\dfrac{3}{2}$，故$m\in\left(\dfrac{3}{2},3\right)$.

（6）由于$\sqrt{4-x^2}>0$，则原式等价于$a\geqslant\sqrt{4-x^2}-x$恒成立. 因为$x\in[0,2)$，由复合函数单调性可知$\sqrt{4-x^2}$单调递减，$-x$单调递减，则$g(x)=\sqrt{4-x^2}-x$为单调递减函数，则$g(x)_{\max}=g(0)=2$，则$a\geqslant 2$.

（7）由$g(x)$的周期为4可知，$g(2025)=g(1)=f(1)=\dfrac{\sqrt{3}}{3}$.

【设计意图】 本题从一个分式函数出发，考查了定义域、值域、单调性、奇偶性、周期性、恒成立问题常见的解决方案，将函数常见的考点串起来. 其中，第（3）问求单调性选用的是导数方法. 第（6）问求最值利用函数单调性，选用的是两个单调递减函数的和仍为单调递减函数的结论. 第（4）问是求函数值域的问题，除了答案中利用单调性求最值的方法外，还要关注换元法、图象法、均值法等方法. 第（5）题除了考虑函数的单调性和奇偶性外，不要忘了定义域.

【例2】 函数$f(x)=\ln x$，$g(x)=ax+1$，$a\in\mathbf{R}$，记$F(x)=f(x)-g(x)$.

（1）求曲线$y=f(x)$在$x=\mathrm{e}$处的切线方程；

（2）过$(0,0)$作曲线$y=f(x)$的切线，求切线方程；

（3）求函数$F(x)$的单调区间；

（4）已知$F(x)$在$(2,+\infty)$上单调递增，求a的取值范围；

（5）当$a=2$时，求$F(x)$的极值；

（6）已知$a=2$，$x\in\left[\dfrac{1}{\mathrm{e}},\mathrm{e}\right]$，求$F(x)$的最值；

（7）若$g(x)$的图象始终在$f(x)$图象的上方，求a的取值范围；

（8）若存在$x_0\in(1,\mathrm{e}]$，使得$F(x_0)>0$成立，求a的取值范围；

（9）试讨论$F(x)$的零点个数.

解：（1）$\because f(e)=\ln e=1$，$\therefore$切点为$(e,1)$，又$f'(x)=\dfrac{1}{x}$，$\therefore f'(e)=\dfrac{1}{e}$，

$\therefore$切点方程为$y-1=\dfrac{1}{e}(x-e)$，即$y=\dfrac{1}{e}x$.

（2）设切点为$(x_0,\ln x_0)$，$\because f'(x)=\dfrac{1}{x}$，$\therefore f'(x_0)=\dfrac{1}{x_0}$，

$\therefore$切线方程为$y-\ln x_0=\dfrac{1}{x_0}(x-x_0)$，又$\because$过点$(0,0)$，

$\therefore -\ln x_0=\dfrac{1}{x_0}(-x_0)$，即$\ln x_0=1$，$\therefore x_0=e$，

$\therefore$切线方程为$y-1=\dfrac{1}{e}(x-e)$，即$y=\dfrac{1}{e}x$.

（3）$F(x)=\ln x-ax-1$，其定义域为$(0,+\infty)$，$F'(x)=\dfrac{1}{x}-a$，

①当$a\leqslant 0$时，$F'(x)>0$在$(0,+\infty)$恒成立，$\therefore F(x)$的增区间为$(0,+\infty)$，无减区间；

②当$a>0$时，令$F'(x)=\dfrac{1}{x}-a=0$，得$x=\dfrac{1}{a}$.

x	$\left(0,\dfrac{1}{a}\right)$	$\dfrac{1}{a}$	$\left(\dfrac{1}{a},+\infty\right)$
$F'(x)$	+	0	−
$F(x)$	增	极大值	减

所以函数$F(x)$的增区间为$\left(0,\dfrac{1}{a}\right)$，减区间为$\left(\dfrac{1}{a},+\infty\right)$.

综上可得：当$a\leqslant 0$时，$F(x)$的增区间为$(0,+\infty)$，无减区间；

当$a>0$时，函数$F(x)$的增区间为$\left(0,\dfrac{1}{a}\right)$，减区间为$\left(\dfrac{1}{a},+\infty\right)$.

（4）方法1：由（3）中单调性的讨论可知，要使$F(x)$在$(2,+\infty)$上单调递增，必有$a\leqslant 0$；

方法2：要使$F(x)$在$(2,+\infty)$上单调递增，必须$F'(x)\geqslant 0$在$(2,+\infty)$恒成立，即：$F'(x)=\dfrac{1}{x}-a\geqslant 0$，即$a\leqslant\dfrac{1}{x}$在$(2,+\infty)$恒成立即可，因为$\dfrac{1}{x}\in\left(0,\dfrac{1}{2}\right]$，所以$a\leqslant 0$.

（5）当 $a=2$ 时，$F(x)=\ln x-2x-1$，其定义域为 $(0,+\infty)$，$F'(x)=\dfrac{1}{x}-2$，

x	$(0,\dfrac{1}{2})$	$\dfrac{1}{2}$	$(\dfrac{1}{2},+\infty)$
$F'(x)$	+	0	-
$F(x)$	增	极大值	减

所以 $F(x)$ 的极大值为 $F\left(\dfrac{1}{2}\right)=\ln\dfrac{1}{2}-2$，无极小值.

（6）当 $a=2$ 时，$F(x)=\ln x-2x-1$，其定义域为 $(0,+\infty)$，$F'(x)=\dfrac{1}{x}-2$，由（5）可知，$F(x)$ 在 $\left[\dfrac{1}{e},\dfrac{1}{2}\right]$ 上是增函数，在 $\left[\dfrac{1}{2},e\right]$ 上是减函数，

所以 $F(x)$ 的最大值为 $F\left(\dfrac{1}{2}\right)=\ln\dfrac{1}{2}-2$. 又 $F\left(\dfrac{1}{e}\right)=-\dfrac{2}{e}-2$，$F(e)=-2e$，$-2e<-\dfrac{2}{e}-2$，所以 $F(x)$ 的最小值为 $-2e$.

（7）$g(x)$ 的图象始终在 $f(x)$ 图象的上方，即 $g(x)-f(x)=ax+1-\ln x>0$ 在 $(0,+\infty)$ 上恒成立，

即 $a>\dfrac{\ln x-1}{x}$ 在 $(0,+\infty)$ 上恒成立，令 $h(x)=\dfrac{\ln x-1}{x}$，只需 $a>h(x)_{\max}$ 即可.

$$h'(x)=\dfrac{\dfrac{1}{x}\cdot x-(\ln x-1)}{x^2}=\dfrac{2-\ln x}{x^2}$$

令 $h'(x)=0$ 得 $x=e^2$，

x	$(0,e^2)$	e^2	$(e^2,+\infty)$
$h'(x)$	+	0	-
$h(x)$	增	极大值	减

$h(x)_{\max}=h(e^2)=\dfrac{2-1}{e^2}=\dfrac{1}{e^2}$，所以 $a>\dfrac{1}{e^2}$.

（8）存在 $x_0\in(1,e]$，使得 $F(x_0)>0$ 成立，即存在 $x_0\in(1,e]$，使得 $a<\dfrac{\ln x-1}{x}$ 成立.

令 $h(x)=\dfrac{\ln x-1}{x}$，只需 $a<h(x)_{\max}$ 即可，由第（7）小题可知，$h(x)$ 在 $(1,e]$ 上是增函数，所以 $h(x)\leqslant h(e)=0$，所以 $a<0$.

（9）$F(x)=\ln x-ax-1=0$，即 $a=\dfrac{\ln x-1}{x}$，

令 $h(x)=\dfrac{\ln x-1}{x}$，其定义域为 $(0,+\infty)$，$h(x)$ 仅在 $x=\mathrm{e}$ 时，$h(x)=0$. 由第（7）小题可知：

当 $x\in(0,\mathrm{e})$ 时，$h(x)<0$；

当 $x\in(\mathrm{e},+\infty)$ 时，$h(x)>0$，$x\in(\mathrm{e},\mathrm{e}^2)$ 时，$h(x)$ 是增函数，$x\in(\mathrm{e}^2,+\infty)$ 时，$h(x)$ 是减函数.

而 $h(\mathrm{e}^2)=\dfrac{2-1}{\mathrm{e}^2}=\dfrac{1}{\mathrm{e}^2}$，

$a<0$ 时，$h(\mathrm{e}^a)=\dfrac{a-1}{\mathrm{e}^a}<a-1<a$，

所以当 $a\in(-\infty,0]\cup\left\{\dfrac{1}{\mathrm{e}^2}\right\}$ 时，$a=\dfrac{\ln x-1}{x}$ 有唯一解；

$a\in(0,\dfrac{1}{\mathrm{e}^2})$ 时，$h(\mathrm{e}^{a+1})=\dfrac{a}{\mathrm{e}^{a+1}}<a$，

所以当 $a\in(0,\dfrac{1}{\mathrm{e}^2})$ 时，$a=\dfrac{\ln x-1}{x}$ 有两个不同解；

所以当 $a\in(\dfrac{1}{\mathrm{e}^2},+\infty)$ 时，$a=\dfrac{\ln x-1}{x}$ 无解.

【设计意图】 本题从一个函数的背景出发，考查了导数中的切线（切点已知和切点未知）、单调性（求单调性和已知单调区间求参数范围）、极值和最值（含分类讨论）、恒成立问题，以及存在性问题的转化、零点问题的解决方法等. 希望通过这样的问题串，落实好导数的基础. 应用函数、导数解决问题时会有多种方法，注意比较优劣，零点问题有时用到极限，有能力的学生可以学习使用.

2.2 专题专训、总结方法

2.2.1 复合函数和分段函数

【例 3】 函数 $f(x)$ 的定义域为 $[-1,1]$，图象如图 2-1 所示，函数 $g(x)$ 的定义域为 $[-1,2]$，图象如图 2-2 所示. 若集合 $A=\{x\mid f(g(x))=0\}$，$B=\{x\mid g(f(x))=0\}$，

则 $A \cap B$ 中有_____个元素.

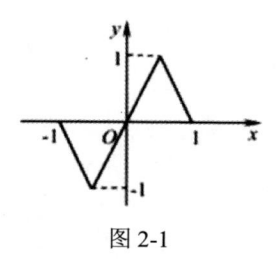

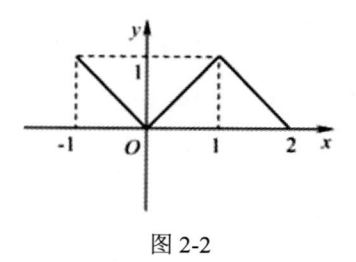

图 2-1

图 2-2

解：若 $f(g(x))=0$，则 $g(x)=0$，-1 或 1，所以 $A=\{-1,0,1,2\}$，

若 $g(f(x))=0$，则 $f(x)=0$ 或 $f(x)=2$，所以 $B=\{-1,0,1\}$，所以 $A \cap B = \{-1,0,1\}$. 故答案为 3.

【**设计意图**】本题主要考查了函数数形结合的属性以及复合函数求值的方法. 学生能够从图象中看出函数取值，明确内层函数的函数值与外层函数自变量之间的关系.

【**例 4**】函数 $f(x)=\begin{cases} 2^x, & x\leq 0, \\ \log_2 x, & x>0. \end{cases}$ 则 $f\left(\dfrac{1}{4}\right)=$_____；$f\left(f\left(\dfrac{1}{4}\right)\right)=$_____；方程 $f(-x)=\dfrac{1}{2}$ 的解是_____.

解：$f\left(\dfrac{1}{4}\right)=\log_2 \dfrac{1}{4}=\log_2 2^{-2}=-2$，$f\left(f\left(\dfrac{1}{4}\right)\right)=f(-2)=2^{-2}=\dfrac{1}{4}$，

当 $x>0$ 时，$-x<0$，$f(-x)=\dfrac{1}{2}$ 等价于 $2^{-x}=\dfrac{1}{2} \Rightarrow x=1$；

当 $x<0$ 时，$-x>0$，$f(-x)=\dfrac{1}{2}$ 等价于 $\log_2(-x)=\dfrac{1}{2} \Rightarrow x=-\sqrt{2}$.

所以 $f(-x)=\dfrac{1}{2}$ 的解是 $-\sqrt{2}$ 或 1. 故答案为 -2；$\dfrac{1}{4}$；$-\sqrt{2}$ 或 1.

【**设计意图**】本题主要考查了分段函数的知识. 要根据不同范围选择对应函数求值. 已知函数值求自变量取值时，要注意分段讨论，不要漏解.

【**例 5**】已知 $f(x)=\begin{cases} (5a-1)x+2a, & x\leq 1 \\ \log_a x, & x>1 \end{cases}$ $(a>0, a\neq 1)$ 是减函数，则 a 的取值范围是（　　）.

A. $\left(0, \dfrac{1}{7}\right)$ 　　　B. $\left(0, \dfrac{1}{5}\right)$ 　　　C. $\left[\dfrac{1}{7}, 1\right)$ 　　　D. $\left[\dfrac{1}{7}, \dfrac{1}{5}\right)$

解：由题意可得 $\begin{cases} 5a-1<0 \\ 0<a<1 \\ 7a-1\geqslant 0 \end{cases}$，解得 $\dfrac{1}{7}\leqslant a<\dfrac{1}{5}$，故选 D．

【设计意图】本题主要考查了分段函数的单调性．特别注意，每段函数需要单调递减，在临界位置处要符合单调递减的性质，这是学生的易错点．

【例 6】已知函数 $f(x)=\begin{cases} x^2+x, & -2\leqslant x\leqslant c, \\ \dfrac{1}{x}, & c<x\leqslant 3, \end{cases}$ 若 $c=0$，则 $f(x)$ 的单减区间是 _____；若 $f(x)$ 的值域是 $[-\dfrac{1}{4},2]$，则实数 c 的取值范围是 _____．

解：（1）若 $c=0$，则 $f(x)=\begin{cases} x^2+x, & -2\leqslant x\leqslant 0, \\ \dfrac{1}{x}, & 0<x\leqslant 3. \end{cases}$

当 $-2\leqslant x\leqslant 0$ 时，$f(x)=x^2+x=\left(x+\dfrac{1}{2}\right)^2-\dfrac{1}{4}$，此时，函数的单调减区间为 $\left[-2,-\dfrac{1}{2}\right]$；当 $0<x\leqslant 3$ 时，$f(x)=\dfrac{1}{x}$，此时，函数的单调减区间为 $(0,3]$．

综上，$f(x)$ 的单调减区间为 $\left[-2,-\dfrac{1}{2}\right]$，$(0,3]$．

（2）由已知，$f(x)$ 的值域是 $\left[-\dfrac{1}{4},2\right]$．

当 $c<x\leqslant 3$ 时，$f(x)=\dfrac{1}{x}$，得 $c>0$，

所以 $f(x)\in\left[\dfrac{1}{3},\dfrac{1}{c}\right)$，$\dfrac{1}{c}\leqslant 2$，得 $c\geqslant\dfrac{1}{2}$，即 $\dfrac{1}{2}\leqslant c<3$．

当 $-2\leqslant x\leqslant c$ 时，$f(x)=x^2+x=\left(x+\dfrac{1}{2}\right)^2-\dfrac{1}{4}$，$f(x)_{\min}=f\left(-\dfrac{1}{2}\right)=-\dfrac{1}{4}$，

且有 $f(-2)=2$，易知 $f(1)=1^2+1=2$，所以 $c\leqslant 1$，即 $-2<c\leqslant 1$，

综上，实数 c 的取值范围是 $\left[\dfrac{1}{2},1\right]$．

故答案为：$\left[-2,-\dfrac{1}{2}\right]$；$(0,3]$；$\left[\dfrac{1}{2},1\right]$．

【设计意图】本题主要考查了含参数的分段函数的最值问题，解决问题的关键是数形结合，发现值域为闭区间是确定 c 的符号为正的关键，值域中小于零的

部分应该由二次函数带来，故 c 应在二次函数对称轴的右侧且右端点不超过 2，可求 c 的范围.

2.2.2 函数的图象

【例7】已知函数 $f(x)=\begin{cases}\log_2(x+1), & x>0,\\ -x^2-2x, & x\leq 0,\end{cases}$ 若函数 $g(x)=f(x)-m$ 有三个零点，则实数 m 的取值范围是_____.

解：由 $f(x)=\begin{cases}\log_2(x+1), & x>0,\\ -x^2-2x, & x\leq 0\end{cases}$ 可得函数 $y=f(x)$ 的图象，

当 $x\leq 0$ 时，$f(x)_{\max}=f(-1)=1$，故若函数 $g(x)=f(x)-m$ 有 3 个零点，即函数 $y=f(x)$ 与函数 $y=m$ 的图象有 3 个交点，如图 2-3 所示. 所以 m 的取值范围为 $(0,1)$，故答案为 $(0,1)$.

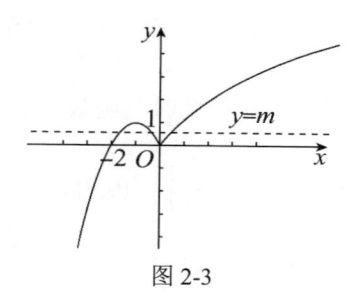

图 2-3

【例8】函数 $f(x)=\dfrac{x}{1-x^2}$ 的图象大致是（　　）.

A.

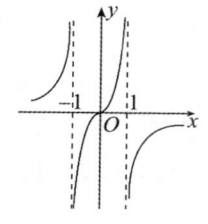

B.

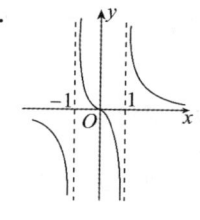

C.

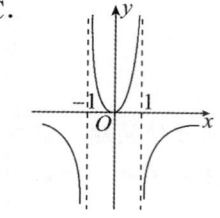

D.

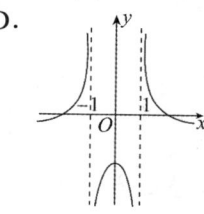

解：函数的定义域为 $\{x \mid x \neq \pm 1\}$，

$f(-x) = \dfrac{-x}{1-x^2} = -f(x)$，$f(x)$ 为奇函数，图象关于原点对称，所以排除 C 和 D，当 $x > 1$ 时，$f(x) < 0$，排除 B，故选 A.

【例 9】 已知定义在 **R** 上的奇函数 $y = f(x)$，当 $x \geq 0$ 时，$f(x) = |x - a^2| - a^2$，若对任意实数 x 有 $f(x-a) \leq f(x)$ 成立，则正数 a 的取值范围为（　　）．

A. $\left[\dfrac{1}{4}, +\infty\right)$　　B. $\left[\dfrac{1}{2}, +\infty\right)$　　C. $\left(0, \dfrac{1}{4}\right]$　　D. $\left(0, \dfrac{1}{2}\right]$

解：由题得，当 $x \geq 0$ 时，$f(x) = |x - a^2| - a^2$，故写成分段函数

$$f(x) = \begin{cases} -x, & 0 \leq x \leq a^2, \\ x - 2a^2, & x > a^2, \end{cases}$$

又 $y = f(x)$ 为奇函数，故可画出图象（见图 2-4）．

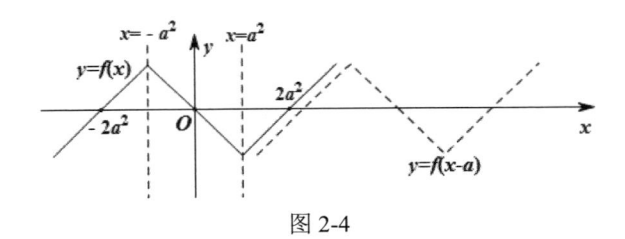

图 2-4

又 $f(x-a)$ 可看作 $y = f(x)$ 往右平移 a 个单位所得，若 $f(x-a) \leq f(x)$ 恒成立，则 $a \geq 2a^2 - (-2a^2)$，即 $4a^2 \leq a$，又 a 为正数，故解得 $0 < a \leq \dfrac{1}{4}$，故选 C.

【设计意图】 例 7 至例 9 分别考查了分段已知函数、未知函数、绝对值函数（也是分段函数）的图象，要能够根据定义域、值域、范围、奇偶性、单调性、周期性、对称性、特殊点（定点、零点、对称中心等）、极限等函数特点，抓住图象的主要特征，排除错误图象或自己画出简图，体现了数形结合的思想．

2.2.3　分类讨论策略

策略 1：根据导数的符号能否确定，对参数进行分类．

【例 10】 已知 $f(x) = \dfrac{1}{2}ax + \dfrac{a-2}{2x}$，若 $\forall x \in [1, +\infty)$，$f(x) \geq \ln x$，求 a 的范围．

令 $g(x) = \dfrac{1}{2}ax + \dfrac{a-2}{2x} - \ln x \ (x \geq 1)$，只需 $g(x)_{\min} > 0$，则

$$g'(x) = \frac{1}{2}a - \frac{a-2}{2x^2} - \frac{1}{x} = \frac{ax^2 - 2x - a + 2}{2x^2} = \frac{(x-1)(ax+a-2)}{2x^2},$$

① $a \leq 0$ 时，$g'(x)$ 的分子 $(x-1)(ax+a-2) = 0$ 中，$x-1 \geq 0$，$ax+a-2 \leq 0$，$g'(x)$ 的分母 $2x^2 \geq 0$，则 $g'(x) \leq 0$，$g(x)$ 单调递减，则 $g(x) \leq g(1) = a - 1 < 0$，不符合题意，舍去.

② $a > 0$ 时，令 $g'(x)$ 的分子 $(x-1)(ax+a-2) = 0$，$x_1 = 1$，$x_2 = \frac{2-a}{a}$.

当 $x_1 \geq x_2$，即 $a \geq 1$ 时，$g(x)$ 在 $[1, +\infty)$ 上单调递增，则 $g(x) \geq g(1) = a - 1 > 0$，符合题意；

当 $x_1 < x_2$，即 $a < 1$ 时，$g(x)$ 在 $[1, +\infty)$ 上单调性如下：

x	1	$(1, x_2)$	x_2	$[x_2, +\infty)$
$g'(x)$		−	0	+
$g(x)$	$a-1$	↓	极小值	↑

可知，$g(x)$ 在 $[1, x_2]$ 上单调递减，故 $g(x_2) < g(1) = a - 1 < 0$，不符合题意，舍去. 综上所述，$a$ 的范围是 $[1, +\infty)$.

策略 2：对于恒成立问题，可选定义域内的任意一点代入，得到关于 a 的必要条件，进而缩小 a 的范围.

同样是例 10，还有以下第二种解法：

根据题意，$\forall x \in [1, +\infty)$，$g(x) \geq 0$ 恒成立，所以当 $x = 1$ 时，不等式也成立，即 $g(1) \geq 0$，$\frac{1}{2}a + \frac{a-2}{2} \geq 0$，解得 $a \geq 1$；

则当 $a \geq 1$ 时，令 $g'(x)$ 的分子 $(x-1)(ax+a-2) = 0$，$x_1 = 1, x_2 = \frac{2-a}{a}$，可知 $x_1 \geq x_2$，则 $x \geq 1$ 时，$g'(x) > 0$ 则 $g(x)$ 在 $[1, +\infty)$ 上单调递增，则 $g(x) \geq g(1) = a - 1 > 0$，符合题意.

策略 3：参变分离，可以将参数与变量分开，得到的新函数不再含有变量，从而避免分类讨论.

同样是例 10，还有以下第三种解法：

$$f(x) \geq \ln x \Leftrightarrow \frac{1}{2}ax + \frac{a-2}{2x} - \ln x \geq 0 \Leftrightarrow a\left(x + \frac{1}{x}\right) \geq 2\ln x + \frac{2}{x} \Leftrightarrow a \geq \frac{2(x\ln x + 1)}{x^2 + 1}.$$

令 $g(x) = \dfrac{2(x\ln x + 1)}{x^2 + 1}$，则原题转化为求 $g(x)$ 的最大值，

则 $g'(x) = 2\dfrac{(1+\ln x)(x^2+1) - (x\ln x + 1)\cdot 2x}{(x^2+1)^2} = 2\dfrac{x^2 - 2x + 1 - x^2\ln x + \ln x}{(x^2+1)^2}$，

$g'(x) = 2\dfrac{(x-1)[x-1-(x+1)\ln x]}{(x^2+1)^2}$，由于分母大于零，$x-1 > 0$，则 $g'(x)$ 的符号由 $x-1-(x+1)\ln x$ 决定．

令 $h(x) = x - 1 - (x+1)\ln x$，

则 $h'(x) = 1 - \dfrac{x+1}{x} - \ln x = -\dfrac{1}{x} - \ln x < 0$，故 $h(x)$ 单调递减，$h(x) \leqslant h(1) = 0$，

即 $g'(x) \leqslant 0$ 恒成立，$g(x)$ 为单调递减函数，$g(x) \leqslant g(1) = 1$，则 $a \geqslant 1$．

【设计意图】函数中的分类讨论是常见的方法，也是学生认为比较烦琐的类型．一方面，培养学生将问题等价转化，参变分离避免分类讨论的意识，提醒学生从必要条件出发，带特殊值缩小参数范围可能减少分类；另一方面，也要培养学生仔细认真、不重不漏的基本素养．

2.2.4 超越问题的处理方法

策略 1：利用放缩法避免超越．

【例 11】已知 $x \in (\dfrac{1}{e}, 1)$，证明：$x\ln x + x^2 - 2x + 3 \geqslant 0$ 恒成立．

证： 由于 $x^2 - 2x + 3 = (x-1)^2 + 2 \geqslant 2$，故只需证明 $x\ln x + 2 \geqslant 0$ 成立即可．

设 $f(x) = x\ln x + 2$，则 $f'(x) = 1 + \ln$，当 $x > \dfrac{1}{e}$ 时，$f'(x) > 0$，即 $f(x)$ 单调递增，则 $f(x) > f\left(\dfrac{1}{e}\right) = 2 - \dfrac{1}{e} > 0$ 成立，得证．

策略 2：利用 $\ln x$ 求导的特点，转化原不等式，使得新的函数求导后不超越．

同样是例 11，还有以下第二种证法：

由于 $x > 0$，则原式等价于 $\ln x + x - 2 + \dfrac{3}{x} > 0$，令 $f(x) = \ln x + x - 2 + \dfrac{3}{x}$，则 $f'(x) = \dfrac{1}{x} + 1 - \dfrac{3}{x^2} = \dfrac{x^2 + x - 3}{x^2}$．

本式中，分母为正，分子为二次函数，在 $\left(\dfrac{1}{e}, 1\right)$ 上单调递增，且 $x = 1$ 时，$x^2 + x - 3 < 0$，故 $f'(x) < 0$ 恒成立，则 $f(x)$ 单调递减，$f(x) > f(1) = 2 > 0$，得证．

【例 12】 已知 $f(x) = \dfrac{e^x}{x}$，求证：当 $x > 0$ 时，$f(x) > x$.

证：$f(x) > x$ 等价于 $\dfrac{e^x}{x^2} > 1$，令 $g(x) = \dfrac{e^x}{x^2}$，$g'(x) = \dfrac{x^2 e^x - 2x e^x}{x^4} = \dfrac{(x-2)e^x}{x^3}$，列表如下：

x	$(0,2)$	2	$(2,+\infty)$
$g'(x)$	$-$	0	$+$
$g(x)$	$\downarrow$	极小值	$\uparrow$

故 $f(x)_{\min} = f(2) = \dfrac{e^2}{4} > 1$，即 $\dfrac{e^x}{x^2} > 1$ 恒成立，即 $f(x) > x$，得证.

策略 3：求导出现超越后，二次求导.

同样是例 12，还有以下第二种证法：

$f(x) > x$ 等价于 $e^x > x^2$，令 $g(x) = e^x - x^2$，则 $g'(x) = e^x - 2x$.

令 $h(x) = e^x - 2x$，$h'(x) = e^x - 2$，当 $h'(x) = e^x - 2 = 0$ 时，$x = \ln 2$，列表如下：

x	$(0, \ln 2)$	$\ln 2$	$(\ln 2, +\infty)$
$h'(x)$	$-$	0	$+$
$h(x)$	$\downarrow$	极小值	$\uparrow$

$h(x)_{\min} = h(\ln 2) = 2 - 2\ln 2 > 0$，则 $h(x) > 0$ 恒成立，即 $g'(x) > 0$ 恒成立，则 $g(x)$ 在 $(0, +\infty)$ 上单调递增，$g(x) > g(0) = 1 > 0$，得证.

策略 4：求导出现超越后，猜根.

【例 13】 已知 $f(x) = e^x - e\ln x$，求证：$f(x) \geqslant e$.

证：$f'(x) = e^x - \dfrac{e}{x}$，容易发现，当 $x = 1$ 时，$f'(x) = 0$，e^x 单调递增，$-\dfrac{e}{x}$ 也单调递增，故可知 $f'(x)$ 单调递增，则 $f'(x) = 0$ 的解唯一，即 $x = 1$，由此可列表如下：

x	$(0,1)$	1	$(1,+\infty)$
$f'(x)$	$-$	0	$+$
$f(x)$	$\downarrow$	极小值	$\uparrow$

可得 $f(x)_{\min} = f(1) = e$，即 $f(x) \geqslant e$，得证.

策略 5：求导出现超越，但无法猜根，可使用设而不求的方法求解.

【例 14】证明：$xe^x - \ln x - x - 1 \geqslant 0$ 恒成立.

证：令 $f(x) = xe^x - \ln x - x - 1$，则 $f'(x) = (x+1)e^x - \dfrac{1}{x} - 1 = (x+1) \cdot \left(e^x - \dfrac{1}{x}\right)$，在定义域内，无法通过猜根得到导数的解.

$f'(1) = 2e - 2 > 0$，$f'\left(\dfrac{1}{2}\right) = \dfrac{3}{2}\sqrt{e} - 3 = \dfrac{3}{2}(\sqrt{e} - 2) < 0$，且 $f'(x)$ 在定义域内连续，

故 $f'(x)$ 在定义域内有解 x_0，且 $x_0 \in \left(\dfrac{1}{2}, 1\right)$.

令 $g(x) = f'(x)$，$g'(x) = (x+2)e^x + \dfrac{1}{x^2} > 0$ 恒成立，则 $g(x)$ 单调递增，即 $f'(x)$ 单调递增，则 $f'(x)$ 有唯一解 x_0，$x_0 \in \left(\dfrac{1}{2}, 1\right)$，且 $f'(x_0) = (x_0+1)e^{x_0} - \dfrac{1}{x_0} - 1 = 0$，

得 $x_0 e^{x_0} = 1$，$x_0 = \dfrac{1}{e^{x_0}}$，所以 $\ln x_0 = -x_0$. 列表如下：

x	$(0, x_0)$	x_0	$(x_0, +\infty)$
$f'(x)$	−	0	+
$f(x)$	↓	极小值	↑

$f(x)_{\min} = f(x_0) = x_0 e^{x_0} - \ln x_0 - x_0 - 1 = 0$，得证.

策略 6：换元法，通过换元转化函数，使得导数不再超越.

同样是例 14，还有以下第二种证法：

对于 $xe^x - \ln x - x - 1$，发现 $\ln x + x = \ln(xe^x)$，令 $xe^x = t$（$t > 0$），

则原式转化为证明 $t - \ln t - 1 \geqslant 0$ 恒成立.

令 $f(x) = x - \ln x - 1$，则 $f'(x) = 1 - \dfrac{1}{x} = 0$，解得 $x = 1$，列表如下：

x	$(0, 1)$	1	$(1, +\infty)$
$f'(x)$	−	0	+
$f(x)$	↓	极小值	↑

则 $f(x)_{\min} = f(1) = 0$，得证.

【选题意图】 超越问题是学生在导数问题中经常遇到的难点问题，希望学生能够直面问题，通过二次求导、猜根、设而不求等方法，解决超越导数的符号问题；当然更希望学生能够有转化的意识，通过等价变形函数（包括换元法），避免超越；甚至还可以使用不等式的性质，采取适度的放缩，避免超越．超越是导数中非常灵活的问题，切忌不加思考套路化，一定要有全局意识．

2.2.5 二元问题（双变量问题）处理方法

策略1：若二元问题的表达形式呈现对称的特点，可以采用分离变量的方法，利用函数的单调性证明．

【例15】 已知函数 $f(x)=\dfrac{1}{2}x^2-ax+(a-1)\ln x$，$1<a<5$，

求证：$\forall x_1, x_2 \in (0,+\infty)$，$x_1 \neq x_2$，$\dfrac{f(x_1)-f(x_2)}{x_1-x_2}>-1$．

证：不妨设 $x_1>x_2$，原不等式等价于 $f(x_1)-f(x_2)>-x_1+x_2$，即

$$f(x_1)+x_1>f(x_2)+x_2，$$

即证 $f(x)+x$ 在 $(0,+\infty)$ 上单调递增．

令 $g(x)=f(x)+x$，

$$g'(x)=f'(x)+1=x-a+1+\dfrac{(a-1)}{x}=\dfrac{x^2-(a-1)x+a-1}{x}$$

由定义域可知，分母 $x>0$，分子为 $x^2-(a-1)x+a-1$，

因为 $1<a<5$，所以其判别式 $\Delta=(a-1)^2-4(a-1)=(a-1)(a-5)<0$，

即 $g'(x)>0$，则 $g(x)=f(x)+x$ 在 $(0,+\infty)$ 上单调递增，得证．

策略2：整体代换，将两个变量转化为可被整体替换的形式，实现消元．

【例16】 已知 $a>0, b>0$，且 $a\neq b$，求证：$\dfrac{a-b}{\ln a-\ln b}<\dfrac{a+b}{2}$．

证：不妨设 $a>b$，则 $\ln a>\ln b$，则原式等价于

$$2\dfrac{a-b}{a+b}<\ln a-\ln b \Leftrightarrow 2\dfrac{\dfrac{a}{b}-1}{\dfrac{a}{b}+1}<\ln\dfrac{a}{b}．$$

令 $\dfrac{a}{b}=t$，$t>1$，原式等价于 $2\dfrac{t-1}{t+1}<\ln t$，令 $f(x)=\ln x-2\dfrac{x-1}{x+1}$（$x>1$），

则 $f'(x) = \dfrac{1}{x} - \dfrac{2(1+x)-2(x-1)}{(x+1)^2} = \dfrac{(x-1)^2}{x(x+1)^2} \geqslant 0$，可知 $f(x)$ 在 $(1,+\infty)$ 上单调递增，则 $f(x) > f(1) = 0$，得证.

策略 3：主元法，将其中一个变量当作主元，另一个当作参数，求出一个主元为变量的最值后，再将另一个当作主元，完成证明.

同样是例 16，还有以下第二种解法：

不妨设 $a > b$，将 a 看作主元，原式整理为

$$\dfrac{x-b}{\ln x - \ln b} < \dfrac{x+b}{2} \Leftrightarrow \ln x - \ln b > \dfrac{2(x-b)}{x+b} \Leftrightarrow \ln x - \dfrac{2(x-b)}{x+b} - \ln b > 0$$

令 $f(x) = \ln x - \dfrac{2(x-b)}{x+b} - \ln b$ $(x > b)$，

则 $f'(x) = \dfrac{1}{x} - \dfrac{4b}{(x+b)^2} = \dfrac{(x-b)^2}{x(x+b)^2} \geqslant 0$，

则 $f(x)$ 单调递增，则 $f(x) > f(b)$，而 $f(b) = \ln b - \dfrac{2(b-b)}{b+b} - \ln b = 0$，得证.

【选题意图】 二元问题也是学生认为比较难的一类题目，这类问题的解决策略可总结为：分离变量构造函数、整体换元减少变量、主元意识.

2.3 变式训练、探寻本质

【例 17】 设函数 $f(x)$ 的定义域为 $\mathbf{R}$，满足 $f(x+1) = 2f(x)$，且当 $x \in (0,1]$ 时，$f(x) = x(x-1)$. 若对任意 $x \in (-\infty, m]$，都有 $f(x) \geqslant -\dfrac{8}{9}$，则 m 的取值范围是（　　）.

A. $\left(-\infty, \dfrac{9}{4}\right]$ B. $\left(-\infty, \dfrac{7}{3}\right]$ C. $\left(-\infty, \dfrac{5}{2}\right]$ D. $\left(-\infty, \dfrac{8}{3}\right]$

解：$\because x \in \mathbf{R}$ 时，$f(x+1) = 2f(x)$，

且当 $x \in (0,1]$ 时，$f(x) = x(x-1) = \left(x - \dfrac{1}{2}\right)^2 - \dfrac{1}{4} \geqslant -\dfrac{1}{4}$，

$\therefore$ 当 $x \in (-1, 0]$ 时，$x+1 \in (0,1]$，则 $f(x+1) = (x+1)x$.

$\therefore f(x) = \dfrac{1}{2} f(x+1) = \dfrac{1}{2} x(x+1) = \dfrac{1}{2}\left(x + \dfrac{1}{2}\right)^2 - \dfrac{1}{8} \geqslant -\dfrac{1}{8}$.

$\therefore$ 当 $-1 < x \leqslant 0$ 时，$-\dfrac{1}{8} \leqslant f(x) \leqslant 0$，即有 $f(x) \geqslant -\dfrac{8}{9}$.

同理当 $x \in (-\infty, -1]$ 时，有 $f(x) \geq -\dfrac{8}{9}$.

而当 $x \in (1, 2]$ 时，$x - 1 \in (0, 1]$，则 $f(x-1) = (x-1)(x-2)$.

∴ $f(x) = 2f(x-1) = 2(x-1)(x-2) = 2\left(x - \dfrac{3}{2}\right)^2 - \dfrac{1}{2}$.

又 $x \in (1, 2]$ 时，$f(x)$ 的最小值为 $-\dfrac{1}{2}$，最大值为 0，此时 $f(x) \geq -\dfrac{8}{9}$ 成立.

当 $x \in (2, 3]$ 时，$x - 2 \in (0, 1]$，则 $f(x-2) = (x-2)(x-3)$，

则 $f(x) = 2f(x-1) = 4f(x-2) = 4(x-2)(x-3) = 4\left(x - \dfrac{5}{2}\right)^2 - 1$.

又 $x \in (2, 3]$ 时，$-1 \leq f(x) \leq 0$，此时 $-\dfrac{8}{9} \in [-1, 0]$.

$f(x)$ 图象如图 2-5 所示，令 $f(x) = -\dfrac{8}{9}$，则 $4(x-2)(x-3) = -\dfrac{8}{9}$，解得 $x = \dfrac{7}{3}$ 或 $\dfrac{8}{3}$.

故当 $\dfrac{7}{3} < x < \dfrac{8}{3}$ 时，$f(x) < -\dfrac{8}{9}$；当 $2 < x \leq \dfrac{7}{3}$ 时，$f(x) \geq -\dfrac{8}{9}$.

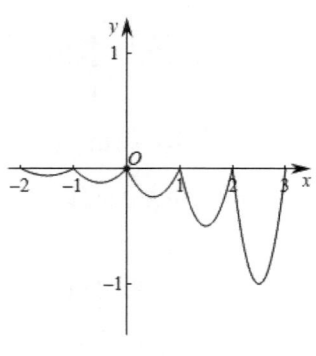

图 2-5

故当 $x \in \left(-\infty, \dfrac{7}{3}\right]$ 时，$f(x) \geq -\dfrac{8}{9}$，故选 B.

【选题意图】 本题考查的是函数的周期性和伸缩变换的部分特性. 结合图象，分段讨论以解决问题.

【例 18】 若函数 $y = f(x)$ 的图象上存在不同两点 M、N 关于原点对称，则称点对 (M, N) 是函数 $y = f(x)$ 的一对"和谐点对"（点对 (M, N) 与 (N, M) 看作同一对"和

谐点对"). 已知函数 $f(x)=\begin{cases} e^x, & x<0, \\ x^2-4x, & x\geq 0, \end{cases}$ 则此函数"和谐点对"有（   ）.

A．1 对　　　　B．2 对　　　　C．3 对　　　　D．4 对

解：由题意知，当 $x>0$ 时，函数 $f(x)=x^2-4x$，

其关于原点对称的函数为 $-y=x^2+4x$，即 $y=-x^2-4x$（$x<0$），

作出 $y=-x^2-4x$（$x<0$）与 $y=e^x$（$x<0$）两个函数的图象如图 2-6 所示.

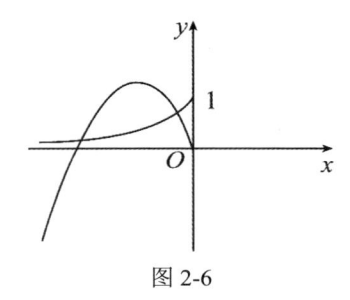

图 2-6

由图 2-6 可知两个函数在 $x<0$ 上的交点个数只有 2 个，

所以函数 $f(x)$ 的"和谐点对"有 2 对，故选 B.

【例 19】设函数 $f(x)=\begin{cases} x^3-3x, & x\leq a, \\ -2x, & x>a, \end{cases}$

①若 $a=0$，则 $f(x)$ 的最大值为_____；

②若 $f(x)$ 无最大值，则实数 a 的取值范围是_____.

解：解方程 $x^3-3x=-2x$ 得 $x=\pm 1$，$x=0$，可知函数 $g(x)=x^3-3x$ 与直线 $y=-2x$ 的图象的交点是 $A(-1,2)$，$O(0,0)$，$B(1,-2)$，利用 $g'(x)=3x^2-3$ 可求得函数 $g(x)$ 的单调区间及极值，作出函数 $g(x)$ 及 $y=-2x$ 的图象（见图 2-7），知 $x=1$ 是函数 $g(x)$ 的极小值点.

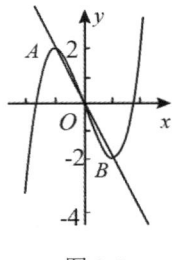

图 2-7

①当 $a=0$ 时，$f(x)=\begin{cases}x^3-3x, & x\leqslant 0,\\ -2x, & x>0,\end{cases}$ 由图象可知 $f(x)$ 的最大值是 $f(-1)=2$.

②由图象知当 $a\geqslant -1$ 时，$f(x)$ 有最大值 $f(-1)=2$；只有当 $a<-1$ 时，$a^3-3a<-2a$，$f(x)$ 无最大值，所以所求 a 的取值范围是 $(-\infty,-1)$.

【选题意图】 以上两题解题时充分运用了数形结合和分类讨论的思想，对含参数的分段函数这类高考的高频问题进行了巩固．

2.4 自主探究、提升能力

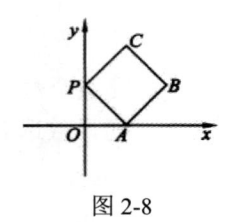

【例 20】 如图 2-8 放置的边长为 1 的正方形 PABC 沿 x 轴滚动．设顶点 $P(x,y)$ 的轨迹方程是 $y=f(x)$，则 $f(x)$ 的最小正周期为_____；$y=f(x)$ 在其两个相邻零点间的图象与 x 轴所围区域的面积为_____．

图 2-8

解：点 P 的运动轨迹如图 2-9 所示．

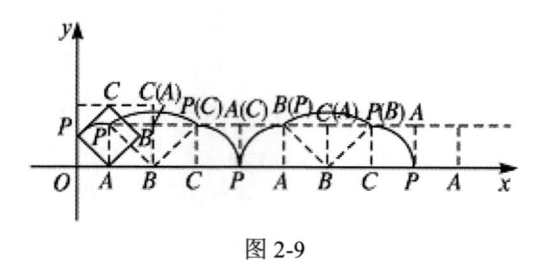

图 2-9

$f(x)$ 的最小正周期为 4.

$y=f(x)$ 在其两个相邻零点间的图象与 x 轴所围区域的面积为

$$\frac{1}{2}\pi\times 1^2+\frac{1}{4}\pi\times(\sqrt{2})^2+1=\pi+1.$$

【例 21】 如图 2-10 所示，在等边三角形 ABC 中，$AB=6$，动点 P 从点 A 出发，沿着此三角形三边逆时针运动回到 A 点，记 P 运动的路程为 x，点 P 到此三

角形中心 O 的距离的平方为 $f(x)$，给出下列三个结论：

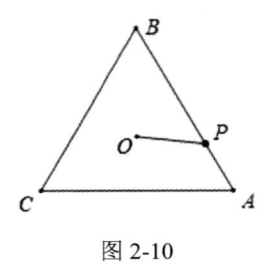

图 2-10

①函数 $f(x)$ 的最大值为 12；
②函数 $f(x)$ 的图象的对称轴方程为 $x=9$；
③关于 x 的方程 $f(x)=kx+3$ 最多有 5 个实数根.
其中，所有正确结论的序号是_____.

解：由题可得函数 $f(x)=\begin{cases}3+(x-3)^2, & 0\leqslant x<6,\\ 3+(x-9)^2, & 6\leqslant x<12,\\ 3+(x-15)^2, & 12\leqslant x\leqslant 18,\end{cases}$ 作出图象（见图 2-11）.

图 2-11

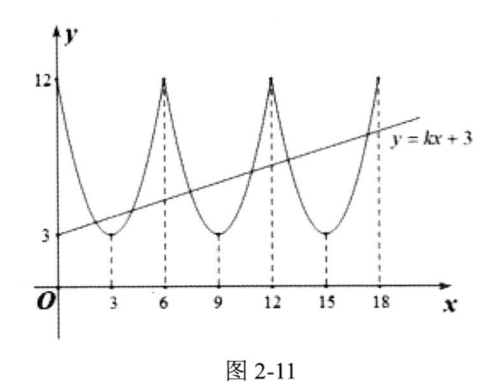

则当点 P 与 $\triangle ABC$ 顶点重合时，即 $x=0$，6，12，18 时，$f(x)$ 取得最大值 12，故①正确；

由图 2-11 可得，函数 $f(x)$ 的对称轴为 $x=9$，故②正确；

由图 2-11 可得，函数 $f(x)$ 图象与 $y=kx+3$ 的交点个数最多为 6 个，故方程最多有 6 个实根，故③错误.

故答案为：①②.

【选题意图】 函数中涉及新定义往往要动手实践，结合函数图象解决问题.

2.5 文化情境、数学应用

【例 22】 在股票买卖过程中，经常用到两种曲线，一种是即时价格曲线 $y = f(x)$，一种是平均价格曲线 $y = g(x)$（如 $f(2) = 3$ 表示开始交易后第 2 小时的即时价格为 3 元；$g(2) = 4$ 表示开始交易后两个小时内所有成交股票的平均价格为 4 元）．下面所给出的四个图象中，实线表示 $y = f(x)$，虚线表示 $y = g(x)$，其中可能正确的是（　　）．

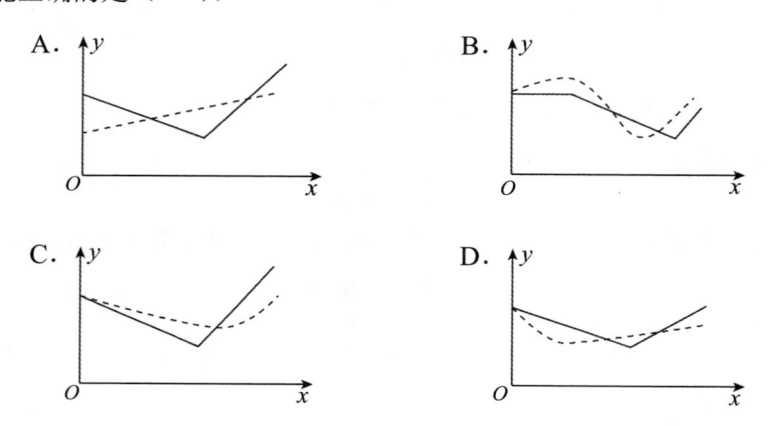

解：刚开始交易时，即时价格和平均价格应该相等，故 A 错误；

开始交易后，平均价格应该跟随即时价格变动，即时价格与平均价格同增同减，且平均价格在任何时刻其变化幅度应该小于即时价格变化幅度，当即时价格最低时，平均价格还没有达到最低值，平均价格的最小值要大于即时价格的最小值，故 B、D 均错误，

综上，选 C．

【例 23】 随着我国经济的发展，医疗消费需求增长，受人们健康观念的转变以及人口老龄化进程加快等因素的影响，医疗器械市场近年来一直保持持续增长的趋势，某医疗公司为了进一步增加市场竞争力，计划改进技术生产某产品．已知生产该产品的年固定成本为 300 万元，最大产能为 80 台．每生产 x 台，需另投入成本 $G(x)$ 万元，且 $G(x) = \begin{cases} 2x^2 + 80x, & 0 < x \leqslant 40, \\ 201x + \dfrac{3600}{x} - 2020, & 40 < x \leqslant 80. \end{cases}$ 每台产品售价为 200

万元，且生产的所有产品都能售完．

（1）写出年利润 $W(x)$ 万元关于年产量 x 台的函数解析式（利润=销售收入-成本）；

（2）当该产品的年产量为多少台时，公司所获利润最大？最大利润是多少？

解：（1）该产品的年固定成本为 300 万元，投入成本 $G(x)$ 万元，

且 $G(x)=\begin{cases} 2x^2+80x, & 0<x\leqslant 40, \\ 201x+\dfrac{3600}{x}-2020, & 40<x\leqslant 80, \end{cases}$

故①当 $0<x\leqslant 40$ 时，$W(x)=200x-300-G(x)=-2x^2+120x-300$；

②当 $40<x\leqslant 80$ 时，$W(x)=200x-300-G(x)=-x-\dfrac{3600}{x}+1720$．

综上，$W(x)=\begin{cases} -2x^2+120x-300 & (0<x\leqslant 40), \\ -x-\dfrac{3600}{x}+1720 & (40<x\leqslant 80). \end{cases}$

（2）①当 $0<x\leqslant 40$ 时，
$$W(x)=-2x^2+120x-300,$$
故当 $x=30$ 时，$W(x)$ 有最大值，
$$W_{\max}(x)=W(30)=1500.$$

②当 $40<x\leqslant 80$ 时，

$W(x)=-x-\dfrac{3600}{x}+1720=-\left(x+\dfrac{3600}{x}\right)+1720\leqslant -2\sqrt{x\cdot\dfrac{3600}{x}}+1720=1600$，

当且仅当 $x=\dfrac{3600}{x}$ 时，即 $x=60$ 时等号成立．

综上，年产量为 60 台时，公司所获利润最大，最大利润为 1600 万元．

【例24】 牛顿冷却定律是温度高于周围环境的物体向周围媒质传递热量逐渐冷却时所遵循的规律．如果物体的初始温度为 T_0，则经过 t 分钟后的温度 T 满足 $T-T_a=\left(\dfrac{1}{2}\right)^{\frac{t}{h}}(T_0-T_a)$（$h$ 为半衰期，T_a 是环境温度）．现有一人在室外 33℃ 的天气下工作一段时间后，进入 $T_a=25$℃ 的环境，经过 1 分钟，该人体的体表温度为 30℃．如果从 30℃ 开始到人体感到舒适的 26℃（假设室内温度不变），大约还需经过的时间为（参考数据：$\lg 2\approx 0.30$）（   ）．

A．3.5 分钟   B．4 分钟   C．4.5 分钟   D．5 分钟

解：由题意，$30-25=\left(\dfrac{1}{2}\right)^{\frac{1}{h}}(33-25)$，解得$\left(\dfrac{1}{2}\right)^{\frac{1}{h}}=\dfrac{5}{8}$，

从而$26-25=\left(\dfrac{1}{2}\right)^{\frac{t}{h}}(30-25)$，得$\left(\dfrac{1}{2}\right)^{\frac{t}{h}}=\dfrac{1}{5}$，即$\left(\dfrac{5}{8}\right)^t=\dfrac{1}{5}$，

即$t=\log_{\frac{5}{8}}\dfrac{1}{5}=\dfrac{\lg\frac{1}{5}}{\lg\frac{5}{8}}=\dfrac{-\lg 5}{\lg 5-3\lg 2}=\dfrac{\lg 2-1}{1-\lg 2-3\lg 2}=\dfrac{\lg 2-1}{1-4\lg 2}\approx\dfrac{-0.7}{1-1.2}=3.5$.

故大约用时 3.5 分钟．

【例 25】 已知函数 $f(x)=12-x^2$．

（Ⅰ）求曲线 $y=f(x)$ 的斜率等于 -2 的切线方程；

（Ⅱ）设曲线 $y=f(x)$ 在点 $(t,f(t))$ 处的切线与坐标轴围成的三角形的面积为 $S(t)$，求 $S(t)$ 的最小值．

分析：（Ⅰ）求得 $f(x)=12-x^2$ 的导数，设切点为 (m,n)，可得切线的斜率，解方程可得 m，n，进而得到切线的方程；

（Ⅱ）求得切线的斜率和方程，分别令 $x=0$，$y=0$，求得切线的横截距和纵截距，可得三角形的面积，考虑 $t>0$ 的情况，求得导数和单调区间、极值，然后求出 $S(t)$ 的最小值．

解：（Ⅰ）$\because f(x)=12-x^2$ 的导数 $f'(x)=-2x$，

令切点为 (m,n)，可得切线的斜率为 $-2m=-2$，

$\therefore m=1$，$\therefore n=12-1=11$，$\therefore$ 切线的方程为 $y=-2x+13$．

（Ⅱ）$\because$ 曲线 $y=f(x)$ 在点 $(t,f(t))$ 处的切线的斜率为 $k=-2t$，

$\therefore$ 切线方程为 $y-(12-t^2)=-2t(x-t)$，

令 $x=0$，可得 $y=12+t^2$，令 $y=0$，可得 $x=\dfrac{1}{2}t+\dfrac{6}{t}$，

$\therefore S(t)=\dfrac{1}{2}\cdot\left|\dfrac{1}{2}t+\dfrac{6}{t}\right|\cdot(12+t^2)$，

由 $S(-t)=S(t)$，可知 $S(t)$ 为偶函数．

不妨设 $t>0$，则 $S(t)=\dfrac{1}{4}\left(t+\dfrac{12}{t}\right)(12+t^2)$，

$\therefore S'(t)=\dfrac{1}{4}\left(3t^2+24-\dfrac{144}{t^2}\right)=\dfrac{3}{4}\cdot\dfrac{(t^2-4)(t^2+12)}{t^2}$，

由 $S'(t)=0$，得 $t=2$，当 $t>2$ 时，$S'(t)>0$，$S(t)$ 递增；当 $0<t<2$ 时，$S'(t)<0$，$S(t)$ 递减.则 $S(t)$ 在 $t=2$ 处取得极小值，且为最小值32，所以 $S(t)$ 的最小值为32.

【**总结与归纳**】本题考查导数的运用：求切线的方程和利用导数研究函数的单调性、极值和最值.其中涉及绝对值的分类讨论或借助偶函数性质简化讨论，考查方程思想和运算能力.

【**例26**】某生态旅游景区升级改造，有一块半圆形土地打算种植花草供人欣赏，如图2-12所示，其中 AB 长为4km，C、D 两点在半圆弧上，满足 $BC=CD$，设 O 为圆心，$\angle COB=\theta$.

（1）现要在景区内铺设一条观光道路，由线段 BC、CD 和 DA 组成，则当 θ 为何值时，观光道路的总长 l 最长，并求 l 最大值；

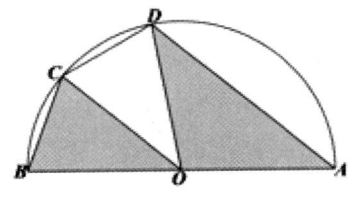

图2-12

（2）若在 $\triangle AOD$ 和 $\triangle BOC$ 内种满向日葵，在扇形 COD 内种满薰衣草，已知向日葵利润是每平方千米 $2a$ 元，薰衣草的利润是每平方千米 a 元，则当 θ 为何值时，才能使总利润最大？

分析：（1）利用三角函数知识求得所需各个线段的长度，列出函数关系式即可求解；

（2）利用三角形的面积公式、扇形的面积公式，再利用导数，可求得当 θ 为何值时利润最大并求出利润最大值.

解：（1）由题知 $\angle COB=\theta$，$\angle AOD=\pi-2\theta$，$\theta\in\left(0,\dfrac{\pi}{2}\right)$.

如图2-13取 BC 中点 M，连接 OM，则 $OM\perp BC$，$\angle BOM=\dfrac{\theta}{2}$.

所以，$BC=2BM=4\sin\dfrac{\theta}{2}$.

同理可得 $CD=4\sin\dfrac{\theta}{2}$，$AD=4\sin\dfrac{\pi-2\theta}{2}=4\cos\theta$.

所以，$l = 4\sin\dfrac{\theta}{2} + 4\sin\dfrac{\theta}{2} + 4\cos\theta = 4\left(1 - 2\sin^2\dfrac{\theta}{2}\right) + 8\sin\dfrac{\theta}{2}$，

即 $l = -8\left(\sin\dfrac{\theta}{2} - \dfrac{1}{2}\right)^2 + 6$，$\theta \in \left(0, \dfrac{\pi}{2}\right)$．

所以，当 $\sin\dfrac{\theta}{2} = \dfrac{1}{2}$，即 $\theta = \dfrac{\pi}{3}$ 时，有 $l_{\max} = 6$．

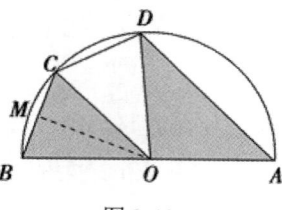

图 2-13

（2）$S_{\triangle BOC} = 2\sin\theta$，$S_{\triangle AOD} = 2\sin(\pi - 2\theta) = 4\sin\theta\cos\theta$，$S_{\text{扇形}COD} = 2\theta$，

所以总利润 $W = 2a(2\sin\theta + 4\sin\theta\cos\theta) + 2a\theta = 2a(2\sin\theta + 2\sin 2\theta + \theta)$，

令 $f(\theta) = 2\sin\theta + 2\sin 2\theta + \theta$，

所以

$f'(\theta) = 2\cos\theta + 4\cos 2\theta + 1 = 8\cos^2\theta + 2\cos\theta - 3 = (4\cos\theta + 3)(2\cos\theta - 1)$，

因为 $\theta \in \left(0, \dfrac{\pi}{2}\right)$，由 $f'(\theta) = 0$ 得 $\theta = \dfrac{\pi}{3}$，

当 θ 变化时，$f'(\theta)$、$f(\theta)$ 的变化如下表所示，所以当 $\theta = \dfrac{\pi}{3}$ 时，总利润最大为 $2\sqrt{3} + \dfrac{\pi}{3}$．

θ	$\left(0, \dfrac{\pi}{3}\right)$	$\dfrac{\pi}{3}$	$\left(\dfrac{\pi}{3}, \dfrac{\pi}{2}\right)$
$f'(\theta)$	+	0	−
$f(\theta)$	↗	极大值	↘

【选题意图】三角函数与导数的综合应用．

第3单元　三角函数、平面向量与解三角形

三角函数是高中重要的基本初等函数，它是描述周期现象的函数模型．平面向量是工具性的知识，其结论和研究方法可以拓展延伸到空间向量．同时，平面向量是沟通几何体系的语言和工具，具有代数和几何形式，体现了重要的数学思想方法．三角公式、三角函数和平面向量都可作为工具和依据应用在解三角形中．

本单元包含的主要内容有：任意角三角函数的定义与几何表示、三角公式、三角函数的图象与性质、平面向量的概念与线性运算、数量积运算、解三角形．

本单元涉及的主要思想方法有：数形结合、化归与转化、函数与方程、分类讨论、换元法、整体思想、一般到特殊等．

本单元需要落实的核心素养有：数学抽象、逻辑推理、数学运算、直观想象、数学建模、数据分析等．

3.1　一题多问、串联知识

三角函数的图象与性质、解三角形是高考重点考查的知识点之一．复习时，我们以一个三角函数为载体，串起所有常见三角函数的性质和图象的相关问题，总结研究三角函数图象和性质的一般方法，有利于学生整体认知三角函数的知识，快速建立知识体系，总结通性通法．解三角形亦是如此．

【例1】已知函数 $f(x) = \dfrac{1}{2}\sin\left(2x + \dfrac{\pi}{3}\right)$，分别求解下列问题：

（1）定义域；

（2）值域；

（3）最小正周期；

（4）单调增区间、减区间；

（5）对称轴；

（6）对称中心；

（7）用五点法画出函数 $f(x)$ 在一个周期内的图象；

（8）$f(x)$ 的图象是由 $y = \sin x$ 的图象经过怎样的变换得到的？

（9）当 $x \in \left[0, \dfrac{\pi}{4}\right]$ 时，求函数 $f(x)$ 的值域.

解：（1）定义域为 **R**.

（2）值域为 $\left[-\dfrac{1}{2}, \dfrac{1}{2}\right]$.

（3）最小正周期为 $T = \dfrac{2\pi}{2} = \pi$.

（4）令 $-\dfrac{\pi}{2} + 2k\pi \leqslant 2x + \dfrac{\pi}{3} \leqslant \dfrac{\pi}{2} + 2k\pi$，可得：$-\dfrac{5\pi}{12} + k\pi \leqslant x \leqslant \dfrac{\pi}{12} + k\pi$，所以函数 $f(x)$ 的增区间为 $\left[-\dfrac{5\pi}{12} + k\pi, \dfrac{\pi}{12} + k\pi\right] (k \in \mathbf{Z})$；

同理可得函数 $f(x)$ 的减区间为 $\left[\dfrac{\pi}{12} + k\pi, \dfrac{7\pi}{12} + k\pi\right] (k \in \mathbf{Z})$.

（5）令 $2x + \dfrac{\pi}{3} = \dfrac{\pi}{2} + k\pi$，可得 $x = \dfrac{\pi}{12} + \dfrac{k\pi}{2}$，所以函数 $f(x)$ 的对称轴为 $x = \dfrac{\pi}{12} + \dfrac{k\pi}{2} (k \in \mathbf{Z})$.

（6）令 $2x + \dfrac{\pi}{3} = k\pi$，可得 $x = -\dfrac{\pi}{6} + \dfrac{k\pi}{2}$，所以函数 $f(x)$ 的对称中心为 $\left(-\dfrac{\pi}{6} + \dfrac{k\pi}{2}, 0\right)(k \in \mathbf{Z})$.

（7）①先找一个周期内的五个关键点，并计算出其相应的函数值，列表如下：

x	$-\dfrac{\pi}{6}$	$\dfrac{\pi}{12}$	$\dfrac{\pi}{3}$	$\dfrac{7\pi}{12}$	$\dfrac{5\pi}{6}$
$2x + \dfrac{\pi}{3}$	0	$\dfrac{\pi}{2}$	π	$\dfrac{3\pi}{2}$	2π
$y = \dfrac{1}{2}\sin\left(2x + \dfrac{\pi}{3}\right)$	0	$\dfrac{1}{2}$	0	$-\dfrac{1}{2}$	0

②描点作图，如图 3-1 所示.

（8）途径 1：先将 $y = \sin x$ 的图象向左平移 $\dfrac{\pi}{3}$ 个单位；再将每一点的纵坐标不变，横坐标变为原来的 $\dfrac{1}{2}$；再将每一点的横坐标不变，纵坐标变为原来的 $\dfrac{1}{2}$.

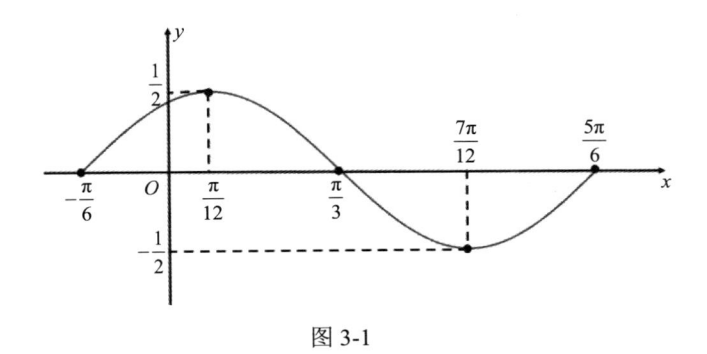

第 3 单元 三角函数、平面向量与解三角形 | 71

图 3-1

途径 2：先将 $y=\sin x$ 的图象上每一点的纵坐标不变，横坐标变为原来的 $\frac{1}{2}$；再向左平移 $\frac{\pi}{6}$ 个单位；再将每一点的横坐标不变，纵坐标变为原来的 $\frac{1}{2}$.

（9）$\because x \in \left[0, \frac{\pi}{4}\right]$，$\therefore 2x \in \left[0, \frac{\pi}{2}\right]$，$\therefore 2x+\frac{\pi}{3} \in \left[\frac{\pi}{3}, \frac{5\pi}{6}\right]$，

$\therefore \sin\left(2x+\frac{\pi}{3}\right) \in \left[\frac{1}{2}, 1\right]$，$\therefore$ 函数 $f(x)$ 的值域为 $\left[\frac{1}{4}, \frac{1}{2}\right]$.

【设计意图】本题通过一题多问的方式，涵盖了三角函数中常见的图象画法（五点法和图象变换法）和三角函数的常见性质：定义域，值域，单调性，对称性，周期性，以及三角函数的最值和零点. 通过一道题，将高考中常见的题型和方法全部覆盖，有利于学生对三角函数全章的题型和方法能有一个宏观的把握，培养学生从特殊到一般的思想方法和数学运算、直观想象及数学抽象等数学素养.

【例 2】在 $\triangle ABC$ 中，角 A、B、C 对应的边分别为 a、b、c，根据条件求解下列各题：

（1）已知 $\cos A=\frac{\sqrt{6}}{3}$，$\cos B=\frac{1}{3}$，$c=5$，求 b；

（2）已知 $\cos A=\frac{\sqrt{6}}{3}$，$c=3$，$b=2\sqrt{6}$，求 a；

（3）已知 $\cos A=\frac{\sqrt{6}}{3}$，$a=3$，$b=2\sqrt{6}$，求 c；

（4）已知 $\cos B=\frac{1}{3}$，$a=3$，$b=2\sqrt{6}$，求 c；

（5）已知 $a=5$，$b=2\sqrt{6}$，$c=3$，求最大角的余弦值；

（6）已知 $S=5\sqrt{2}$，$\cos B=-\frac{1}{3}$，$c=5$，求 b；

（7）已知 $a=3$，$b=2\sqrt{6}$，$B=2A$，求 c；

（8）已知 $c-a=2$，$\cos B=\dfrac{1}{3}$，$S=5\sqrt{2}$，求 b；

（9）已知 C 为钝角，$A=\dfrac{\pi}{3}$，求 $\dfrac{c}{b}$ 的取值范围.

解：（1）∵ $\cos A=\dfrac{\sqrt{6}}{3}$，$A\in\left(0,\dfrac{\pi}{2}\right)$，∴ $\sin A=\dfrac{\sqrt{3}}{3}$；

∵ $\cos B=\dfrac{1}{3}$，$B\in\left(0,\dfrac{\pi}{2}\right)$，∴ $\sin B=\dfrac{2\sqrt{2}}{3}$；

∴ $\sin C=\sin(A+B)=\sin A\cos B+\cos A\sin B=\dfrac{5\sqrt{3}}{9}$，

再由正弦定理 $\dfrac{c}{\sin C}=\dfrac{b}{\sin B}$，∴ $b=\dfrac{c\sin B}{\sin C}=2\sqrt{6}$.

（2）由余弦定理 $a^2=b^2+c^2-2bc\cos A$，得 $a^2=24+9-2\times 2\sqrt{6}\times 3\times\dfrac{\sqrt{6}}{3}=9$，$a=3$.

（3）方法1：由余弦定理 $a^2=b^2+c^2-2bc\cos A$，得 $c^2-8c+15=0$，$c=3$ 或 $c=5$.

方法2：∵ $\cos A=\dfrac{\sqrt{6}}{3}$，$A\in\left(0,\dfrac{\pi}{2}\right)$，∴ $\sin A=\dfrac{\sqrt{3}}{3}$；

由正弦定理 $\dfrac{a}{\sin A}=\dfrac{b}{\sin B}$，$\sin B=\dfrac{b\sin A}{a}=\dfrac{2\sqrt{2}}{3}$，$\cos B=\pm\dfrac{1}{3}$.

当 $\cos B=\dfrac{1}{3}$ 时，$\sin C=\sin(A+B)=\sin A\cos B+\cos A\sin B=\dfrac{5\sqrt{3}}{9}$，

再由正弦定理 $\dfrac{a}{\sin A}=\dfrac{c}{\sin C}$，$c=\dfrac{a\sin C}{\sin A}=5$，

当 $\cos B=-\dfrac{1}{3}$ 时，$\sin C=\sin(A+B)=\sin A\cos B+\cos A\sin B=\dfrac{\sqrt{3}}{3}$，

再由正弦定理 $\dfrac{a}{\sin A}=\dfrac{c}{\sin C}$，$c=\dfrac{a\sin C}{\sin A}=3$.

（4）方法1：由余弦定理 $b^2=a^2+c^2-2ac\cos B$，得 $c^2-2c-15=0$，$c=-3$（舍）或 $c=5$.

方法2：∵ $\cos B=\dfrac{1}{3}$，$B\in\left(0,\dfrac{\pi}{2}\right)$，∴ $\sin B=\dfrac{2\sqrt{2}}{3}$；

由正弦定理 $\dfrac{a}{\sin A} = \dfrac{b}{\sin B}$，$\sin A = \dfrac{a\sin B}{b} = \dfrac{\sqrt{3}}{3}$，$\because a < b \therefore A$ 为锐角，$\therefore \cos A = \dfrac{\sqrt{6}}{3}$.

$\therefore \sin C = \sin(A+B) = \sin A\cos B + \cos A\sin B = \dfrac{5\sqrt{3}}{9}$，

再由正弦定理 $\dfrac{a}{\sin A} = \dfrac{c}{\sin C}$，得 $c = \dfrac{a\sin C}{\sin A} = 5$.

（5）$\because a > b > c$，角 A 最大，$\therefore$ 由余弦定理，
$$\cos A = \dfrac{b^2+c^2-a^2}{2bc} = \dfrac{24+9-25}{2\times 3\times 2\sqrt{6}} = \dfrac{\sqrt{6}}{9}.$$

（6）$\because \cos B = -\dfrac{1}{3}$，$B \in (0,\pi)$ $\therefore \sin B = \dfrac{2\sqrt{2}}{3}$，由面积公式 $S = \dfrac{1}{2}ac\sin B$，

得 $5\sqrt{2} = \dfrac{1}{2}a\times 5\times \dfrac{2\sqrt{2}}{3}$，$\therefore a = 3$，再由余弦定理 $b^2 = a^2+c^2-2ac\cos B = 44$，$\therefore b = 2\sqrt{11}$.

（7）方法 1：因为 $a=3$，$b=2\sqrt{6}$，$B=2A$，$\therefore$ 在 $\triangle ABC$ 中，由正弦定理得 $\dfrac{3}{\sin A} = \dfrac{2\sqrt{6}}{\sin 2A}$，$\therefore \dfrac{2\sin A\cos A}{\sin A} = \dfrac{2\sqrt{6}}{3}$，故 $\cos A = \dfrac{\sqrt{6}}{3}$，

由余弦定理 $a^2 = b^2+c^2-2bc\cos A$，得 $c^2-8c+15 = 0$，$\therefore c=3$ 或 $c=5$，

当 $c=3$ 时，此时，$a=c$，$\therefore A=C$，又 $B=2A$，$\therefore B=\dfrac{\pi}{2}$，而 $a^2+c^2 \ne b^2$，与勾股定理矛盾．

当 $c=5$ 时，经检验符合题意．综上可得 $c=5$.

方法 2：因为 $a=3$，$b=2\sqrt{6}$，$B=2A$，

$\therefore$ 在 $\triangle ABC$ 中，由正弦定理得 $\dfrac{3}{\sin A} = \dfrac{2\sqrt{6}}{\sin 2A}$.

$\therefore \dfrac{2\sin A\cos A}{\sin A} = \dfrac{2\sqrt{6}}{3}$，故 $\cos A = \dfrac{\sqrt{6}}{3}$.

又 $B=2A$，

$\therefore \cos B = 2\cos^2 A - 1 = \dfrac{1}{3}$.

由余弦定理 $b^2 = a^2 + c^2 - 2ac\cos B$，得 $c^2 - 2c - 15 = 0$，

∴ $c = -3$（舍）或 $c = 5$.

方法 3：∵ $a = 3$，$b = 2\sqrt{6}$，$B = 2A$，∴ 在 $\triangle ABC$ 中，由正弦定理得 $\dfrac{3}{\sin A} = \dfrac{2\sqrt{6}}{\sin 2A}$，即 $\dfrac{2\sin A\cos A}{\sin A} = \dfrac{2\sqrt{6}}{3}$，

故 $\cos A = \dfrac{\sqrt{6}}{3}$. ∴ $\sin A = \sqrt{1 - \cos^2 A} = \dfrac{\sqrt{3}}{3}$.

又∵ $B = 2A$，∴ $\cos B = 2\cos^2 A - 1 = \dfrac{1}{3}$.

∴ $\sin B = \sqrt{1 - \cos^2 B} = \dfrac{2\sqrt{2}}{3}$.

在 $\triangle ABC$ 中，$\sin C = \sin(A+B) = \sin A\cos B + \cos A\sin B = \dfrac{5\sqrt{3}}{9}$，

∴ $c = \dfrac{a\sin C}{\sin A} = 5$.

（8）∵ $\cos B = \dfrac{1}{3}$，$B \in (0, \pi)$ ∴ $\sin B = \dfrac{2\sqrt{2}}{3}$，由面积公式 $S = \dfrac{1}{2}ac\sin B$，

得 $5\sqrt{2} = \dfrac{1}{2}ac\dfrac{2\sqrt{2}}{3}$，∴ $ac = 15$，又 $c - a = 2$，∴ $c = 5, a = 3$，

再由余弦定理 $b^2 = a^2 + c^2 - 2ac\cos B = 24$，∴ $b = 2\sqrt{6}$.

（9）解法 1：∵ $A = \dfrac{\pi}{3}$，∴ $B + C = \dfrac{2\pi}{3}$，又 C 为钝角，即 $C > \dfrac{\pi}{2}$，∴ $0 < B < \dfrac{\pi}{6}$.

由正弦定理 $\dfrac{c}{b} = \dfrac{\sin C}{\sin B} = \dfrac{\sin\left(\dfrac{2\pi}{3} - B\right)}{\sin B} = \dfrac{\dfrac{\sqrt{3}}{2}\cos B + \dfrac{1}{2}\sin B}{\sin B} = \dfrac{\sqrt{3}}{2}\cot B + \dfrac{1}{2}$，

∵ $0 < B < \dfrac{\pi}{6}$，∴ $\cot B > \sqrt{3}$，∴ $\dfrac{\sqrt{3}}{2}\cot B + \dfrac{1}{2} > 2$，即 $\dfrac{c}{b} > 2$.

解法 2：如图 3-2 所示，由运动变化的观点分析，易得 $\dfrac{c}{b} > 2$.

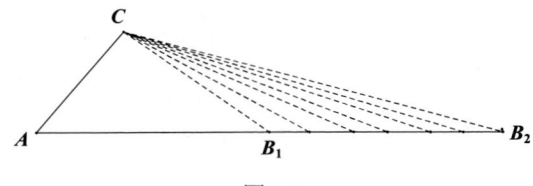

图 3-2

【设计意图】本题通过一题多问的方式，涵盖了解三角形中的基本题型（已知两角一边、两边和夹角、两边和对角、三个边求其他元素），基本方法和基本的数学思想（方程思想、函数思想、数形结合思想），有利于学生对解三角形全章的题型和方法能有一个宏观的把握。尤其是一题多解的方法以及数形结合的方法，可培养学生数据分析、直观想象、逻辑推理和数学运算等数学素养。

3.2 专题专训、总结方法

求三角函数的值域（或最值）、周期、单调区间、对称轴、对称中心及图象变换问题时，往往需要学生先通过三角公式将函数化为正弦型（或余弦型）函数，再研究函数的图象和性质，这是非常重要的基本功。向量的数量积是一个非常重要的知识点，掌握数量积的概念和运算法则，也是一项基本功。对于这些基本功，可以设计专项训练，有利于学生总结归纳常见的结构和方法，为后续的问题解决作准备。

【例3】把下列函数写成 $y = A\sin(\omega x + \varphi) + k$ 或 $y = A\cos(\omega x + \varphi) + k$ 的形式．

（1）$y = \cos x + \sin\left(\dfrac{\pi}{6} + x\right)$；（2）$y = \sqrt{3}\sin x \cos x - \cos^2 x - \dfrac{1}{2}$；

（3）$y = \sin x \sin\left(\dfrac{\pi}{4} - x\right)$；（4）$y = \cos^2 x + \sin^2\left(\dfrac{\pi}{6} + x\right)$．

解：（1）$y = \cos x + \dfrac{1}{2}\cos x + \dfrac{\sqrt{3}}{2}\sin x = \dfrac{\sqrt{3}}{2}\sin x + \dfrac{3}{2}\cos x = \sqrt{3}\sin\left(x + \dfrac{\pi}{3}\right)$；

（2）$y = \dfrac{\sqrt{3}}{2}\sin 2x - \dfrac{1 + \cos 2x}{2} - \dfrac{1}{2} = \dfrac{\sqrt{3}}{2}\sin 2x - \dfrac{1}{2}\cos 2x - 1$

$= \sin\left(2x - \dfrac{\pi}{6}\right) - 1$；

（3）$y = \sin x\left(\dfrac{\sqrt{2}}{2}\cos x - \dfrac{\sqrt{2}}{2}\sin x\right) = \dfrac{\sqrt{2}}{4}\sin 2x - \dfrac{\sqrt{2}}{2} \cdot \dfrac{1 - \cos 2x}{2}$

$= \dfrac{\sqrt{2}}{4}\sin 2x + \dfrac{\sqrt{2}}{4}\cos 2x - \dfrac{\sqrt{2}}{4} = \dfrac{1}{2}\sin\left(2x + \dfrac{\pi}{4}\right) - \dfrac{\sqrt{2}}{4}$；

（4）$y = \dfrac{1 + \cos 2x}{2} + \dfrac{1 - \cos\left(\dfrac{\pi}{3} + 2x\right)}{2} = 1 + \dfrac{1}{2}\left(\cos 2x - \dfrac{1}{2}\cos 2x + \dfrac{\sqrt{3}}{2}\sin 2x\right)$

$= 1 + \dfrac{1}{2}\left(\dfrac{1}{2}\cos 2x + \dfrac{\sqrt{3}}{2}\sin 2x\right) = \dfrac{1}{2}\sin\left(2x + \dfrac{\pi}{6}\right) + 1$．

【设计意图】本组题是将三角函数化为正弦型(或余弦型)函数的专题训练. 一般地, 转化过程中要用到降幂公式、二倍角公式、两角和与差的三角公式、辅助角公式等, 教学中注意和学生分析总结常见的结构和处理方法. 教师在授课时可以根据学生的实际情况选择合适的结构进行专题训练.

常见的结构有:

(1) $y = A\sin(x+\varphi) + B\cos(x+\theta)$ 型, 角变量都是 x, 次数都是一次.

方法: 用两角和与差的三角公式展开, 合并同类项后用辅助角公式化为标准式.

(2) $y = A\sin^2 x + B\cos^2 x + C\sin x\cos x$ 型, 变量都是 x, 次数都是二次.

方法: 降幂, 二倍角公式逆用, 整理, 用辅助角公式化为标准式.

(3) $y = A\sin(x+\varphi)\cos(x+\theta)$ 型, 变量都是 x, 次数都是二次.

方法: 二倍角公式逆用, 或两角和与差公式展开, 再降幂, 用辅助角公式化为标准式.

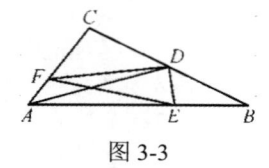

【例4】 求下列向量的数量积:

(1) $\triangle ABC$, $AB=3, BC=3, AC=4$, 则 $\overrightarrow{AB} \cdot \overrightarrow{BC} = $ _____;

(2) 已知正方形 $ABCD$ 的边长为 1, 点 E 是 AB 边上的动点, 则 $\overrightarrow{DE} \cdot \overrightarrow{CB}$ 的值为 _____; $\overrightarrow{DE} \cdot \overrightarrow{DC}$ 的最大值为 _____;

(3) (2022 北京高考)在 $\triangle ABC$ 中, $AC=3, BC=4, \angle C=90°$, P 为 $\triangle ABC$ 所在平面内的动点, 且 $PC=1$, 则 $\overrightarrow{PA} \cdot \overrightarrow{PB}$ 的取值范围是 _____;

(4) 如图 3-3 所示, 在 $\triangle ABC$ 中, $AB=6, AC=3, \angle A = \dfrac{\pi}{3}$, D 为 BC 中点, $\overrightarrow{AE} = 2\overrightarrow{EB}$, $\overrightarrow{AF} = \dfrac{1}{2}\overrightarrow{FC}$, 则 $\overrightarrow{AD} \cdot \overrightarrow{EF}$ 的值为 _____.

图 3-3

答案: (1) -1. 解法 1(定义法): $\triangle ABC$, $AB=3, BC=3, AC=4$,

$\overrightarrow{AB} \cdot \overrightarrow{BC} = |\overrightarrow{AB}||\overrightarrow{BC}|\cos(\pi - B) = -\dfrac{|\overrightarrow{AB}|^2 + |\overrightarrow{BC}|^2 - |\overrightarrow{AC}|^2}{2} = -1$.

解法 2(坐标法): 以 AC 中点 O 为坐标原点, 以 AC 所在直线为 x 轴, 以 OB 所在直线为 y 轴建立直角坐标系, $\overrightarrow{AB}=(2,\sqrt{5}), \overrightarrow{BC}=(2,-\sqrt{5}), \overrightarrow{AB} \cdot \overrightarrow{BC}=-1$.

第 3 单元
三角函数、平面向量与解三角形 77

(2) 1；1. 解法（投影法）：$\overrightarrow{DE} \cdot \overrightarrow{CB} = \overrightarrow{CB}^2 = 1$，$\overrightarrow{DE} \cdot \overrightarrow{DC} \leqslant \overrightarrow{DC}^2 = 1$.

(3) [-4,6]. 解法 1（坐标法）：建立如图 3-4 所示坐标系，由题易知，设 $C(0,0)$，$A(3,0)$，$B(0,4)$，

因为 $PC=1$，所以设 $P(\cos\theta, \sin\theta), \theta \in [0, 2\pi]$，

$\therefore \overrightarrow{PA} = (3-\cos\theta, -\sin\theta)$，$\overrightarrow{PB} = (-\cos\theta, 4-\sin\theta)$，

$\overrightarrow{PA} \cdot \overrightarrow{PB} = (3-\cos\theta)(-\cos\theta) - \sin\theta(4-\sin\theta) = -3\cos\theta - 4\sin\theta + \cos^2\theta + \sin^2\theta$

$= 1 - 5\sin(\theta + \varphi) \in [-4, 6]$. 其中，$\sin\varphi = \frac{3}{5}, \cos\varphi = \frac{4}{5}$

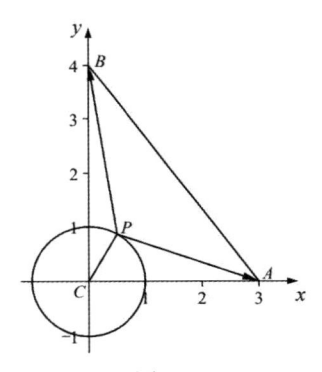

图 3-4

解法 2（极化恒等式）：取 AB 中点 M，

$\overrightarrow{PA} \cdot \overrightarrow{PB} = (\overrightarrow{PM} + \overrightarrow{MA}) \cdot (\overrightarrow{PM} + \overrightarrow{MB}) = \overrightarrow{PM}^2 - \overrightarrow{MA}^2 = \overrightarrow{PM}^2 - \frac{25}{4}$，

又 $|\overrightarrow{PM}| \in \left[\frac{5}{2} - 1, \frac{5}{2} + 1\right] \Rightarrow \overrightarrow{PM}^2 \in \left[\frac{9}{4}, \frac{49}{4}\right]$，所以 $\overrightarrow{PA} \cdot \overrightarrow{PB} \in [-4, 6]$.

(4) -12. 解法（基底法）：由于 D 是 BC 的中点，所以 $\overrightarrow{AD} = \frac{1}{2}(\overrightarrow{AB} + \overrightarrow{AC})$，

由于 $\overrightarrow{AE} = 2\overrightarrow{EB}$，$\overrightarrow{AF} = \frac{1}{2}\overrightarrow{FC}$，

所以 $\overrightarrow{AE} = \frac{2}{3}\overrightarrow{AB}$，$\overrightarrow{AF} = \frac{1}{3}\overrightarrow{AC}$，$\overrightarrow{EF} = \frac{1}{3}\overrightarrow{AC} - \frac{2}{3}\overrightarrow{AB}$，

所以

$\overrightarrow{AD} \cdot \overrightarrow{EF} = \frac{1}{2}(\overrightarrow{AB} + \overrightarrow{AC}) \cdot \left(\frac{1}{3}\overrightarrow{AC} - \frac{2}{3}\overrightarrow{AB}\right) = -\frac{1}{3}\overrightarrow{AB}^2 - \frac{1}{6}\overrightarrow{AB} \cdot \overrightarrow{AC} + \frac{1}{6}\overrightarrow{AC}^2 = -12$.

【选题意图】向量的数量积是一个重要的知识点，在运算中有很多方法. 在此给学生作归纳，方便学生在后续的学习中根据题目的条件选择最合适的方法解

决问题.

向量数量积的基本方法有：①定义法（要弄清向量的夹角）；②几何意义（投影法）；③坐标法；④向量基底运算法；⑤极化恒等式（定点转化）法.

3.3　变式训练、探寻本质

三角函数单元的几个核心概念（如任意角三角函数的定义），以及核心方法（如描述周期性质的公式法和相位法）等在高考中一直是考查的重点．复习时，教师应加强对核心概念的教学设计和深度解读，帮助学生对概念的内涵和外延有更深入的理解，对三角函数的函数性质有更深刻的认识．

【例 5】 回答下列问题：

（1）写出与 45°终边相同的角的集合；

（2）写出终边在直线 $y=x$ 上的角的集合；

（3）集合 $A=\left\{x\middle|x=\dfrac{\pi}{2}+\dfrac{k\pi}{4},\ k\in\mathbf{Z}\right\}$ 与 $B=\left\{x\middle|x=\dfrac{\pi}{4}+\dfrac{k\pi}{2},\ k\in\mathbf{Z}\right\}$ 的关系是_____；

（4）在平面直角坐标系 xOy 中，角 α 与角 β 均以 Ox 为始边，它们的终边关于 y 轴对称，则 $\alpha+\beta=$_____；

（5）若 $\alpha=k\pi+(-1)^k\beta$，$k\in\mathbf{Z}$，则角 α 与角 β 终边的位置关系是_____；

（6）已知 $\alpha,\beta\in\mathbf{R}$，则"存在 $k\in\mathbf{Z}$，使得 $\alpha=k\pi+(-1)^k\beta$"是"$\sin\alpha=\sin\beta$"的（　　）；

　　A．充分而不必要条件　　　　B．必要而不充分条件
　　C．充分必要条件　　　　　　D．既不充分也不必要条件

（7）在平面直角坐标系 xOy 中，角 α 与角 β 均以 Ox 为始边，它们的终边关于 y 轴对称，若 $\sin\alpha=\dfrac{1}{3}$，则 $\sin\beta=$_____，$\cos(\alpha-\beta)=$_____；

（8）若点 $A(\cos\theta,\sin\theta)$ 关于 y 轴的对称点为 $B\left[\cos\left(\theta+\dfrac{\pi}{6}\right),\sin\left(\theta+\dfrac{\pi}{6}\right)\right]$，则 θ 的一个取值为_____，θ 的所有取值为_____．

解：（1）$\left\{\alpha\middle|\alpha=\dfrac{\pi}{4}+2k\pi,\ k\in\mathbf{Z}\right\}$．

（2）$\left\{\alpha \left| \alpha = \dfrac{\pi}{4} + k\pi, k \in \mathbf{Z} \right.\right\}$.

（3）$B \subseteq A$.

提示：画图，A 中角有 8 条终边，B 中角有 4 条终边.

（4）$\pi + 2k\pi$，$k \in \mathbf{Z}$.

（5）终边相同或者关于 y 轴对称.

（6）C.

（7）$\dfrac{1}{3}$，$-\dfrac{7}{9}$.

提示：$\cos\alpha = -\cos\beta$，$\sin\alpha = \sin\beta$，故 $\cos(\alpha-\beta) = -\dfrac{8}{9} + \dfrac{1}{9} = -\dfrac{7}{9}$.

（8）$\dfrac{5\pi}{12}$（答案不唯一），$\dfrac{5\pi}{12} + k\pi$（$k \in \mathbf{Z}$）.

提示：$\theta + \dfrac{\pi}{6} = \pi - \theta + 2k\pi$，$k \in \mathbf{Z}$.

【设计意图】 根据知识的发展脉络和学生的认知规律设计问题：从对终边相同的角的概念的再认识，到对任意角的三角函数定义的理解和应用，进而到对核心概念的深度解读.

（1）概念的直接应用（了解）；

（2）数形结合、理解周期的含义（理解）；

（3）概念分析，知识的迁移与应用；

（4）数形结合解决问题的思想方法，体会正向与逆向的应用，分类讨论；

（5）知识的综合应用；

（6）创造性解决问题的思路和方法.

如何根据代数条件或几何图形求解正弦型函数 $f(x) = \sin(\omega x + \varphi)$ 中的 ω 和 φ，一直是高考的一个热点，同时也是正弦型函数学习过程中的一个难点. 在复习此部分知识时，我们选取一些有代表性的题目，根据已知条件的类型进行分类，根据难易程度进行梳理，由浅入深，层层递进. 以已知条件所呈现的不同类型为切入点作为明线，以解决此类问题的核心方法作为暗线. 在看似不同类型、不同难度问题的解决过程中，学生逐渐掌握核心方法.

【例 6】 第一组：已知周期，求 ω 的值或取值范围.

（1）已知 $f(x) = \sin(\omega x + \varphi)(\omega > 0)$，最小正周期 $T = \dfrac{\pi}{2}$，则 $\omega = $ _____；

（2）已知 $f(x)=\sin\left(\omega x+\dfrac{\pi}{3}\right)$（$\omega>0$）的图象向右平移 $\dfrac{4\pi}{3}$ 个单位后与原图象重合，则 ω 的最小值为_____．

分析：（1）易知 $T=\dfrac{\pi}{2}=\dfrac{2\pi}{|\omega|}$，又 $\omega>0$，得 $\omega=4$．

（2）方法 1：将 $f(x)=\sin\left(\omega x+\dfrac{\pi}{3}\right)$ 的图象向右平移 $\dfrac{4\pi}{3}$ 个单位后为 $f\left(x-\dfrac{4\pi}{3}\right)=\sin\left[\omega\left(x-\dfrac{4\pi}{3}\right)+\dfrac{\pi}{3}\right]=\sin\left(\omega x+\dfrac{\pi}{3}-\dfrac{4\omega\pi}{3}\right)$，$f\left(x-\dfrac{4\pi}{3}\right)$ 与 $f(x)$ 图象重合，故 $\dfrac{4\omega}{3}\pi=2k\pi$（$k\in\mathbf{Z}$），有 $\omega=\dfrac{3k}{2}$，又因为 $\omega>0$，故 $\omega=\dfrac{3k}{2}\geqslant\dfrac{3}{2}$．

方法 2：由题 $\dfrac{4\pi}{3}$ 是周期的整数倍，即 $\dfrac{4\pi}{3}=k\cdot\dfrac{2\pi}{\omega}$，故 $\omega=\dfrac{3}{2}k$（$k\in\mathbf{Z}$），得 $\omega\geqslant\dfrac{3}{2}$．

【设计意图】 1．强化基本公式 $T=\dfrac{2\pi}{|\omega|}$；

2．强调基本方法：寻找和周期有关的条件；

3．等式到不等式，即求值到求范围的过渡．

第二组：已知对称性，求 ω 的最值或取值范围．

（3）已知 $f(x)=\sin(\omega x+\varphi)$（$\omega>0$），$x=\dfrac{\pi}{6}$，$x=\dfrac{2\pi}{3}$ 为 $f(x)$ 的两条对称轴，则 ω 的最小值为_____；

（4）已知 $f(x)=\sin\left(\omega x-\dfrac{\pi}{6}\right)$（$\omega>0$）在 $\left(\dfrac{\pi}{2},\dfrac{3\pi}{2}\right)$ 上没有对称中心，则 ω 的取值范围是_____．

分析：（3）易知 $\dfrac{2\pi}{3}-\dfrac{\pi}{6}=\dfrac{kT}{2}$，$k\in\mathbf{Z}$，又 $\dfrac{\pi}{2}=\dfrac{k}{2}\cdot\dfrac{2\pi}{\omega}$，即 $\omega=2k$ 且 $\omega>0$，所以 ω 的最小值为 2．

（4）由前面经验知：$\dfrac{3\pi}{2}-\dfrac{\pi}{2}\leqslant\dfrac{T}{2}$，$\omega\leqslant 1$，但 $0<\omega\leqslant 1$ 之间所有值都可以吗？答案是否定的，因为只用周期作为范围，相当于只用到了区间长度的条件，并没有使用到区间端点的信息．所以，仅用前面介绍的方法还不够.

我们还需要考虑：$\begin{cases} \dfrac{\omega\pi}{2}-\dfrac{\pi}{6}\geqslant k\pi, \\ \dfrac{3\omega\pi}{2}-\dfrac{\pi}{6}\leqslant (k+1)\pi, \end{cases}$ $k\in\mathbf{Z}$，再结合题意得出 $k=-1$ 或 $k=0$，故 $\omega\in\left(0,\dfrac{1}{9}\right]\cup\left[\dfrac{1}{3},\dfrac{7}{9}\right]$.

【设计意图】 1. 掌握数形结合解决问题的思想方法. 用 $f(x)=\sin(\omega x+\varphi)$ 的性质寻找对称轴（对称中心）和周期之间的关系；

2. 只用区间长度解决问题也许并不正确，强调一般方法："相位法"（即代点进入解析式，根据 $f(x)=\sin x$ 的图象与性质得到 $f(x)=\sin(\omega x+\varphi)$ 的性质).

第三组：已知最值，求 ω 的值或最值.

（5）已知 $f(x)=\sin(\omega x+\varphi)$（$\omega>0$），在区间 $\left[-\dfrac{\pi}{3},\dfrac{2\pi}{3}\right]$ 上有最大值与最小值，ω 的最小值为_____；

（6）已知 $f(x)=\sin\left(\omega x+\dfrac{\pi}{3}\right)$（$\omega>0$），$f\left(\dfrac{\pi}{6}\right)=f\left(\dfrac{\pi}{3}\right)$，且在区间 $\left(\dfrac{\pi}{6},\dfrac{\pi}{3}\right)$ 内有最小值无最大值，则 $\omega=$_____.

分析：（5）易知 $\dfrac{2\pi}{3}+\dfrac{\pi}{3}\geqslant\dfrac{T}{2}=\dfrac{2\pi}{2\omega}$，又 $\omega>0$，所以 ω 的最小值为 1；

（6）易知 $\dfrac{\pi}{3}-\dfrac{\pi}{6}\leqslant T$，所以 $0<\omega\leqslant 12$，又因为 $f(x)_{\min}=f\left(\dfrac{\dfrac{\pi}{6}+\dfrac{\pi}{3}}{2}\right)=f\left(\dfrac{\pi}{4}\right)$，

所以 $\omega\cdot\dfrac{\pi}{4}+\dfrac{\pi}{3}=\dfrac{3\pi}{2}+2k\pi$，$k\in\mathbf{Z}$，所以 $\omega=\dfrac{14}{3}$.

【设计意图】 1. 寻找最值与周期之间的联系；

2. 利用数形结合的方法和相位法建立等量关系.

第四组：已知单调区间，求 ω 的最值或取值范围.

（7）函数 $f(x)=2\sin\omega x$ 在 $\left[-\dfrac{\pi}{3},\dfrac{\pi}{4}\right]$ 上为增函数，则 ω 的取值范围为_____；

（8）已知 $\omega>0$，函数 $f(x)=\sin\left(\omega x+\dfrac{\pi}{4}\right)$ 在 $\left(\dfrac{\pi}{2},\pi\right)$ 上单调递减，则 ω 的取值范围是_____；

（9）已知函数 $f(x)=\sin(\omega x+\varphi)$（其中 $\omega>0$，$|\varphi|<\dfrac{\pi}{2}$），$-\dfrac{\pi}{4}$ 为函数 $f(x)$ 的一个零点，$x=\dfrac{\pi}{4}$ 是函数 $f(x)$ 图象的一条对称轴，且函数 $f(x)$ 在区间 $\left(\dfrac{\pi}{18},\dfrac{5\pi}{36}\right)$ 上单调，则 ω 的最大值为_____．

分析：（7）函数图象关于原点对称且递增，所以 $\omega>0$，选取绝对值较大的数求解 $\dfrac{1}{4}\cdot\dfrac{2\pi}{\omega}\geqslant\dfrac{\pi}{3}$，解得 $0<\omega\leqslant\dfrac{3}{2}$；

（8）由题可知，$\omega>0$，函数 $f(x)=\sin\left(\omega x+\dfrac{\pi}{4}\right)$ 在 $\left(\dfrac{\pi}{2},\pi\right)$ 上单调递减，

可得函数的半个周期大于或等于 $\dfrac{\pi}{2}$，即 $\dfrac{T}{2}\geqslant\dfrac{\pi}{2}$，则 $\dfrac{T}{2}=\dfrac{\pi}{\omega}\geqslant\dfrac{\pi}{2}$，所以 $0<\omega\leqslant 2$，

由 $\begin{cases}\omega\cdot\dfrac{\pi}{2}+\dfrac{\pi}{4}\geqslant 2k\pi+\dfrac{\pi}{2},\ k\in\mathbf{Z}\\ \omega\cdot\pi+\dfrac{\pi}{4}\leqslant 2k\pi+\dfrac{3\pi}{2},\ k\in\mathbf{Z}\end{cases}$ 解得 $4k+\dfrac{1}{2}\leqslant\omega\leqslant 2k+\dfrac{5}{4}$，$k\in\mathbf{Z}$，

而 $0<\omega\leqslant 2$，所以仅当 $k=0$ 时合题意，$\dfrac{1}{2}\leqslant\omega\leqslant\dfrac{5}{4}$，则正实数 ω 的取值范围是 $\left[\dfrac{1}{2},\dfrac{5}{4}\right]$；

（9）因为 $-\dfrac{\pi}{4}$ 为函数 $f(x)$ 的一个零点，且 $x=\dfrac{\pi}{4}$ 是函数 $f(x)$ 图象的一条对称轴，所以 $\dfrac{\pi}{2}=(2k+1)\cdot\dfrac{T}{4}$ $(k\in\mathbf{Z})$，所以 $T=\dfrac{2\pi}{2k+1}$ $(k\in\mathbf{Z})$，所以 $\omega=2k+1$ $(k\in\mathbf{Z})$．

因为函数 $f(x)$ 在区间 $\left(\dfrac{\pi}{18},\dfrac{5\pi}{36}\right)$ 上单调，

所以 $\dfrac{5\pi}{36}-\dfrac{\pi}{18}\leqslant\dfrac{T}{2}$，即 $T\geqslant\dfrac{\pi}{6}$，所以 $\dfrac{2\pi}{\omega}\geqslant\dfrac{\pi}{6}$，所以 $0<\omega\leqslant 12$．

又因为 $\omega=2k+1(k\in\mathbf{Z})$，所以 $\omega=1,3,5,7,9,11$．

$\begin{cases}-\dfrac{\pi}{4}\omega+\varphi=m\pi\\ \dfrac{\pi}{4}\omega+\varphi=n\pi+\dfrac{\pi}{2}\end{cases}\Rightarrow\varphi=\dfrac{k\pi}{2}+\dfrac{\pi}{4}$ $(m,n,k\in\mathbf{Z})$

当 $\omega=11$ 时，$k=5$，$\varphi=-\dfrac{\pi}{4}$，$T=\dfrac{2\pi}{11}$，又 $\dfrac{\pi}{18}<\dfrac{\pi}{4}-\dfrac{2\pi}{11}=\dfrac{3\pi}{44}<\dfrac{5\pi}{36}$，

所以函数 $f(x)$ 在区间 $\left(\dfrac{\pi}{18},\dfrac{5\pi}{36}\right)$ 上不单调，所以 $\omega=11$ 舍去.

当 $\omega=9$ 时，$k=4$，$\varphi=\dfrac{\pi}{4}$，$T=\dfrac{2\pi}{9}$，

又 $\dfrac{\pi}{4}-\dfrac{2\pi}{9}=\dfrac{\pi}{36}\notin\left(\dfrac{\pi}{18},\dfrac{5\pi}{36}\right)$，$\dfrac{\pi}{4}-\dfrac{\pi}{9}=\dfrac{5\pi}{36}\notin\left(\dfrac{\pi}{18},\dfrac{5\pi}{36}\right)$，

所以，函数 $f(x)$ 在区间 $\left(\dfrac{\pi}{18},\dfrac{5\pi}{36}\right)$ 上单调，所以 $\omega=9$.

【设计意图】1. 学会提取有效信息；

2. 体会相位法在解决三角函数中求未知量的作用；学会用不等式等知识综合解决求值求范围问题的基本思路和方法.

注意：第（8）（9）小题较难也较为综合，在体现单调性的同时，也将前面涉及的方法和题型融会贯通，起到巩固知识提升能力的作用. 教师可根据学生实际情况斟酌选用.

【例 7】三角形中的一题多解与变式.

已知边长为 3 的正三角形 ABC 中，D 是 BC 的中点，E 是 AC 边靠近 A 的三等分点，AD 与 BE 交于 F（见图 3-5），求 EF 的长.

分析：这是一道几何问题，学生擅长的知识点和审题的角度不同，会使解题方法有很大的差异.

图 3-5

方法一（平面几何法）：

由余弦定理，$BE=\sqrt{7}$. 取 EC 中点 G，连 DG（见图 3-6），所以 $DG\parallel BE$，

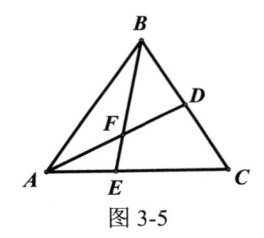

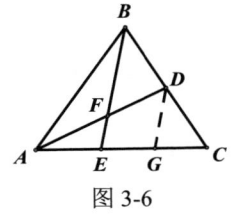

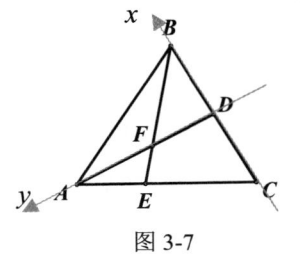

$$EF=\dfrac{1}{2}DG=\dfrac{1}{4}BE=\dfrac{\sqrt{7}}{4}.$$

图 3-6

方法二（解析几何法）：

由题知 $AD\perp BC$，如图 3-7 建坐标系，可得

$$B\left(\dfrac{3}{2},0\right),\ C\left(-\dfrac{3}{2},0\right),\ A\left(0,\dfrac{3\sqrt{3}}{2}\right),\ E\left(-\dfrac{1}{2},\sqrt{3}\right),$$

所以直线 BE：$y=\dfrac{\sqrt{3}}{-2}x+\dfrac{3\sqrt{3}}{4}$.

令 $x=0$，得 $F\left(0,\dfrac{3\sqrt{3}}{4}\right)$，

图 3-7

所以 $EF = \sqrt{\dfrac{1}{4} + \dfrac{3}{16}} = \dfrac{\sqrt{7}}{4}$.

方法三（三角几何法）：如图 3-8 所示，

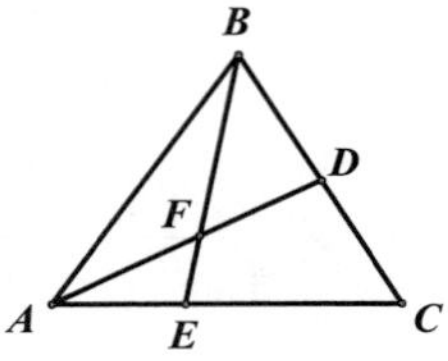

$\because \cos \angle ABE = \dfrac{AB^2 + BE^2 - AE^2}{2AB \cdot BE} = \dfrac{9+7-1}{2 \cdot 3 \cdot \sqrt{7}} = \dfrac{5}{2\sqrt{7}}$,

$\therefore \sin \angle ABE = \dfrac{\sqrt{3}}{2\sqrt{7}}$.

$\therefore \sin \angle AFE = \sin(\angle ABE + 30°) = \dfrac{\sqrt{3}}{2\sqrt{7}} \cdot \dfrac{\sqrt{3}}{2} + \dfrac{5}{2\sqrt{7}} \cdot \dfrac{1}{2} = \dfrac{2}{\sqrt{7}}$,

$\therefore$ 在 $\triangle AEF$ 中，$\dfrac{EF}{\sin 30°} = \dfrac{AE}{\sin \angle AFE} \Rightarrow EF = \dfrac{\sqrt{7}}{4}$.

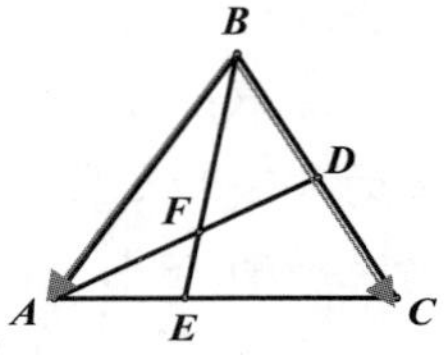

图 3-8

方法四（向量几何法）：

如图 3-9 所示，在 $\triangle ABE$ 中，$BE = \sqrt{1 + 9 - 2 \cdot 1 \cdot 3 \cdot \dfrac{1}{2}} = \sqrt{7}$,

$\because A$、E、C 共线，$\therefore \overrightarrow{BF} = \lambda \overrightarrow{BE} = \lambda\left(\dfrac{2}{3}\overrightarrow{BA} + \dfrac{1}{3}\overrightarrow{BC}\right)$,

$\because A$、F、D 共线，$\therefore \overrightarrow{BF} = \mu\overrightarrow{BA} + (1-\mu)\overrightarrow{BD} = \mu\overrightarrow{BA} + \dfrac{1-\mu}{2}\overrightarrow{BC}$,

图 3-9

于是 $\begin{cases} \dfrac{2\lambda}{3} = \mu, \\ \dfrac{\lambda}{3} = \dfrac{1-\mu}{2}, \end{cases}$ 得 $\begin{cases} \lambda = \dfrac{3}{4}, \\ \mu = \dfrac{1}{2}, \end{cases}$ $EF = \dfrac{1}{4}BE = \dfrac{\sqrt{7}}{4}$.

【设计意图】 几何包括平面几何、解析几何、三角几何、向量几何、复数几何、立体几何等，在解决几何问题时，考虑几何图形中的已知条件，结合目标思考解决问题的途径. 在几何载体的题目中，往往不是通过单一的知识点解决问题，因为几何的所有知识点都具有相关联系，我们要思考其各自的优势和劣势以及各自的使用条件，选择合适的方法解决问题.

变式 1：已知 $\triangle ABC$ 中，$AB=3$，$BC=4$，$\angle ABC=60°$，D 是 BC 的靠近 C 的三等分点，E 是 AC 边靠近 A 的三等分点，AD 与 BE 交于 F，求 EF 的长.

变式 2：已知 $\triangle ABC$ 中，$AB=7$，$BC=8$，$\cos \angle ABC = \dfrac{2}{7}$，$D$ 是 BC 的中点，E 是 AC 边靠近 A 的三等分点，AD 与 BE 交于 F，求 EF 的长.

说明：以上几种方法仍然适用，但是需要灵活应变.

如解析法，以 B 为原点，BC 所在直线为 x 轴，过 B 垂直于 BC 的直线为 y 轴建系，则可得 A 点坐标为 $(AB\cos\angle ABC, AB\sin\angle ABC)$.

【设计意图】在课堂教学中，往往通过一题多解的交流、比较和分析，培养学生的发散思维，以及整理归纳一类问题的常见处理方法，形成通性通法. 学生在不断地积累和完善中，形成自己的知识框架和知识体系，在遇到新问题时，可以比较、分析、判断问题的结构，选择恰当的方法解决问题，从而实现数学思维的训练和能力的提升，也在此过程中落实数学核心素养.

3.4 自主探究、提升能力

培养学生的逻辑思维能力和探究能力是高中数学的重要育人目标之一. 而这种能力的培养不是一蹴而就的，是在长期的学习过程中培养和锻炼出来的. 在平时的教学中，多设置有思考价值的问题让学生自主探究，学生在探索中逐渐加深对知识的理解和对本质的探寻. 同时多与学生互动，学生在交流的过程中，通过一题多解、多题一解等思维的启发和碰撞提升思维能力. 而对开放性命题、充要条件判断命题、劣构问题等形式的问题设计可以培养学生的批判性和创新性思维，同时对知识载体有更深刻的理解和认识.

【例8】将以下四个选项中的一个，填写在下列问题的（　　）中.

A．充分而不必要条件　　B．必要而不充分条件
C．充分必要条件　　D．既不充分也不必要条件

（1）设点 A, B, C 不共线，则" $\overrightarrow{AB}$ 与 $\overrightarrow{AC}$ 的夹角为锐角"是 $|\overrightarrow{AB}+\overrightarrow{AC}|>|\overrightarrow{BC}|$ 的（　　）；

（2）设 a, b 均为单位向量，则" $|a-3b|=|3a+b|$ "是" $a \perp b$ "的（　　）；

（3）设 m, n 为非零向量，则"存在负数 λ，使得 $m = \lambda n$"是" $m \cdot n < 0$ "的（　　）；

（4）设 a, b 是向量，则" $|a|=|b|$ "是" $|a+b|=|a-b|$ "的（　　）；

（5）设 a, b 是非零向量，则" $a \cdot b = |a||b|$ "是" $a // b$ "的（　　）；

（6）已知 α, β 为第一象限角，则" $\alpha > \beta$ "是" $\tan\alpha > \tan\beta$ "的（　　）.

解：（1）C．此题可以从代数和几何两个角度判断.

方法 1：由向量线性运算的几何意义可知，$|\overrightarrow{AB}+\overrightarrow{AC}|=|\overrightarrow{BC}|=|\overrightarrow{AC}-\overrightarrow{AB}|$ 时，

由 AB、AC 为邻边的平行四边形的两条对角线长度相等,此时是矩形. $\overrightarrow{AB}$ 与 $\overrightarrow{AC}$ 的夹角为锐角时,以 A 为顶点的对角线较长,即 $|\overrightarrow{AB}+\overrightarrow{AC}|>|\overrightarrow{BC}|$,反之亦然.

方法 2:充分性:由于 $\overrightarrow{AB}$ 与 $\overrightarrow{AC}$ 的夹角为锐角,则 $\overrightarrow{AB}\cdot\overrightarrow{AC}>0$,又 $\overrightarrow{AB}-\overrightarrow{AC}=\overrightarrow{CB}$,故

$$(\overrightarrow{AB}+\overrightarrow{AC})^2=\overrightarrow{AB}^2+\overrightarrow{AC}^2+2\overrightarrow{AB}\cdot\overrightarrow{AC}>\overrightarrow{AB}^2+\overrightarrow{AC}^2-2\overrightarrow{AB}\cdot\overrightarrow{AC}=(\overrightarrow{AB}-\overrightarrow{AC})^2=\overrightarrow{CB}^2$$

必要性:若 $|\overrightarrow{AB}+\overrightarrow{AC}|>|\overrightarrow{BC}|$,则 $|\overrightarrow{AB}+\overrightarrow{AC}|>|\overrightarrow{AC}-\overrightarrow{AB}|$,则 $|\overrightarrow{AB}+\overrightarrow{AC}|^2>|\overrightarrow{AC}-\overrightarrow{AB}|^2$,故 $\overrightarrow{AB}^2+\overrightarrow{AC}^2+2\overrightarrow{AB}\cdot\overrightarrow{AC}>\overrightarrow{AB}^2+\overrightarrow{AC}^2-2\overrightarrow{AB}\cdot\overrightarrow{AC}\Rightarrow\overrightarrow{AB}\cdot\overrightarrow{AC}>0$,即 $\overrightarrow{AB}$ 与 $\overrightarrow{AC}$ 夹角为锐角.

(2) C. $|a-3b|=|3a+b|\Leftrightarrow|a-3b|^2=|3a+b|^2\Leftrightarrow 10-6a\cdot b=10+6a\cdot b\Leftrightarrow a\cdot b=0$,得证.

(3) A. 充分性:若 $m=\lambda n$,且 $\lambda<0$,则 $m\cdot n=\lambda n^2$,则 $m\cdot n<0$.

不必要性:若 $m\cdot n<0$,则 m 与 n 的夹角为钝角或平角,不一定共线,则不一定存在 λ,使得 $m=\lambda n$.

(4) D. $|a+b|=|a-b|\Leftrightarrow|a+b|^2=|a-b|^2\Leftrightarrow a^2+b^2+2a\cdot b=a^2+b^2-2a\cdot b\Leftrightarrow a\cdot b=0$,是 $|a|=|b|$ 的既不充分也不必要条件.

(5) A. 充分性:由于 $a\cdot b=|a||b|\cos\theta$,若 $a\cdot b=|a||b|$,则 $\theta=0$,则 a,b 共线.

不必要性:若 a,b 共线,则 $\theta=0$ 或 π,故 $a\cdot b=\pm|a||b|$,不成立.

(6) D.

不充分性:举反例,$\alpha=375°$,$\beta=30°$,但 $\tan\alpha>\tan\beta$,不成立.

不必要性:举反例,$\tan\alpha>\tan\beta$,令 $\alpha=60°$,$\beta=390°$,则 $\alpha<\beta$,不成立.

【选题意图】充要关系判断的问题能够全面考查学生对知识、概念、性质的理解和掌握程度,也是培养学生直观想象、逻辑推理、数学运算等核心素养的题型,教师在教学中注意将相近的问题归类,学生在对比和转化中加深对知识的理解.

1. 关注等价条件,明晰概念之间的逻辑关系;

2. 充分必要条件的判断,正确的需要给出严格证明,切不可想当然地感性判断,错误的举出反例即可;

3. 在判断过程中,如果正向推导有困难,可以转化为等价命题再进行判断和证明.

【例9】在 $\triangle ABC$ 中,$a\sin C+c\cos A=0$.

(1) 求 A;

（2）再从条件①、条件②、条件③这三个条件中选择两个作为已知，使 $\triangle ABC$ 存在且唯一确定，求 $\triangle ABC$ 的面积.

条件①：$b=\sqrt{2}c$；条件②：$\sin B=\dfrac{\sqrt{10}}{10}$；条件③：$a=\sqrt{10}$.

解：（1）$\because a\sin C+c\cos A=0$ $\therefore \sin A\sin C+\sin C\cos A=0$，又 $C\in(0,\pi)$，$\sin C\neq 0$，

$\therefore \sin A+\cos A=0$ 即 $\tan A=-1$，又 $A\in(0,\pi)$，$\therefore A=\dfrac{3\pi}{4}$.

（2）选①、③：由余弦定理可得，
$$a^2=b^2+c^2-2bc\cos A，$$
即 $10=2c^2+c^2+2\sqrt{2}c^2\times\dfrac{\sqrt{2}}{2}$，$c^2=2$，

即 $c=\sqrt{2},b=2$，$\triangle ABC$ 的面积为
$$S_{\triangle ABC}=\dfrac{1}{2}bc\sin A=\dfrac{1}{2}\times\sqrt{2}\times 2\times\dfrac{\sqrt{2}}{2}=1.$$

选②、③：$\because \sin B=\dfrac{\sqrt{10}}{10}$，$a=\sqrt{10}$，$A=\dfrac{3\pi}{4}$，

$\therefore b=\dfrac{a\sin B}{\sin A}=\dfrac{\sqrt{10}\times\dfrac{\sqrt{10}}{10}}{\dfrac{\sqrt{2}}{2}}=\sqrt{2}$，$\cos B=\dfrac{3\sqrt{10}}{10}$，

$\therefore \sin C=\sin(\pi-A-B)=\sin\left(\dfrac{\pi}{4}-B\right)=\dfrac{\sqrt{2}}{2}\left(\dfrac{3\sqrt{10}}{10}-\dfrac{\sqrt{10}}{10}\right)=\dfrac{\sqrt{5}}{5}$，

$\therefore \triangle ABC$ 的面积为 $S_{\triangle ABC}=\dfrac{1}{2}ab\sin C=\dfrac{1}{2}\times\sqrt{10}\times\sqrt{2}\times\dfrac{\sqrt{5}}{5}=1.$

【选题意图】 学生能结合确定的信息，对不确定的条件进行分析和筛选.

（1）方程思想：利用正弦定理可实现边角互化，$\sin A\sin C+\sin C\cos A=0$，实现消元，进而可得 $\tan A=-1$，即得 A.

（2）解题梳理与方法归纳：需要将每一个组合的情况分别分析，旨在解决不同情况下学生对三角形唯一性的判断.

选①、②：由（1）问及条件②可知，此三角形三内角确定，而①只给出边 b 和边 c 的比例关系，所以三角形或无解或不确定；

选①、③：结合第一问的结果，利用余弦定理可求得边长，并确定三角形存在且唯一；

选②、③：由条件②可知，此三角形三内角确定，条件③又给出一条边长，可知三角形存在且唯一．

能够唯一确定三角形的条件如 SSS、SAS、AAS、ASA 的条件要优先选取．

【例 10】在锐角三角形 ABC 中，同时满足以下四个条件中的三个：

① $A = \dfrac{\pi}{3}$；② $a = 13$；③ $c = 15$；④ $\sin C = \dfrac{1}{3}$．

（1）请指出这三个条件，并给出理由；

（2）求三角形 ABC 的面积．

解：（1）△ABC 同时满足①、②、③，理由如下：

由④可知，$C < \dfrac{\pi}{6}$，若同时满足①、④，则有 $A + C < \dfrac{\pi}{2}$，所以 $B > \dfrac{\pi}{2}$，与锐角三角形矛盾；

若同时满足②、③、④，则 $\because a < c, \therefore A < C, \therefore B > \dfrac{\pi}{2}$，与锐角三角形矛盾．

所以只能同时满足①、②、③．

（2）由 $a^2 = b^2 + c^2 - 2bc\cos A$ 得 $13^2 = b^2 + 15^2 - 2b \times 15 \times \dfrac{1}{2}$，解得 $b = 8$ 或 $b = 7$．

当 $b = 7$ 时，$\cos C = \dfrac{7^2 + 13^2 - 15^2}{2 \times 7 \times 13} < 0$，与锐角三角形矛盾，舍去．

所以 $S_{\triangle ABC} = \dfrac{1}{2}bc\sin A = 30\sqrt{3}$．

【选题意图】学生结合已知（如本题中"锐角"这个信息），对所给选项进行合理分析，尽快选择正确的组合进行解题．

注意总结常用方法．

如：在 △ABC 中，$A > B \Leftrightarrow a > b \Leftrightarrow \sin A > \sin B \Leftrightarrow \cos A < \cos B$．

【例 11】已知函数 $f(x) = A\sin(\omega x + \varphi)$ $(A > 0, \omega > 0, 0 < \varphi < \dfrac{\pi}{2})$ 同时满足下列四个条件中的三个：

①最小正周期为 π；②最大值为 2；③ $f(0) = -1$；④ $f\left(-\dfrac{\pi}{6}\right) = 0$．

（1）给出函数 $f(x)$ 的解析式，并说明理由；

（2）求函数 $f(x)$ 的单调递增区间．

解：（1）若函数 $f(x)$ 满足条件③，

则 $f(0) = A\sin\varphi = -1$.

这与 $A > 0$，$0 < \varphi < \dfrac{\pi}{2}$ 矛盾，故 $f(x)$ 不能满足条件③，

所以函数 $f(x)$ 只能满足条件①、②、④.

由条件①，得 $\dfrac{2\pi}{|\omega|} = \pi$，又因为 $\omega > 0$，所以 $\omega = 2$.

由条件②，得 $A = 2$.

由条件④，得 $f\left(-\dfrac{\pi}{6}\right) = 2\sin\left(-\dfrac{\pi}{3} + \varphi\right) = 0$，

又因为 $0 < \varphi < \dfrac{\pi}{2}$，所以 $\varphi = \dfrac{\pi}{3}$. 所以 $f(x) = 2\sin\left(2x + \dfrac{\pi}{3}\right)$.

（2）由 $2k\pi - \dfrac{\pi}{2} \leqslant 2x + \dfrac{\pi}{3} \leqslant 2k\pi + \dfrac{\pi}{2}$，$k \in \mathbf{Z}$，得 $k\pi - \dfrac{5\pi}{12} \leqslant x \leqslant k\pi + \dfrac{\pi}{12}$，

所以函数 $f(x)$ 的单调递增区间为 $\left[k\pi - \dfrac{5\pi}{12}, k\pi + \dfrac{\pi}{12}\right]$，$k \in \mathbf{Z}$.

【选题意图】对于与三角函数有关的劣构问题，对已知条件和所给选项进行化简，往往有利于对所给选项进行判断和筛选. 如本题中，将 $x = 0$ 和 $x = -\dfrac{\pi}{6}$ 分别代入解析式，会发现若函数 $f(x)$ 满足条件③，则 $f(0) = A\sin\varphi = -1$，与已知矛盾，故排除条件③.

【总结提升】劣构问题是新课改后高考增加的新题型，每年的劣构问题题目都有变化与新意. 有些题目所给条件是平行的，都可解；有些题目需要对所给条件进行筛选和排除. 针对这类问题，可以从以下几个角度进行思考与选择：

（1）对已知条件和待选条件形式不够简洁的题目，先对其形式进行化简；

（2）结合正弦定理、余弦定理，以及初中所学的有关三角形的知识，对三角形的存在性和唯一性进行判断，进而选择最简的条件进行求解；

（3）结合所给平行条件，先分析解题思路，再根据计算繁简进行排序选择.

3.5　文化情境、数学应用

几何起源于古代的土地测量，早在周代，我国就有了"勾股定理"."不违农时，谷不可胜食也."华夏民族是一个善于农耕的民族. 为了更好地耕种，古人很早就开始研究自然变化的规律，制定相应的历法. 例如，司马迁的《史记》中记

载:"尧……乃命羲、和,敬顺昊天,数法日月星辰,敬授民时。"测量和记录角度、方位、长度成了重要步骤. 为了提高学生利用三角部分的知识解决实际问题的能力,教师可以多设计实际应用问题.

【例 11】《周髀算经》中"侧影探日行"一文有记载:"即取竹空,径一寸,长八尺,捕影而视之,空正掩目,而日应空之孔."意谓:"取竹空这一望筒,当望筒直径 d 是一寸,筒长 l 是八尺时(注:一尺等于十寸),从筒中搜捕太阳的边缘观察,则筒的内孔正好覆盖太阳,而太阳的外缘恰好填满竹管的内孔."如图 3-10 所示,O 为竹空底面圆心,则太阳角 $\angle AOB$ 的正切值为(   ).

A. $\dfrac{320}{160^2-1}$ B. $\dfrac{1}{160}$ C. $\dfrac{160}{80^2-1}$ D. $\dfrac{1}{80}$

答案:A.

解:设 $\angle AOB = 2\theta$,则由条件 $\tan\theta = \dfrac{1}{160}$,

所以,$\tan\angle AOB = \tan 2\theta = \dfrac{2\tan\theta}{1-\tan^2\theta} = \dfrac{\dfrac{1}{80}}{1-\dfrac{1}{160^2}} = \dfrac{320}{160^2-1}$.

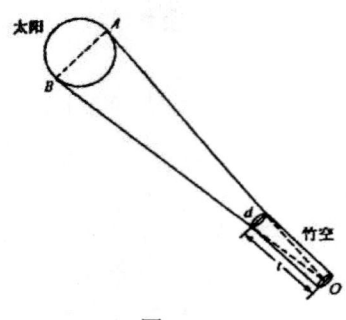

图 3-10

【例 12】(多选题)筒车是我国古代发明的一种灌溉工具,因其经济又环保,至今还在农业生产中得到使用(见图 3-11),明朝科学家徐光启在《农政全书》中用图画描绘了筒车的工作原理(见图 3-12).

现有一个半径为 3m 的筒车按逆时针方向每分钟旋转 1 圈,筒车的轴心距离水面的高度为 2m,设筒车上的某个盛水筒 P 到水面的距离为 d(单位:m)(在水面下则 d 为负数),若以盛水筒 P 刚浮出水面为初始时刻,经过 t 秒后,下列命题正确的是（参考数据：$\cos 48° \approx \dfrac{2}{3}$）（   ）．

A．$d = 2 - 3\sin\left(\dfrac{\pi}{30}t + \theta\right)$，其中 $\sin\theta = \dfrac{2}{3}$，且 $\theta \in \left(0, \dfrac{\pi}{2}\right)$

B．$d = 2 + 3\sin\left(\dfrac{\pi}{30}t - \theta\right)$，其中 $\sin\theta = \dfrac{2}{3}$，且 $\theta \in \left(0, \dfrac{\pi}{2}\right)$

C．当 $t \approx 38$ 时，盛水筒 P 再次进入水中

D．当 $t \approx 22$ 时，盛水筒 P 到达最高点

答案：BD．

图 3-11    图 3-12

解：如图 3-13 所示，对于 A 和 B，
$$\omega = \dfrac{2\pi}{T} = \dfrac{2\pi}{60} = \dfrac{\pi}{30}, \quad d = 2 + 3\sin(\omega t - \theta) = 2 + \sin\left(\dfrac{\pi}{30}t - \theta\right),$$
故 B 正确，A 不正确．

图 3-13

对于 C，因为 $\sin\theta = \dfrac{2}{3}$，所以 $\theta \approx 42°$．当 $t \approx 38$ 时，

$$d = 2 + 3\sin\left(\frac{38}{30} \times 180° - 42°\right) = 2 + 3\sin 186° = 2 - 3\cos 96°,$$

又因为 $\cos 96° = 2\cos^2 48° - 1 \approx -\frac{1}{9}$，所以 $d = \frac{7}{3} > 0$，故 C 错误.

当 $t \approx 22$ 时，$d = 2 + 3\sin\left(\frac{22}{30} \times 180° - 42°\right) = 2 + 3\sin 90° = 5$，故 D 正确.

【例 13】赵爽是我国古代数学家，大约在公元 222 年，他为《周髀算经》一书作序时，介绍了"勾股圆方图"，亦称"赵爽弦图"（以弦为边长得到的正方形由 4 个全等的直角三角形再加上中间的一个小正方形组成），类比"赵爽弦图"，可构造如图 3-14 所示的图形，它是由 3 个全等的三角形与中间的一个小等边三角形拼成的一个较大的等边三角形，设 $\overrightarrow{AD} = \lambda \overrightarrow{AB} + \mu \overrightarrow{AC}$，若 $DF = 2AF$，则可以推出 $\lambda + \mu =$ ＿＿＿＿＿.

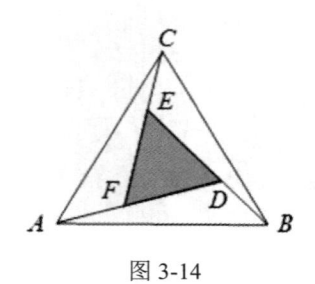

图 3-14

答案：$\frac{12}{13}$.

解：设 $DF = 2AF = 2$，$\therefore BD = AF = 1$，又由题意可得 $\angle ADB = 120°$，

$\therefore AB^2 = AD^2 + BD^2 - 2AD \cdot BD \cdot \cos\angle ADB = 3^2 + 1^2 - 6\cos\angle 120° = 13$，

$\therefore AB = \sqrt{13}$.

延长 AD 交 BC 于 M（见图 3-15），记 $\angle DAB = \theta$，$\angle AMB = \alpha$，

$\therefore \cos\angle DAB = \frac{AD^2 + AB^2 - BD^2}{2AD \cdot AB} = \frac{9 + 13 - 1}{6\sqrt{13}} = \frac{7\sqrt{13}}{26}$，

$\therefore \sin\angle DAB = \sqrt{1 - \cos^2\angle DAB} = \frac{\sqrt{39}}{26}$.

又由题意易知 $\angle DAB = \angle DBM$，则 $\alpha = 120° - \theta$，

在 $\triangle DBM$ 中，由正弦定理可得 $\frac{BM}{\sin\angle MDB} = \frac{DM}{\sin\angle DBM} = \frac{BD}{\sin\angle DMB}$，

即 $\dfrac{BM}{\sin 60°} = \dfrac{DM}{\sin \theta} = \dfrac{1}{\sin(120° - \theta)}$.

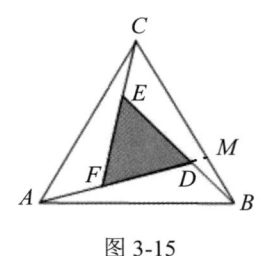

图 3-15

$\therefore BM = \dfrac{\sin 60°}{\sin(120° - \theta)} = \dfrac{\dfrac{\sqrt{3}}{2}}{\dfrac{\sqrt{3}}{2}\cos\theta + \dfrac{1}{2}\sin\theta} = \dfrac{\sqrt{13}}{4} = \dfrac{1}{4}BC$,

$DM = \dfrac{\sin\theta}{\sin(120°-\theta)} = \dfrac{\sin\theta}{\dfrac{\sqrt{3}}{2}\cos\theta + \dfrac{1}{2}\sin\theta} = \dfrac{1}{4}$.

$\therefore AD = \dfrac{3}{3 + \dfrac{1}{4}} AM = \dfrac{12}{13} AM$.

$\because \overrightarrow{BM} = \dfrac{1}{4}\overrightarrow{BC}$ 及 $\overrightarrow{AM} - \overrightarrow{AB} = \dfrac{1}{4}(\overrightarrow{AC} - \overrightarrow{AB})$，整理得 $\overrightarrow{AM} = \dfrac{3}{4}\overrightarrow{AB} + \dfrac{1}{4}\overrightarrow{AC}$,

$\therefore \overrightarrow{AD} = \dfrac{12}{13}\overrightarrow{AM} = \dfrac{12}{13}\left(\dfrac{3}{4}\overrightarrow{AB} + \dfrac{1}{4}\overrightarrow{AC}\right) = \dfrac{9}{13}\overrightarrow{AB} + \dfrac{3}{13}\overrightarrow{AC}$.

又因为 $\overrightarrow{AD} = \lambda \overrightarrow{AB} + \mu \overrightarrow{AC}$，由平面向量的基本定理可得 $\lambda = \dfrac{9}{13}$，$\mu = \dfrac{3}{13}$，

$\therefore \lambda + \mu = \dfrac{12}{13}$.

【设计意图】 介绍每章知识的历史起源、背景、关键人物、重要发展阶段、成果和应用等，学生在了解数学史的过程中建立文化自信，树立学好数学的决心.

三角形作为平面几何的基本图形，与之相关的实际问题处处可见，是将数学文化与数学应用结合得很好的知识载体. 在应用数学知识解决实际问题的过程中，需要学生有很好的阅读理解能力，以及提取并整合信息的能力，采取恰当的函数模型进行求解. 同时，该类题型也是对学生的问题转化、数学运算等综合能力和素养的考查，在教学中应予以足够的重视.

第 4 单元　空间向量与立体几何

立体几何是高中数学的重要内容．研究简单几何体的位置关系和数量关系，需掌握空间点、线、面位置关系的概念、画法，及其判定定理、性质定理的逻辑证明．同时，立体几何与空间向量的结合可以解决空间的角与距离的计算问题，使得空间位置关系数量化，降低了空间想象的难度．

本单元包含的主要内容有：空间点、线、面的位置关系；简单的空间几何体；空间向量与立体几何．本单元涉及的主要思想方法有：数形结合、分类讨论、化归与转化、运动与变化等．本单元需要落实的核心素养有：直观想象、逻辑推理、数学抽象、数学运算、数学建模、数据分析等．

4.1　一题多问、串联知识

【例 1】如图 4-1 所示，正方形 $MAED$ 边长为 2，B、C、F 分别是 AM、MD、PE 的中点，平面 ABF 与棱 PD、PC 分别交于点 G、H．若 PA 垂直底面 $ABCDE$，且 $PA=AE$．

（1）求证：$AB/\!/FG$；

（2）求证：平面 $PDE\perp$ 平面 ABF．

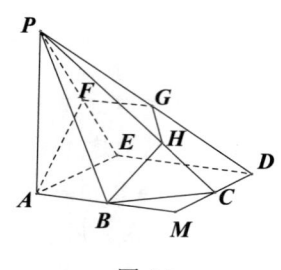

图 4-1

【分析】（1）由线线平行 $AB/\!/DE\Rightarrow$ 线面平行 $AB/\!/$ 平面 $PDE\Rightarrow AB/\!/FG$；

（2）由线线垂直 $PE\perp AF$，$PE\perp AB\Rightarrow$ 线面垂直 $PE\perp$ 平面 $ABF\Rightarrow$ 平面 $PDE\perp$ 平面 ABF．

请学生自觉归纳整理证明理论体系，把证明的条件写全.

【设计意图】 以简单又常见的锥体为载体，复习立体几何中有关平行、垂直的证明方法，建立证明体系.

（3）求直线 BC 与平面 ABF 所成角的大小；

（4）求二面角 $C—BH—A$ 的大小；

（5）求点 C 到平面 ABF 的距离.

【分析】（3）求平面 ABF 法向量的方法：①证明 $PE\perp$ 平面 ABF；②计算求解.

（4）审题和看图的眼光要全面，面 ABH 即面 ABF，面 BCH 即面 PBC，再求平面的法向量.

二面角的锐钝判断：①看图；②法向量与平面的穿过与背离判断.

①是要有观察、识图的能力；

②在二面角 $C—BH—A$ 的内部选一个点 E，面 ABH 的法向量 $\vec{m}=(0,-1,1)$ 穿过平面，面 PBC 的法向量 $\vec{n}=(2,-2,1)$ 穿过平面，所以二面角 $C—BH—A$ 的大小与 $<\vec{m},\vec{n}>$ 互补，即二面角为钝角.

（5）求点到面距离的方法，即平面内选一点与 C 的向量在法向量上投影的长，$d=|\dfrac{\overrightarrow{AC}\cdot\vec{m}}{|\vec{m}|}|$.

解：（3）建系如图 4-2 所示，则 $\overrightarrow{BC}=(1,1,0)$. 设平面 ABF 的法向量 $\vec{m}=(x,y,z)$，

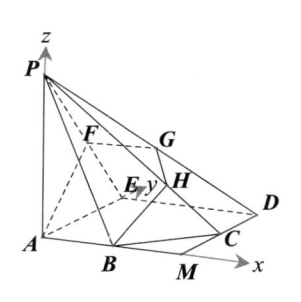

图 4-2

因为 $\begin{cases}\vec{m}\perp\overrightarrow{AF},\\ \vec{m}\perp\overrightarrow{AB},\end{cases}$ $\begin{cases}\overrightarrow{AF}=(0,1,1),\\ \overrightarrow{AB}=(1,0,0),\end{cases}$ 所以 $\begin{cases}y+z=0,\\ x=0,\end{cases}$ 令 $z=1$，所以 $\vec{m}=(0,-1,1)$.

因为 $\cos<\overrightarrow{BC},\vec{m}>=\dfrac{\overrightarrow{BC}\cdot\vec{m}}{|\overrightarrow{BC}|\cdot|\vec{m}|}=\dfrac{-1}{\sqrt{2}\sqrt{2}}=-\dfrac{1}{2}$，所以直线 BC 与平面 ABF 所成

角的大小为 30°．

（4）平面 ABF 的法向量 $\vec{m}=(0,-1,1)$，同理可求平面 BCH 的法向量 $\vec{n}=(2,-2,1)$，所以 $\cos<\vec{m},\vec{n}>=\dfrac{\vec{m}\cdot\vec{n}}{|\vec{m}|\cdot|\vec{n}|}=\dfrac{3}{\sqrt{2}\sqrt{9}}=\dfrac{\sqrt{2}}{2}$．又 $C—BH—A$ 为钝角，所以二面角 $C—BH—A$ 的大小为 135°．

（5）$\overrightarrow{AC}=(2,1,0)$，点 C 到平面 ABF 的距离 $d=\left|\dfrac{\overrightarrow{AC}\cdot\vec{m}}{|\vec{m}|}\right|=\dfrac{\sqrt{2}}{2}$．

【设计意图】复习立体几何中用向量的方法求异面直线所成的角、线面角、二面角和距离的理论和方法．

（6）若 K 是 PC 中点，判断 AK 与平面 ABF 的位置关系．（试问：A、B、F、K 四点是否共面？）

变式 1：判断直线 BH 与平面 PAE 是否相交；

变式 2：试问 G、H、M 三点是否共线．

（7）求线段 PH 的长．

（8）在 PE 上是否存在点 N，使得直线 BN 与平面 PBC 所成角的大小是 30°？若存在请求出点 N 的位置，否则说明理由．

【分析】（6）用向量判断 AK 与平面 ABF 位置关系的方法：计算 AK 的方向向量与平面 ABF 的法向量 $\vec{m}$ 的数量积 $\overrightarrow{AK}\cdot\vec{m}$，不为 0，则相交；为 0，则线在平面内；

判断"A、B、F、K 四点是否共面"的解法等价于判断 AK 的方向向量与平面 ABF 的法向量 $\vec{m}$ 的数量积是否为 0．

变式 1：用向量的方法计算，方法同上，此法简单直接．用反证法证明：假设 $BH //$ 平面 PAE，因为可证 $BG //$ 平面 PAE，$BH \cap BG=B$，所以平面 $BGH //$ 平面 PAE，与平面 $BGH \cap$ 平面 $PAE=AF$ 矛盾．显然此法略显麻烦，空间向量的方法在立体几何中有简化作用．

变式 2：G、H、M 三点共线 $\Leftrightarrow \overrightarrow{GH} // \overrightarrow{GM}$．

（7）求线段 PH 的长，关键在于确定点 H 的位置：①H 在 PC 上，可设 $\overrightarrow{PH}=\lambda\overrightarrow{PC}$（$0\leq\lambda\leq1$）；②$H$ 在面 ABF 上，可通过 $\overrightarrow{AH}\cdot\vec{m}=0$ 得到方程，求解 λ．

解：（6）因为 $\overrightarrow{AK}=\left(1,\dfrac{1}{2},1\right)$，平面 ABF 的法向量 $\vec{m}=(0,-1,1)$，

所以 $\overrightarrow{AK}\cdot\overrightarrow{m}=\dfrac{1}{2}\ne 0$，所以直线 AK 与平面 ABF 相交，即 A、B、F、K 四点不共面.

（7）设 $\overrightarrow{PH}=\lambda\overrightarrow{PC}$ $(0\le\lambda\le 1)$，所以
$$\overrightarrow{AH}=\overrightarrow{AP}+\lambda\overrightarrow{PC}=(2\lambda,\lambda,2-2\lambda),$$
因为 H 在面 ABF 上，所以
$$\overrightarrow{AH}\cdot\overrightarrow{m}=0 \text{ 得 } \overrightarrow{AH}\cdot\overrightarrow{m}=-\lambda+2-2\lambda=0,\lambda=\dfrac{2}{3},$$
所以 $|\overrightarrow{PH}|=\dfrac{2}{3}|\overrightarrow{PC}|=\dfrac{2}{3}\sqrt{2^2+1^2+2^2}=2$.

（8）设 $\overrightarrow{EN}=\lambda\overrightarrow{EP}$ $(0\le\lambda\le 1)$，所以
$$\overrightarrow{BN}=\overrightarrow{BE}+\lambda\overrightarrow{EP}=(-1,2-2\lambda,2\lambda),$$
平面 PBC 的法向量 $\vec{n}=(2,-2,1)$，直线 BN 与平面 PBC 所成角的大小是
$$30°\Leftrightarrow|\cos<\overrightarrow{BN},\vec{n}>|=\dfrac{1}{2},$$
即 $\left|\dfrac{-2-4+4\lambda+2\lambda}{\sqrt{1+(2-2\lambda)^2+4\lambda^2}\cdot 3}\right|=\dfrac{1}{2}$，解得 $\lambda=\dfrac{6-\sqrt{14}}{4}\in[0,1]$，

存在 $\overrightarrow{EN}=\dfrac{6-\sqrt{14}}{4}\overrightarrow{EP}$ 使得直线 BN 与平面 PBC 所成角的大小是 $30°$.

【设计意图】 在立体几何中，要熟练掌握一些不常规问题的转化方法，尤其是确定线段上点位置的开放性问题的解答方法.

【说明】 本题也可以看成截一个正方体的一部分为背景，考查了立体几何中常见的平行与垂直关系的证明；空间角与距离的正向求解，和逆向求位置的运算方法；以及非常规（位置关系的判断等）问题的解答思路. 如果补形成正方体，在识图中会有更大的优势，如图 4-3 所示.

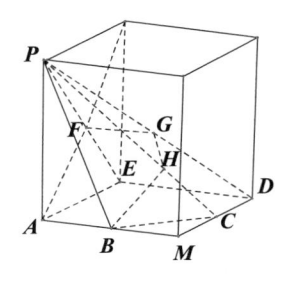

图 4-3

空间点、线、面位置关系的判断是立体几何中的重点和难点．涉及识图，判定图形中点、线、面的位置关系，从而根据所学的判定定理和性质定理去证明一些结论．在这里要注意，初中时平面几何的一些结论在空间中完全失效了，我们考虑问题时要注意将直线进行平移、旋转，从而判断结论的真假．有时候，我们可以借助正方体等常见模型，来进行结论的反例举证．

【例 2】判断下列命题的对错：

[注]下列命题中，凡是用不同字母表示的几何元素均不重合．

（1）过直线外一点有且仅有一条直线与已知直线平行；

（2）过直线外一点有且仅有一条直线与已知直线垂直；

（3）过平面外一点，有且仅有一条直线与已知平面平行；

（4）过平面外一点，有且仅有一个平面与已知平面平行；

（5）若两条直线不相交，则一定平行；

（6）若 $a \perp b$，$b \perp c$，则 $a // c$；

（7）若 $a // b$，c 与 a 相交，则 c 与 b 相交；

（8）若 a 与 b 共面，b 与 c 共面，则 a 与 c 共面；

（9）若 $a // \alpha$，$a // b$，则 $b // \alpha$；

（10）若 $a // \alpha$，$b \subset \alpha$，则 $a // b$；

（11）若 $a // b$，$b \subset \alpha$，则 $a // \alpha$；

（12）若 $a // \beta$，$a \subset \alpha$，$b \subset \beta$，则 $a // b$；

（13）若 α 内有两条直线平行于 β，则 $\alpha // \beta$；

（14）若 $\alpha \perp \beta$，$\beta \perp \gamma$，则 $\alpha // \gamma$．

解：（1）√．假设有两条直线 a 与 b，都与已知直线平行，则由公理 4，$a // b$，与 a、b 相交矛盾．

（2）×．见图 4-4，正方体 AC_1 中，过 A_1 与 AB 垂直的直线有无数条，如 AA_1、A_1D_1，构成平面 A_1D．

（3）×．见图 4-4，正方体 AC_1 中，过 A_1 与下平面 $ABCD$ 平行的直线有无数条，如 A_1B_1、A_1D_1，构成平面 A_1D_1．

（4）√．假设有两个平面 α 与 β，均与已知平面平行，则 $\alpha // \beta$，与 α 与 β 有交点矛盾．

（5）×．见图 4-4，若两条直线不相交，还有可能异面，如正方体 AC_1 中，AA_1 和 BC．

图 4-4

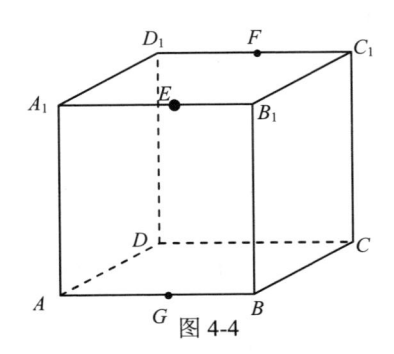

（6）×．见图 4-4，正方体 AC_1 中，$AA_1 \perp AB$，$AA_1 \perp AD$，但 AB 与 AD 相交．

（7）×．见图 4-4，正方体 AC_1 中，$AB // CD$，AA_1 与 AB 相交，但 AA_1 与 CD 不相交．

（8）×．见图 4-4，正方体 AC_1 中，AA_1 与 BC 都和 AB 共面，但 AA_1 与 BC 异面．

（9）×．还有可能 $b \subset \alpha$．

（10）×．将直线 b 在 α 内旋转，则 a 与 b 可以不平行．

（11）×．有可能 $a \subset \alpha$．

（12）×．若 $\alpha // \beta$，$a \subset \alpha$，$b \subset \beta$，将直线 b 在 β 内旋转，则 a 与 b 可以不平行．

（13）×．见图 4-4，正方体 AC_1 中，$BC //$ 平面 A_1ADD_1，$EF //$ 平面 A_1ADD_1，而平面 $BCFE$ 与平面 A_1ADD_1 相交．

（14）×．见图 4-4，正方体 AC_1 中，平面 $A_1ADD_1 \perp$ 平面 $ABCD$，平面 $ABB_1A_1 \perp$ 平面 $ABCD$，而平面 A_1ADD_1 与平面 ABB_1A_1 相交．

【设计意图】平面几何的结论在空间中未必成立，可以在常见模型中举反例．判定定理和性质定理中的某些条件缺失，结论不成立，进一步认识定理的条件及其作用．

4.2 专题专训、总结方法

立体几何的小题，往往考查空间点、线、面的位置关系，从而考查学生的空间想象能力和逻辑推理能力. 我们除了掌握立体几何中平行、垂直的判定以及性质定理体系之外,还需要掌握一些常见的思考问题的方法,使得问题得以简单解决.

4.2.1 正方体中的截面问题

在立体几何的选择填空题中,经常遇到关于画截面的问题,我们给出一种画法——"顶针命名"画图法.

【例3】如图4-5所示,过正方体棱上的三点 E、F、G 作截面.

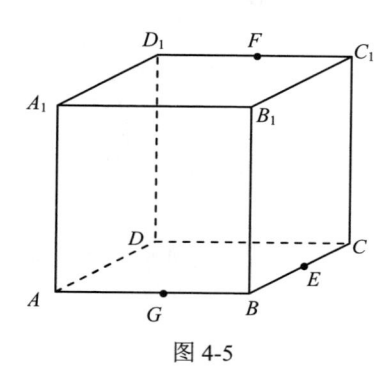

图 4-5

步骤1:依据各点所在的面给点命名,如 E 在下面 $ABCD$ 内,也在右面 BCC_1B_1 内,称点 E 为下右,同理称点 F 为上后,称点 G 为前下.

步骤2:寻找名字中的相同字, GE 名字中都有下,所以直线 GE 与下面的线可以相交,即 GE 与 AD 交于 P_1(左下), GE 与 CD 交于 P_2(后下),如图4-6所示.

步骤3:再次寻找名字中的相同字,在相对应的平面内画出交点,如图4-6所示. P_2F 在后面 CDD_1C_1 内, P_2F 与后面的 CC_1、DD_1 分别交于 P_3(后右)、P_4(后左);直线 P_1P_4 与左面的直线 AA_1、A_1D_1 分别交于 P_5(左前)、P_6(左上).

步骤4:从棱上的一点出发,采用顶针命名法依次连接线段,画出截面图.

如:下右—右后—后上—上左—左前—前下—下右,即截面 $EP_3FP_6P_5G$,如图4-7所示.

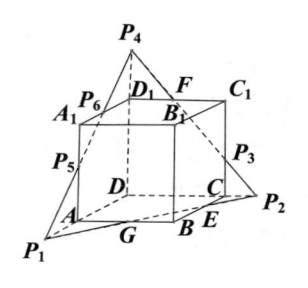

图 4-6

这种画截面图的方法非常好用,比较困难的一种情况是三个点的名字没有交集时，如图 4-8 所示，过正方体棱上的三点 E、F、G 作截面.

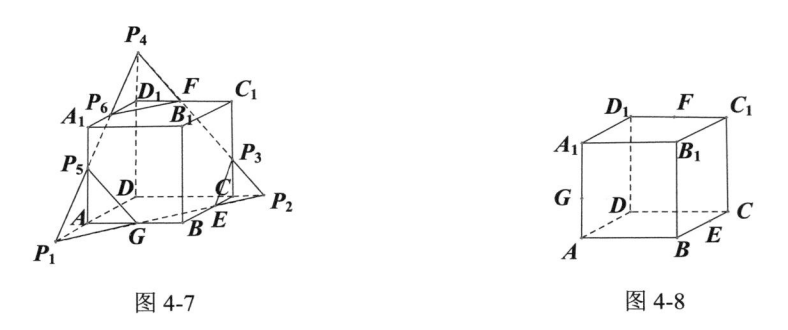

图 4-7

图 4-8

通常情况下，我们确定一个固定的点作参照点，如以下面 $ABCD$ 的点 E 为参照，只要确定直线 GF 与下面的交点的位置 P_1，就可以找到下面 $ABCD$ 的两个点 E、P_1，从而转化为有公共名字的画截面图的问题.

步骤 1：作 $FF_1 \parallel AA_1$ 交 CD 于 F_1，所以在平面 AF_1FA_1 内，直线 GF 与 F_1A 交于 P_1（下），如图 4-9 所示.

步骤 2：直线 EP_1 与下面的直线 AD、AB、CD 分别交于 P_2（左下）、P_3（前下）、P_4（后下），如图 4-10 所示.

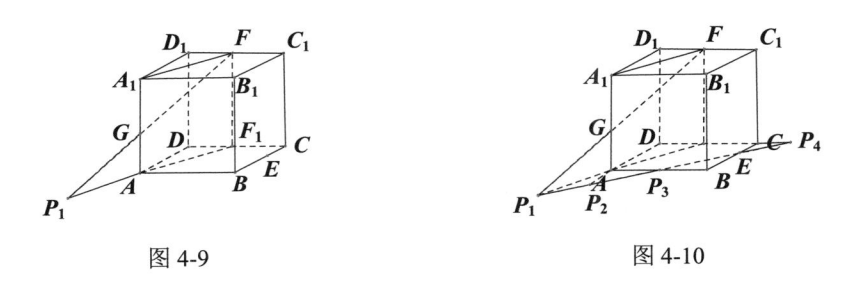

图 4-9

图 4-10

步骤 3：做法同上，可得截面 $EP_5FP_7GP_3$，如图 4-11 所示.

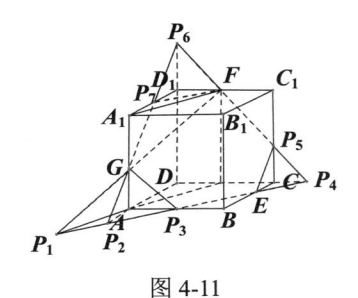

图 4-11

【例4】 正方体 $ABCD-A_1B_1C_1D_1$ 的棱长为1，P 为 BC 的中点，Q 为线段 CC_1 上的动点，过点 A、P、Q 的平面截该正方体所得的截面记为 S. 则下列命题正确的是_____（写出所有正确命题的编号）.

① 当 $0 < CQ < \dfrac{1}{2}$ 时，S 为四边形；

② 当 $CQ = \dfrac{1}{2}$ 时，S 不为等腰梯形；

③ 当 $CQ = \dfrac{3}{4}$ 时，S 与 C_1D_1 的交点 R 满足 $C_1R = \dfrac{1}{3}$；

④ 当 $\dfrac{3}{4} < CQ < 1$ 时，S 为六边形；

⑤ 当 $CQ = 1$ 时，S 的面积为 $\dfrac{\sqrt{6}}{2}$.

分析： ① 当点 Q 向 C 移动时，满足 $0 < CQ < \dfrac{1}{2}$，只需在 DD_1 上取点 T 满足 $AT \parallel PQ$，即可得截面为四边形 $APQT$，如图4-12所示，S 是四边形，故①正确；

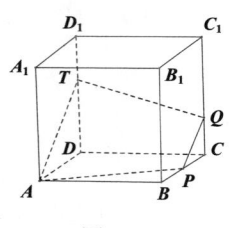

图 4-12

② 当 $CQ = \dfrac{1}{2}$ 时，即 Q 为 CC_1 中点，此时可得 $PQ \parallel AD_1$，

$$AP = QD_1 = \sqrt{1^2 + \left(\dfrac{1}{2}\right)^2} = \dfrac{\sqrt{5}}{2},$$

如图4-13所示可得截面 $APQD_1$ 为等腰梯形，S 为等腰梯形，故②不正确；

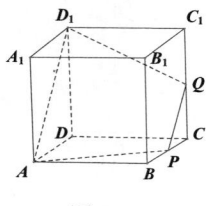

图 4-13

③当 $CQ=\dfrac{3}{4}$ 时,如图 4-14 所示,延长 DD_1 至 T,使 $D_1T=\dfrac{1}{2}$,连接 AT 交 A_1D_1 于 N,连接 TQ 交 C_1D_1 于 R,连接 NR,可证 $AT/\!/PQ$,由 $\triangle TRD_1 \backsim \triangle QRC_1$,可得 $C_1R:D_1R=C_1Q:D_1T=1:2$,故可得 $C_1R=\dfrac{1}{3}$,故③正确;

④由③可知,只需点 Q 上移即可,此时的截面形状仍为如图 4-15 所示的 $APQRM$,图 S 是五边形,故④不正确;

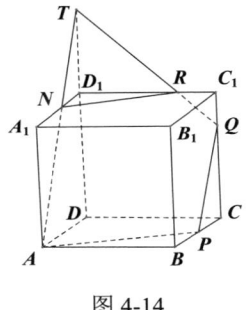

图 4-14

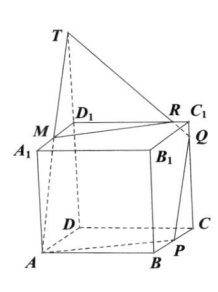

图 4-15

⑤当 $CQ=1$ 时,Q 与 C_1 重合,取 A_1D_1 的中点 M,连接 AM,可证 $PC_1/\!/AM$,且 $PC_1=AM$,可知截面为 APC_1M 为菱形,故其面积为

$$\dfrac{1}{2}AC_1\cdot PM=\dfrac{1}{2}\cdot\sqrt{3}\cdot\sqrt{2}=\dfrac{\sqrt{6}}{2},$$

如图 4-16 所示,S 是菱形,面积为 $\dfrac{\sqrt{6}}{2}$,故⑤正确,故答案为:①③⑤.

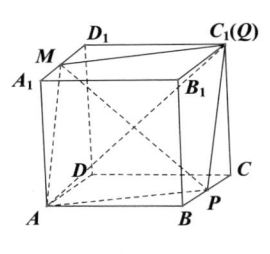

图 4-16

【设计意图】 关于立方体截面的画法.一种是"顶针命名"法;一种是利用平面平行、垂直的理论,如两个平行平面被同一平面所截,则交线平行,这种利用性质的画图方法比前者更快,请在做题时注意优先使用.

4.2.2 立体几何中的翻折问题

【例 5】 在如图 4-17 所示的长方形 $ABCD$ 中，$AB=2$，$BC=1$，E 为 DC 的中点，F 为线段 EC（端点除外）上一动点．现将 $\triangle AFD$ 沿 AF 折起，使平面 $ABD \perp$ 平面 $ABCF$，得到如图 4-18 中所示的四棱锥．在平面 ABD 内过点 D 作 $DK \perp AB$，垂足为 K．设 $AK=t$，则 t 的取值范围是_____．

图 4-17   图 4-18

分析：方法一（特殊值法）．用端点位置求出边界值．如图 4-19 所示，在平面图形中，作 $DH \perp AF$ 于 H 交 AB 于 K，则顶点 D 在折起的过程中，在底面 $ABCD$ 内的射影落在 DK（DD'）上，再求出点 F 在 E 和 C 时（见图 4-20、图 4-21）AK 的值．

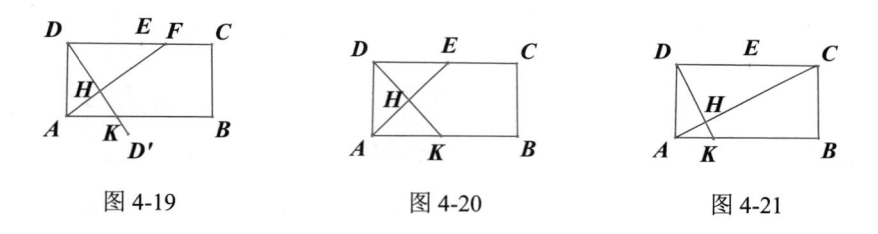

图 4-19   图 4-20   图 4-21

方法二（代数运算）．设变量 CF 为 x，将 t 表示为 x 的函数．设 $FC=x$（$0<x<1$），利用勾股定理、面面垂直的性质定理和线面垂直的性质，将 t 表示为关于 x 的函数，结合函数的单调性可得 t 的范围．

解： 过 F 作 $FM \perp AB$，交 AB 于 M，连接 FK（图略）．

设 $FC=x$（$0<x<1$），则 $MF=BC=1$，$MB=FC=x$，

易知 $AK<AD=1$，又 $AB=2$，所以 K 一定在 M 的左边，则 $MK=2-t-x$．

在 $Rt\triangle ADK$ 中，$DK^2=1-t^2$，在 $Rt\triangle FMK$ 中，$FK^2=1+(2-t-x)^2$．

因为平面 $ABD \perp$ 平面 $ABCF$，平面 $ABD \cap$ 平面 $ABCF=AB$，$DK \perp AB$，$DK \subset$ 平面 ABD，所以 $DK \perp$ 平面 $ABCF$，所以 $DK \perp FK$．

在 Rt△DFK 中，$DF = 2-x$，$DK^2 + FK^2 = DF^2$，

所以 $1-t^2+1+(2-t-x)^2 = (2-x)^2$，化简得 $1-2t+tx=0$，$1-2t+tx=0$，即 $t = \dfrac{1}{2-x}$．

又因 $t = \dfrac{1}{2-x}$ 在 $(0,1)$ 上单调递增，所以 $\dfrac{1}{2} < t < 1$，故 t 的取值范围为 $\left(\dfrac{1}{2}, 1\right)$．

【设计意图】1. 本题是一个动态的翻折问题，需要最终转化成函数的值域问题．

2. 求解的关键是根据相关的定理对图形中的位置关系进行精准判断，抓住不变量，另外注意变量 $x \in (0,1)$．

【例6】如图 4-22 所示，在菱形 ABCD 中，AC、BD 是其对角线，E 是 BC 上一点，且 $\angle BAE = \dfrac{1}{3} \angle BAD = 40°$．将 △BAE 沿直线 AE 翻折，形成四棱锥 B-AECD（见图 4-23），则在翻折过程中，下列结论中正确的是（　　）.

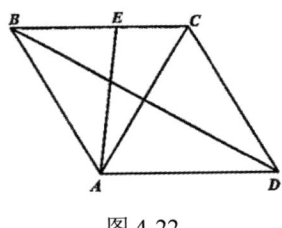

图 4-22

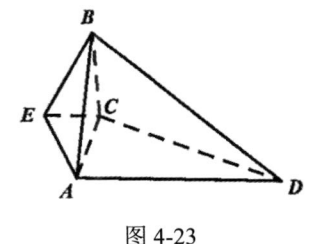

图 4-23

A．存在某个位置使得 $BE \perp AE$　　B．存在某个位置使得 $BE \perp AD$
C．存在某个位置使得 $AB \perp AC$　　D．存在某个位置使得 $AB \perp CD$

分析：对于选项 A，沿 △BAE 翻折，在翻折过程中，BE 与 AE 夹角始终不变，$\angle BEA = 80°$，故 A 错误；

对于选项 B，因为 $AD \parallel EC$，转化为判断 BE 和 EC 是否会垂直，观察翻折过程中 BE 和 EC 夹角的变化范围是 $(20°, 180°)$，故存在某个位置使得 $BE \perp AD$，故 B 正确；

对于选项 C，观察翻折过程中 AB 和 AC 夹角的变化范围是 $(20°, 60°)$，故不存在某个位置使得 $AB \perp AC$，故 C 错误；

对于选项 D，由于 CD 平行于翻折前的 AB，故只需观察翻折过程中 AB′ 与翻折前 AB 夹角的变化范围，由图 4-24 观察翻折过程中 AB′ 与 AB 夹角的变化范围

是 $(0°, 80°)$，所以不存在某个位置使得 $AB \perp CD$，故 D 错误．故选 B．

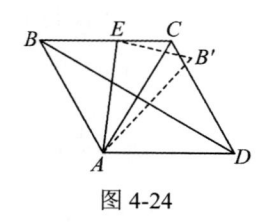

图 4-24

【设计意图】在翻折问题中，一是要关注从平面图形到空间图形时哪些数量关系不变，哪些位置关系不变，从而增加空间几何体中的条件进行问题求解；二是要熟悉一些结论，帮助我们认识图形，如本题中翻折点 B 在底面 $ABCD$ 内的射影一定落在线段 BB' 上；三是在翻折的过程中，往往用到极端情况和特殊情况求出某些数量的范围，根据变化的连续性判断是否能够取到某个特定值．

4.2.3 立体几何中的最值问题

【例 7】如图 4-25 所示的长方体 AC_1 中，$AB = AD = 2$，$AA_1 = 3$，M 是 AB 的中点，P 是侧面 BCC_1B_1 内的动点．

（1）从顶点 D_1 出发的一条光线，经过点 P 反射到 M，则光线从 D_1 到 M 的长度为_____；

（2）在长方体的表面上，从点 M 到点 D_1 的最短距离是_____；

（3）F 是线段 AC 的中点，E 是线段 B_1D_1 的中点，且 $|EF| = \sqrt{10}$，则 EF 中点 N 的轨迹长是_____．

分析：（1）根据光的反射原理，作 M 关于平面 B_1C_1CB 的对称点 M'（见图 4-26），则 D_1M' 为所求，$D_1M' = \sqrt{AD_1^2 + AM'^2} = \sqrt{22}$．

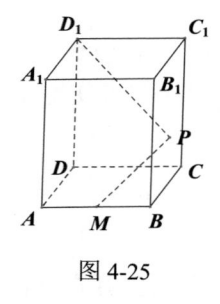

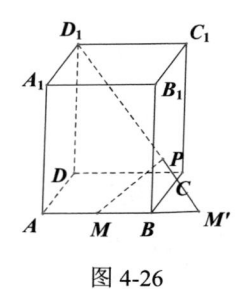

图 4-25　　　　　　图 4-26

（2）分别沿着 A_1B_1、AD、AA_1 将 M 与 D_1 放在一个侧面展开图中进行计算并比较.

如图 4-27 至图 4-29 分别求得 $D_1M=\sqrt{5^2+1^2}=\sqrt{26}$，$D_1M=\sqrt{2^2+4^2}=\sqrt{20}$，$D_1M=\sqrt{3^2+3^2}=\sqrt{18}$，最短的 $D_1M=\sqrt{18}$.

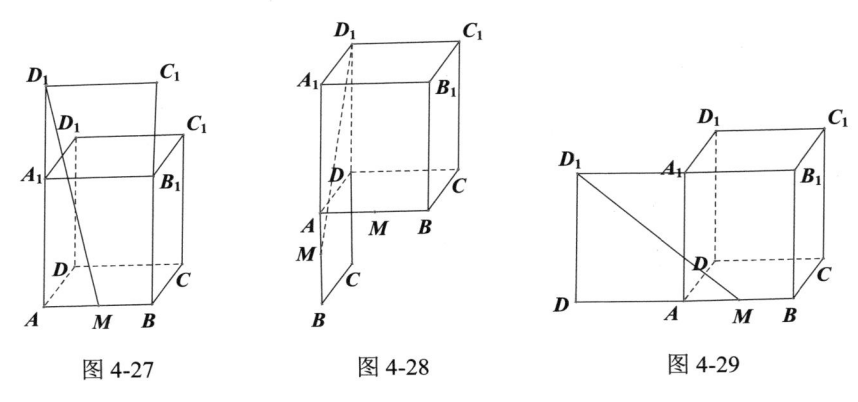

图 4-27

图 4-28

图 4-29

（3）如图 4-30 所示，以 O 点原点分别以 $\overrightarrow{DB},\overrightarrow{AC},\overrightarrow{OO_1}$ 为 x,y,z 轴正方向建系，设 $E(x,0,3)$，$F(0,y,0)$，则 EF 中点 $N\left(\dfrac{x}{2},\dfrac{y}{2},\dfrac{3}{2}\right)$，$|EF|=\sqrt{x^2+y^2+9}=\sqrt{10}$，$x^2+y^2=1$，所以点 N 的方程为 $x^2+y^2=\dfrac{1}{4}$，N 的轨迹是半径为 $\dfrac{1}{2}$ 的圆，长度为 π.

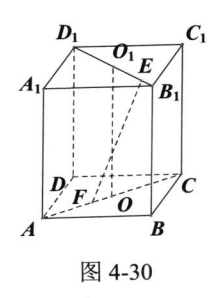

图 4-30

【设计意图】 在立体几何中求最值的问题，经常用到的方法有：①根据侧面展开图，利用平面几何性质求最值；②选取合适的变量，用函数计算求最值.

4.2.4 立体几何中空间想象能力的培养与提升

"空间想象力"无疑是学习立体几何最重要的能力之一. 对于有着出色"空间想象力"的学生而言，解决立体几何问题显得很轻松；但对于缺乏"空间想象力"的学生而言，往往只能坐在原地"空想". 如何培养学生的空间想象能力也是教师在教学中常常需要思考的问题．既然空间的问题解决起来比较棘手，那我们尝试"降维"思考，把本身复杂的"三维"情形，退回到"二维"情形来思考．本小节将从动手尝试、熟悉正方体两个方面，给出"降维"在教学中的应用实例，抛砖引玉，以作参考．

1. 动手尝试

【例 8】已知直四棱柱 $ABCD-A_1B_1C_1D_1$ 的棱长均为 2，$\angle BAD=60°$．以 D_1 为球心，$\sqrt{5}$ 为半径的球面与侧面 BCC_1B_1 的交线长为多少？

解：如图 4-31 所示，

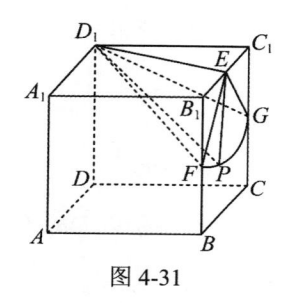

图 4-31

取 B_1C_1 的中点为 E，BB_1 的中点为 F，CC_1 的中点为 G，

因为 $\angle BAD=60°$，直四棱柱 $ABCD-A_1B_1C_1D_1$ 的棱长均为 2，所以 $\triangle D_1B_1C_1$ 为等边三角形，所以 $D_1E=\sqrt{3}$，$D_1E \perp B_1C_1$．

又四棱柱 $ABCD-A_1B_1C_1D_1$ 为直四棱柱，所以 $BB_1 \perp$ 平面 $A_1B_1C_1D_1$，所以 $BB_1 \perp B_1C_1$，

因为 $BB_1 \cap B_1C_1=B_1$，所以 $D_1E \perp$ 侧面 B_1C_1CB，

设 P 为侧面 B_1C_1CB 与球面的交线上的点，则 $D_1E \perp EP$，

因为球的半径为 $\sqrt{5}$，$D_1E=\sqrt{3}$，所以 $|EP|=\sqrt{|D_1P|^2-|D_1E|^2}=\sqrt{5-3}=\sqrt{2}$，

所以侧面 B_1C_1CB 与球面的交线上的点到 E 的距离为 $\sqrt{2}$，

因为 $|EF|=|EG|=\sqrt{2}$，所以侧面 B_1C_1CB 与球面的交线是扇形 EFG 的弧 $\overset{\frown}{FG}$，

因为 $\angle B_1EF=\angle C_1EG=\dfrac{\pi}{4}$，所以 $\angle FEG=\dfrac{\pi}{2}$，

所以根据弧长公式可得 $\overset{\frown}{FG}=\dfrac{\pi}{2}\times\sqrt{2}=\dfrac{\sqrt{2}}{2}\pi$．

【设计意图】此题是一道曲面与平面相交的问题，学生在入手分析时，可以先联系生活实际"切西瓜"推测交线是曲线，再动手尝试，找到一些特殊位置的

点，通过特殊位置的点来确定曲线的具体形状．通过此题，意在让学生体会动手尝试在解决立体几何问题时的作用．

【例 9】 如图 4-32 所示，已知直平行六面体 $ABCD$-$A_1B_1C_1D_1$ 的各条棱长均为 3，$\angle BAD=60°$，长为 2 的线段 MN 的一个端点 M 在 DD_1 上运动，另一个端点 N 在底面 $ABCD$ 上运动，则 MN 的中点 P 的轨迹（曲面）与共顶点 D 的三个面所围成的几何体的体积为_____．

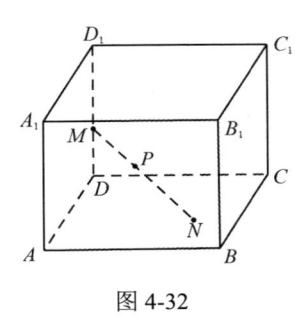

图 4-32

解：如图 4-33 所示，连接 DN、DP，则 $DM \perp$ 平面 $ABCD$，$DN \subset$ 平面 $ABCD$，$DM \perp DN$．在 $Rt\triangle DMN$ 中，$MN=2$，MN 的中点为 P，则 $DP=1$．点 P 的轨迹为：以 D 为球心，半径 $r=1$ 的球面的一部分．球的体积为 $V=\dfrac{4}{3}\pi \cdot r^3 = \dfrac{4\pi}{3}$．

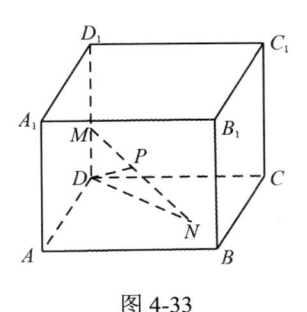

图 4-33

$\because \angle BAD = 60°$，$\therefore \angle ADC = 120°$，

故所求几何体的体积 $= \dfrac{1}{6}V = \dfrac{4\pi}{3} \times \dfrac{1}{6} = \dfrac{2\pi}{9}$．

【设计意图】 不难发现，此题和例 1 很像，我们仍然可以鼓励学生动手尝试，将点 M 固定在点 D，可以画出 P 点的轨迹是一段圆弧．那么我们可以猜测点 P 所在曲面应该是一个圆锥或者球体的一部分，再通过斜边中线等于斜边一半的转化解决问题. 再次体现动手尝试对于解决立体几何问题的帮助.

2. 熟悉正方体

【例 10】如图 4-34 所示，在正方体 $ABCD-A_1B_1C_1D_1$ 中，P 为对角线 BD_1 的三等分点，P 到各顶点的距离的不同取值有（ ）.

A. 3 个　　　　B. 4 个　　　　C. 5 个　　　　D. 6 个

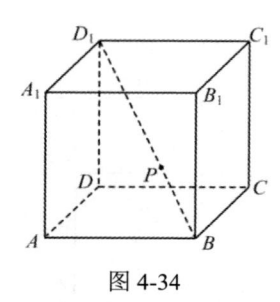

图 4-34

解：如图 4-35 所示，取底面 $ABCD$ 的中心 O，连接 PA，PC，PO.
∵ $AC \perp$ 平面 DD_1B，又 $OP \subset$ 平面 DD_1B，

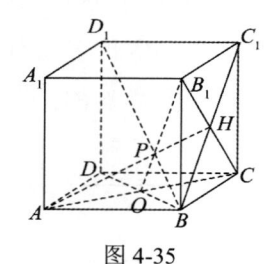

图 4-35

∴ $AC \perp OP$. 又 O 是 AC 的中点，∴ $PA \perp PC$.

同理，取 B_1C 与 BC_1 的交点 H，易证 $B_1C \perp$ 平面 D_1C_1B，

∴ $B_1C \perp PH$.

又 H 是 B_1C 的中点，∴ $PB_1 = PC$，∴ $PA = PB_1 = PC$.

同理可证 $PA_1 = PC_1 = PD$.

又 P 是 BD_1 的三等分点，∴ PB、PD_1、PB_1、PD 互不相等，

故点 P 到正方体的顶点的不同距离有 4 个. 故选 B.

【设计意图】此题意在引导学生在题目中发现正方体中一个特殊的面——三等分面（三条面对角线所构成的面），以及进一步探究三等分面的一些几何性质：①是一个等边三角形；②垂直于一条体对角线；③与体对角线交点为正三角形的中

心；④三等分体对角线（可用等体积法证明）；⑤与所有侧棱夹角全相等.

【例 11】 已知正方体的棱长为 1，每条棱所在直线与平面 α 所成的角都相等，则平面 α 截此正方体所得截面面积的最大值为（　　）.

A. $\dfrac{4}{5}\sqrt{3}$ B. $\dfrac{3}{4}\sqrt{3}$ C. $\dfrac{2\sqrt{3}}{3}$ D. $\dfrac{\sqrt{3}}{3}$

分析： 如图 4-36 所示，在正方体 $ABCD-A'B'C'D'$ 中，平面 $AB'D'$ 与直线 AA'、$A'B'$、$A'D'$ 所成的角是相等的，所以平面 $AB'D'$ 与正方体的每条棱所在直线所成的角都是相等的. 同理，平面 $C'BD$ 也满足与正方体的每条棱所在直线所成的角都相等. 由正方体的对称性，要求截面面积最大，则截面为夹在两个平行平面 $AB'D'$ 与 $C'BD$ 中间，过棱的中点的正六边形，且边长为 $\dfrac{\sqrt{2}}{2}$，所以

$$S = 6 \times \dfrac{\sqrt{3}}{4} \times \left(\dfrac{\sqrt{2}}{2}\right)^2 = \dfrac{3\sqrt{3}}{4},$$

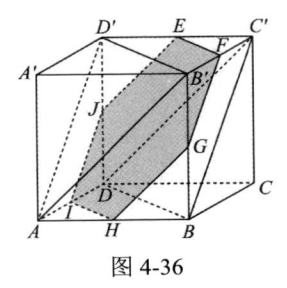

图 4-36

故选 B.

【设计意图】 此题意在介绍完三等分面后，让学生进一步体会三等分面以及平移后的三等分面在题目中的作用. 同时此题还可以用函数方法解决，体会高中阶段处理最值问题时几何与代数两种不同的方法.

4.3　变式训练、探寻本质

【例 12】 如图 4-37 所示，已知正方体 $ABCD-A_1B_1C_1D_1$ 的棱长为 1，求下列问题：

（1）DD_1 中点 E 到直线 AB_1 的距离；

（2）点 B_1 到平面 EAC 的距离；

（3）A_1C_1 到平面 EAC 的距离；

（4）直线 AB_1 与 CE 的距离.

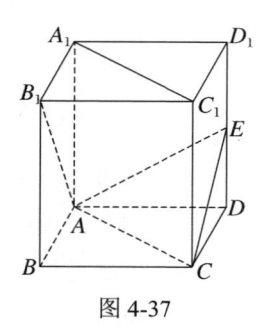

图 4-37

分析：在正方体的背景下可以用向量法求距离：以 AB、AD、AA_1 所在直线分别为 x、y、z 轴建坐标系.

（1）$\overrightarrow{AE}$ 在 $\overrightarrow{AB_1}$ 上的投影的长度 $|AH|=\dfrac{\overrightarrow{AE}\cdot\overrightarrow{AB_1}}{|\overrightarrow{AB_1}|}=\dfrac{\sqrt{2}}{4}$，所以 E 到直线 AB_1 的距离 $|EH|=\sqrt{|AE|^2-|AH|^2}=\dfrac{3\sqrt{2}}{4}$；

（2）平面 EAC 的法向量 $\vec{n}=(1,-1,2)$，所以点 B_1 到平面 EAC 的距离 $d=\dfrac{|\overrightarrow{AB_1}\cdot\vec{n}|}{|\vec{n}|}=\dfrac{\sqrt{6}}{2}$；

（3）先证明 A_1C_1//平面 EAC，所以 A_1C_1 到平面 EAC 的距离 $d=\dfrac{|\overrightarrow{AA_1}\cdot\vec{n}|}{|\vec{n}|}=\dfrac{\sqrt{6}}{3}$；

（4）先求出与 AB_1 和 CE 都垂直的法向量 $\vec{m}=(0,1,0)$，再求出 $\overrightarrow{AC}$ 在 $\vec{m}$ 上投影的长 $d=\dfrac{|\overrightarrow{AC}\cdot\vec{m}|}{|\vec{m}|}=1$.

【设计意图】空间中的距离包括两点间的距离、点到直线的距离、两条平行直线之间的距离、两条异面直线之间的距离、点到平面的距离、平行于平面的直线到平面的距离、两个平行平面间的距离．其中，两条平行直线之间的距离可以转化为点到直线的距离；两个平行平面间的距离、平行于平面的直线到平面的距离可以转化为点到平面的距离.

注意：转化前需要证明两个平面平行、直线与平面平行或两条直线平行等.

（1）点到直线距离的求法：

①在平面内用解三角形的知识求点到直线的距离；

②向量法：设直线 l 的单位方向向量为 u，A 是直线 l 上的任一点，P 为直线

l 外一点，设 $\overrightarrow{AP} = \boldsymbol{a}$，则点 P 到直线 l 的距离 $d = \sqrt{a^2 - (\boldsymbol{a} \cdot \boldsymbol{u})^2}$.

（2）点到平面距离的求法：

①定义法：作出点到平面的垂线段；

②体积法；

③向量法：平面 α 的法向量为 $\boldsymbol{n}$，A 是平面 α 内任一点，P 为平面 α 外一点，则点 P 到平面 α 的距离为 $d = \dfrac{|\overrightarrow{AP} \cdot \boldsymbol{n}|}{|\boldsymbol{n}|}$.

4.4 自主探究、提升能力

培养学生的逻辑思维能力和探究能力是高中数学的重要育人目标之一．而这种能力又不是一蹴而就的，是在长期的学习过程中培养和锻炼出来的．在平时的教学中，多设置有思考价值的问题让学生自主探究，学生在探索中逐渐加深对知识的理解和对本质的探寻．教师平时多与学生互动，学生在交流的过程中，通过一题多解、多题一解等思维的启发和碰撞提升思维能力．对开放性命题、充要条件判断命题、劣构问题等形式问题的设计可以培养学生的批判性和创新性思维，同时对知识载体有更深刻的理解和认识．

4.4.1 立体几何中的运动变化问题

【例 13】 设 l_1、l_2、l_3 为空间中三条互相平行且两两间的距离分别为 4、5、6 的直线．给出下列三个结论：

① $\exists A_i \in l_i$（$i = 1,2,3$），使得 $\triangle A_1 A_2 A_3$ 是直角三角形；

② $\exists A_i \in l_i$（$i = 1,2,3$），使得 $\triangle A_1 A_2 A_3$ 是等边三角形；

③三条直线上存在四点 A_i（$i = 1,2,3,4$），使得四面体 $A_1 A_2 A_3 A_4$ 为在一个顶点处的三条棱两两互相垂直的四面体．

其中，所有正确结论的序号是（　　）．

  A．①   B．①②   C．①③   D．②③

分析：我们不妨先将 A、B、C 按如图 4-38 所示放置，容易看出此时 $BC = \sqrt{BD^2 + 4^2} < \sqrt{BD^2 + 5^2} = AB = AC$，

故 $\cos \angle BAC = \dfrac{AB^2 + AC^2 - BC^2}{2AB \cdot AC} > \dfrac{AB^2 + AB^2 - AB^2}{2AB \cdot AB} = \dfrac{1}{2}$，

又 $0 < \cos\angle BAC < \dfrac{1}{2}$，故 $0 < \angle BAC < \dfrac{\pi}{3}$.

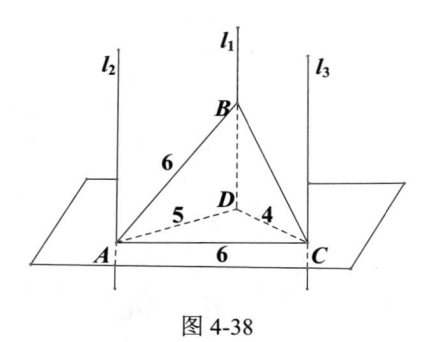

图 4-38

现在，将 A 和 B 往上移，并且总保持 $AB=AC$（这是可以做到的，只要 A、B 的速度满足一定关系），而当 A、B 移得很高时，不难想象 $\triangle ABC$ 将会变得很扁，也就是 $\angle BAC$ 会变成一个"非常钝"的等腰钝角三角形，即 $\angle BAC > \dfrac{\pi}{2}$，

于是，在移动过程中，即 $\angle BAC$ 从小于 $\dfrac{\pi}{3}$ 到大于 $\dfrac{\pi}{2}$ 的变化过程中，

总有一刻，$\angle BAC = \dfrac{\pi}{3}$，同时 $AB = AC$，故此时 $\triangle ABC$ 为等边三角形，

亦总有另一刻，$\angle BAC = \dfrac{\pi}{2}$，此时 $\triangle ABC$ 为直角三角形（而且还是等腰的）.

这样，就得到①和②都是正确的.

至于③，如图 4-39 所示，为方便书写，称三条两两垂直的棱的公共顶点为共垂点. 假设 A 是共垂点，

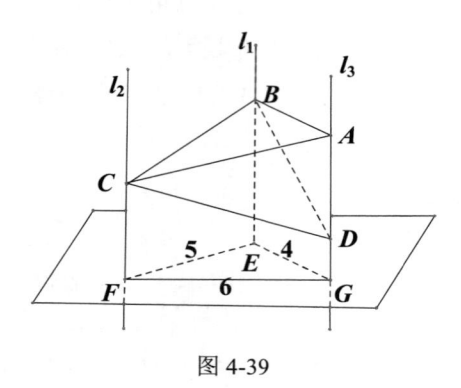

图 4-39

那么由 $AD \perp AB$，$AD \perp AC$，$AB \cap AC = A$，AB、$AC \subset$ 面 ABC，得 $AD \perp$ 面 ABC，即 $l_3 \perp$ 面 ABC，进而 $l_1 \perp$ 面 ABC，$l_2 \perp$ 面 ABC，

从而 $\triangle ABC$ 三边的长就是三条直线的距离 4、5、6，又由于 $4^2 + 5^2 = 41 \neq 36 = 6^2$，所以 $\triangle ABC$ 不是直角三角形，这与 $AB \perp AC$ 矛盾，假设不成立.

同理可知，D 是共垂点时也矛盾.

假设 C 是共垂点，那么由 $BC \perp CA, BC \perp CD$，$CA \cap CD = C$，CA、$CD \subset$ 面 CAD，得 $BC \perp$ 面 CAD，

而 $l_1 // l_3$，$l_1 \not\subset$ 面 CAD，$l_3 \subset$ 面 CAD，故 $l_1 //$ 面 CAD，故 $BC \perp l_1$，

又 $l_1 // l_2$，故 $BC \perp l_2$，从而 BC 为 l_1 与 l_2 的距离，于是 $BC // EF$，

同理 $CD // FG$，又 $BC \perp CD$，故 $EF \perp FG$ 与假设矛盾，所以，假设不成立.

同理可知，B 是共垂点时也矛盾.

综上，不存在四点 A_i（$i=1$，2，3，4），使得四面体 $A_1A_2A_3A_4$ 为在一个顶点处的三条棱两两互相垂直的四面体. 故选 B.

【例 14】如图 4-40 所示，在长方体 $ABCD-A_1B_1C_1D_1$ 中，$AB=AD=1$，$AA_1=2$，动点 P 在体对角线 BD_1 上（含端点），则下列结论正确的有（ ）.

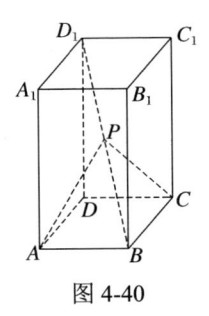

图 4-40

A．当 P 为 BD_1 的中点时，$\angle APC$ 为锐角

B．存在点 P，使得 $BD_1 \perp$ 平面 APC

C．$AP+PC$ 的最小值为 $2\sqrt{5}$

D．顶点 B 到平面 APC 的最大距离为 $\dfrac{\sqrt{2}}{2}$

答案：ABD.

分析：方法一，将动点问题转化为变量 λ 的函数进行运算. 如图 4-41 所示，

以点 D 为原点建立空间直角坐标系，则 $A(1,0,0)$，$B(1,1,0)$，$C(0,1,0)$，$D_1(0,0,2)$，设 $\overrightarrow{BP}=\lambda\overrightarrow{BD_1}$ $(0\leqslant\lambda\leqslant 1)$，则
$$\overrightarrow{AP}=\overrightarrow{AB}+\lambda\overrightarrow{BD_1}=(-\lambda,1-\lambda,2\lambda), \quad \overrightarrow{CP}=\overrightarrow{CB}+\overrightarrow{BP}=(1-\lambda,-\lambda,2\lambda).$$

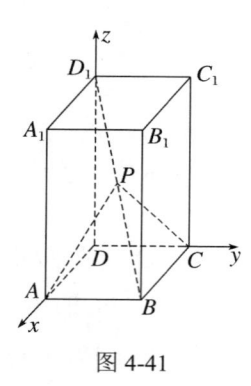

图 4-41

对于 A，当 P 为 BD_1 中点时，
$$P\left(\frac{1}{2},\frac{1}{2},1\right), \overrightarrow{PA}=\left(\frac{1}{2},-\frac{1}{2},-1\right), \overrightarrow{PC}=\left(-\frac{1}{2},\frac{1}{2},-1\right),$$
所以 $\cos\angle APC=\dfrac{\overrightarrow{PA}\cdot\overrightarrow{PC}}{|\overrightarrow{PA}||\overrightarrow{PC}|}=\dfrac{1}{3}>0$，所以 $\angle APC$ 为锐角，故 A 正确.

对于 B，因为 $BD_1\perp AC$，只要 $BD_1\perp CP$，就有 $BD_1\perp$ 平面 APC，由 $\overrightarrow{BD_1}\cdot\overrightarrow{CP}=\lambda-1+\lambda+4\lambda=0\Rightarrow\lambda=\dfrac{1}{6}$，故存在点 P，使得 $BD_1\perp$ 平面 APC，故 B 正确.

对于 C，当 $BD_1\perp AP$，$BD_1\perp CP$ 时，$AP+PC$ 取得最小值，由 B 得 $\lambda=\dfrac{1}{6}$，此时 $|\overrightarrow{AP}|+|\overrightarrow{CP}|=\dfrac{\sqrt{30}}{3}$，故 C 错误.

对于 D，先求出平面 APC 的一个法向量 $\boldsymbol{n}=(2\lambda,2\lambda,2\lambda-1)$，则点 B 到平面 APC 的距离 $d=\dfrac{|\overrightarrow{AB}\cdot\boldsymbol{n}|}{|\boldsymbol{n}|}=\dfrac{|2\lambda|}{\sqrt{12\lambda^2-4\lambda+1}}\leqslant\dfrac{\sqrt{2}}{2}$，

当且仅当 $\lambda=\dfrac{1}{2}$ 时取等号，所以 D 正确.

方法二，数形结合. 对于 B，在直角 $\triangle ABD_1$ 中，显然存在 P，使 $BD_1\perp AP$，故 B 正确.

对于 C，将 $\triangle ABD_1$ 和 $\triangle CBD_1$ 展开在一个平面内，则线段 AC 最短，由平面

图形对称性，此时 $AC \perp BD_1$，可求得 $AP = CP = \dfrac{\sqrt{30}}{6}$，$BP = \dfrac{1}{6}BD_1$，所以 C 错误.

对于 A，当 P 从顶点 B 到 D_1 的变化过程中，$\angle APC$ 从直角变大成钝角，再减小到锐角，$BP = \dfrac{1}{6}BD_1$ 时 $\angle APC$ 最大，当 $BP = \dfrac{1}{3}BD_1$ 时，$\angle APC$ 与 $\angle ABC$ 对称为直角，所以当 P 为 BD_1 中点时，$\angle APC$ 为锐角，故 A 正确.

对于 D，当平面 APC 与平面 $ABCD$ 垂直时，B 到平面 APC 的距离为 BD 的一半即 $\dfrac{\sqrt{2}}{2}$，当 P 在 BD_1 上移动时，BD 与平面 APC 不垂直，B 到平面 APC 的距离小于 $\dfrac{\sqrt{2}}{2}$，所以 D 正确.

【设计意图】 在动态变化过程中产生的体积最大、距离最大（小）、角的范围等问题，常用的解题思路如下.

（1）直观判断：在变化过程中判断点、线、面在何位置时，所求的量有相应最大、最小值.

（2）函数思想：通过建系或引入变量，把这类动态问题转化为目标函数，从而利用代数方法求目标函数的最值.

4.4.2 立体几何中的劣构问题

【例 15】 刍甍（chú méng）是中国古代数学书中提到的一种几何体.《九章算术》中有记载"下有袤有广，而上有袤无广"，可翻译为"底面有长有宽为矩形，顶部只有长没有宽为一条棱".

如图 4-42 所示，在刍甍 $ABCDEF$ 中，四边形 $ABCD$ 是正方形，平面 BAE 和平面 CDE 交于 EF.

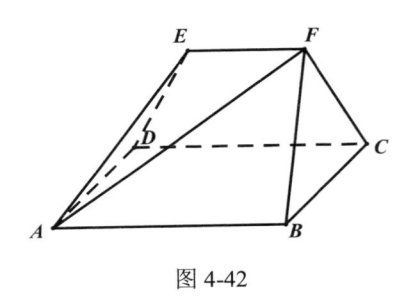

图 4-42

（I）求证：CD//平面 BAE.

（Ⅱ）若 $AB = 4$，$EF = 2$，$ED = FC$，$AF = 3\sqrt{3}$，再从条件①、条件②、条件③中选择一个作为已知，使得六面体 $ABCDEF$ 存在，并求平面 ADE 和平面 BAE 夹角的余弦值.

条件①：$BF \perp FC$，$AF \perp FC$；

条件②：平面 $CDE \perp$ 平面 $ABCD$；

条件③：平面 $CBF \perp$ 平面 $ABCD$.

分析：（Ⅱ）$ED = FC$，$EF // CD$，$AB = 4$，$EF = 2$，所以四边形 $CDEF$ 为等腰梯形.

若选条件①：$BF \perp FC$，$AF \perp FC$，则 $FC \perp$ 平面 $ABFE$，从而 $EF \perp FC$，所以四边形 $CDEF$ 为直角梯形，与其是等腰梯形矛盾；

若选条件③：平面 $CBF \perp$ 平面 $ABCD$，由 $AB \perp BC$，得 $AB \perp$ 平面 CBF，从而可得 $AB \perp FC$，所以 $EF \perp FC$，所以四边形 $CDEF$ 为直角梯形，与其是等腰梯形矛盾. 所以只能选条件②.

解：(Ⅰ)证明：正方形 $ABCD$ 中，$CD // AB$，$CD \not\subset$ 平面 BAE，$AB \subset$ 平面 BAE，所以 $CD //$ 平面 BAE.

（Ⅱ）条件②符合题意.

过点 F 作 $FO \perp DC$ 于点 O，过点 O 作 $OH \perp DC$ 且交 AB 于点 H，连接 AO，因为平面 $CDE \perp$ 平面 $ABCD$，且平面 $CDE \cap$ 平面 $ABCD = CD$，$FO \perp DC$，所以 $FO \perp$ 平面 $ABCD$，所以 $FO \perp OH$.

如图 4-43 所示，以 O 为坐标原点，分别以 OD、OH、OF 所在直线为 x、y、z 轴建立空间直角坐标系 $O-xyz$.

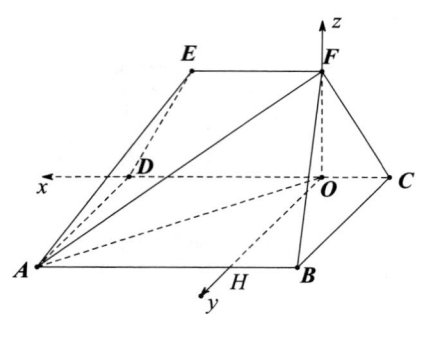

图 4-43

因为 CD// 平面 BAE， $CD \subset$ 平面 CDE，平面 $BAE \cap$ 平面 $CDE = EF$，所以 CD//EF．

在四边形 $CDEF$ 中，$ED = FC$，$EF=2$，$CD = 4$，所以 $OC=1$，$OD = 3$．

在正方形 $ABCD$ 中，$AB = 4$，所以 $AO = 5$．

因为 $AO \perp FO$，且 $AF = 3\sqrt{3}$，所以 $FO = \sqrt{2}$．

所以 $H(0,4,0)$，$D(3,0,0)$，$A(3,4,0)$，$E(2,0,\sqrt{2})$，$F(0,0,\sqrt{2})$．

所以 $\overrightarrow{DA} = (0,4,0)$，$\overrightarrow{DE} = (-1,0,\sqrt{2})$，$\overrightarrow{AE} = (-1,-4,\sqrt{2})$，$\overrightarrow{FE} = (2,0,0)$．

设平面 ADE 的一个法向量为 $\boldsymbol{n} = (x_1, y_1, z_1)$．

由 $\begin{cases} \boldsymbol{n} \cdot \overrightarrow{DA} = 0, \\ \boldsymbol{n} \cdot \overrightarrow{DE} = 0, \end{cases}$ 得 $\begin{cases} 4y_1 = 0, \\ -x_1 + \sqrt{2}z_1 = 0. \end{cases}$

令 $z_1 = 1$，所以 $\boldsymbol{n} = (\sqrt{2}, 0, 1)$．

设平面 BAE 的一个法向量为 $\boldsymbol{m} = (x_2, y_2, z_2)$．

由 $\begin{cases} \boldsymbol{m} \cdot \overrightarrow{AE} = 0, \\ \boldsymbol{m} \cdot \overrightarrow{FE} = 0, \end{cases}$ 得 $\begin{cases} -x_2 - 4y_2 + \sqrt{2}z_2 = 0, \\ 2x_2 = 0. \end{cases}$ 令 $y_2 = 1$，所以 $\boldsymbol{m} = (0, 1, 2\sqrt{2})$．

设平面 ADE 与平面 BAE 夹角为 θ，则 $\cos\theta = |\cos<\boldsymbol{n},\boldsymbol{m}>| = \left|\dfrac{\boldsymbol{n} \cdot \boldsymbol{m}}{|\boldsymbol{n}||\boldsymbol{m}|}\right| = \dfrac{2\sqrt{6}}{9}$．

所以平面 ADE 与平面 BAE 夹角的余弦值为 $\dfrac{2\sqrt{6}}{9}$．

4.5　文化情境、数学应用

【例 16】北京大兴国际机场的显著特点之一是各种弯曲空间的运用．刻画空间的弯曲性是几何研究的重要内容．用曲率刻画空间弯曲性，规定：多面体顶点的曲率等于 2π 与多面体在该点的面角之和的差（多面体的面的内角叫作多面体的面角，角度用弧度制）．多面体面上非顶点的曲率均为零，多面体的总曲率等于该多面体各顶点的曲率之和．例如，正四面体在每个顶点有 3 个面角，每个面角是 $\dfrac{\pi}{3}$，所以，正四面体在各顶点的曲率为 $2\pi - 3 \times \dfrac{\pi}{3} = \pi$，故其总曲率为 4π．

（1）求四棱锥的总曲率；

（2）若多面体满足：顶点数-棱数+面数=2，证明：这类多面体的总曲率是常数.

解：（1）总曲率=2π×顶点数−所有内角和，因为四棱锥底面的内角和为 2π，四个侧面的内角和为 4π，所以总曲率为 2π×5−2π−4π=4π.

（2）对于多面体，顶点数−棱数+面数=2，

总曲率=2π×顶点数−各面内角之和.

设面数为 k，n_i 为第 $i(i=1,2,\cdots,k)$ 个面的边数，各面内角之和可以表示为 $\sum_{i=1}^{n}(n_i-2)\pi$.

由于一个棱会出现在两个面上，所以 $\sum_{i=1}^{n}(n_i-2)\pi$=棱数×2π−面数×2π，

从而总曲率=2π×顶点数−棱数×2π+面数×2π=2π×(顶点数−棱数+面数)=2π×2=4π.

【设计意图】 随着新高考改革，考试逐渐回归其本质，别致新颖的立体几何题型不断涌现，其中的新定义问题常常令考生束手无策。因此，读懂题意才能快速有效地切入新问题情境.

第 5 单元　解析几何

解析几何的学习，可以帮助学生在平面直角坐标系中，认识直线、圆、椭圆、抛物线、双曲线的几何特征，建立它们的标准方程，运用代数方法进一步认识圆锥曲线的性质以及它们之间的位置关系．圆锥曲线的定义、方程与几何性质是高考解析几何中考查的知识点，直线与圆锥曲线在实际问题中的应用，以及圆锥曲线之间的综合问题对学生的综合能力要求比较高．

本单元内容包括直线与方程、圆与方程、圆锥曲线与方程．本单元涉及的主要思想方法有：数形结合、化归与转化、主元与消元、函数与方程、分类讨论等．本单元需要落实的核心素养有：数学运算、直观想象、逻辑推理等．

5.1　一题多问、串联知识

直线和椭圆的位置关系是解析几何中非常重要的知识，是高考重点考查的知识点之一，在高考中占据一个大题位置．我们通过一题多问，串起常见的直线和圆锥曲线的关系问题，总结出解决这些问题的通法，有利于学生快速熟练地掌握直线和椭圆问题的各种解法．

5.1.1　直线与圆锥曲线联立求解问题

【例 1】已知直线 $l: y = kx + 1$ 与椭圆 $C: x^2 + \dfrac{y^2}{4} = 1$ 相交于两点 A、B．

（1）若 AB 中点的横坐标大于 $\dfrac{1}{5}$，求 k 的取值范围；

（2）求 AB 中点横坐标的取值范围；

（3）若 AB 中点在直线 $y = \dfrac{1}{2}$ 上，求 k 的值；

（4）若 AB 中点与短轴右端点的连线斜率为 -1，求 k 的值；

（5）若 $|AB| = 2\sqrt{2}$，求 k 的值；

（6）以 AB 为直径的圆过原点，求 k 的值；

（7）设点 $N(2, 0)$，以 AB 为直径的圆过 N 点，求 k 的值；

(8) 设 $P\left(\dfrac{1}{2}, 0\right)$，若 $|\overrightarrow{PA}| = |\overrightarrow{PB}|$，求 k 的值；

(9) 设直线 l 与 y 轴交于点 M，若 $\overrightarrow{AM} = 2\overrightarrow{MB}$，求 k 的值；

(10) 若椭圆上有一点 M，使得四边形 $OAMB$ 是平行四边形，求 k 的值.

分析：l 与 C 联立得 $(k^2+4)x^2 + 2kx - 3 = 0$，设 $A(x_1, y_1), B(x_2, y_2)$，

$\Delta > 0 \Rightarrow k \in \mathbf{R}$，$x_1 + x_2 = -\dfrac{2k}{k^2+4}$，$x_1 x_2 = \dfrac{-3}{k^2+4}$，中点坐标 $\left(-\dfrac{k}{k^2+4}, \dfrac{4}{k^2+4}\right)$.

(1) 由 $-\dfrac{k}{k^2+4} > \dfrac{1}{5}$ 得 $-4 < k < -1$.

(2) $-\dfrac{1}{4} \leq x_{中} \leq \dfrac{1}{4}$. 提示：求 $x_{中} = -\dfrac{k}{k^2+4}$ ($k \in \mathbf{R}$) 的值域，可求导，也可用均值与不等式性质.

(3) ± 2.

(4) 0 或 -1.

【设计意图】 本题通过一题多问的方式，涵盖了直线与椭圆相交的基本问题. 学生可以通过这道题，高效地掌握解决直线和圆锥曲线关系问题的基本方法，提高数学运算、逻辑推理等数学素养.（1）至（4）问都是有关中点的问题，直线和圆锥曲线相交，用韦达定理正确求出中点坐标是必备基本功. 有了中点坐标，就可以解决各种跟中点有关的问题.

(5) 弦长公式：$|AB| = \sqrt{1+k^2}\sqrt{(x_1+x_2)^2 - 4x_1 x_2} = \sqrt{1+k^2}\dfrac{\sqrt{\Delta}}{|a|}$，解得 $k^2 = \sqrt{10}$，$k = \pm\sqrt[4]{10}$.

【设计意图】（5）是关于弦长的问题，学生一定要会灵活运用弦长公式，有了弦长就可以解决很多面积问题.

(6) 转化为：$\angle AOB = \dfrac{\pi}{2} \Leftrightarrow \overrightarrow{OA} \cdot \overrightarrow{OB} = 0 \Leftrightarrow x_1 x_2 + y_1 y_2 = 0$，$k = \pm\dfrac{1}{2}$.

(7) 转化为：$\angle ANB = \dfrac{\pi}{2} \Leftrightarrow \overrightarrow{NA} \cdot \overrightarrow{NB} = 0 \Leftrightarrow (x_1-2)(x_2-2) + y_1 y_2 = 0$，$k = -\dfrac{17}{4}$.

【设计意图】（6）、（7）是把以弦为直径的圆过某点的问题，都转化为向量垂直的问题，计算比较简单.

(8) 设 AB 中点 G，根据等腰三角形的性质，转化为 $PG \perp AB$，$k_{PG} \cdot k_{AB} = -1$，得 $k = 3 \pm \sqrt{5}$.

【设计意图】（8）是把弦为底边的等腰三角形的问题，转化为底边中点和顶

点的直线与弦互相垂直的问题，计算比较简单．

（9）∵ $\overrightarrow{AM} = 2\overrightarrow{MB}$，∴ $x_1 = -2x_2$，

$$\begin{cases} x_1 + x_2 = -\dfrac{2k}{k^2+4}, \\ x_1 x_2 = \dfrac{-3}{k^2+4}, \\ x_1 = -2x_2, \end{cases}$$

解方程组得 $k = \pm\dfrac{2}{5}\sqrt{15}$．

【设计意图】（9）直线过点，但点不是弦中点的问题．利用比例得出 x_1 与 x_2 的关系（或者 y_1 与 y_2 的关系），韦达定理当已知，3 个方程 3 个未知数，解方程组．

（10）$\overrightarrow{OM} = \overrightarrow{OA} + \overrightarrow{OB}$，$M(x_1+x_2, y_1+y_2)$，$M\left(\dfrac{-2k}{k^2+4}, \dfrac{8}{k^2+4}\right)$ 在椭圆上，代入椭圆方程得 $k = 0$．

【设计意图】（10）平行四边形的条件通过 $\overrightarrow{OM} = \overrightarrow{OA} + \overrightarrow{OB}$，求出 M 点坐标，代入椭圆方程可求 k 值．

5.1.2 设点求解圆锥曲线问题

【例 2】已知椭圆 $C: \dfrac{x^2}{4} + y^2 = 1$，$A$、$B$ 为左、右顶点，E、F 为上、下顶点，P 为椭圆 C 上一点．

（1）$N(1,0)$，若 $\angle APN = \dfrac{\pi}{2}$，求 P 点坐标及 k_{PN}．

解：设 $P(x_0, y_0)$ ∵ P 在椭圆上，

∴ $\qquad x_0^2 + 4y_0^2 = 4$． ①

∵ $\angle APN = \dfrac{\pi}{2}$，∴ $\overrightarrow{PA} \cdot \overrightarrow{PN} = 0$，$\overrightarrow{PA} = (-2-x_0, -y_0)$，$\overrightarrow{PN} = (1-x_0, -y_0)$

得 $\qquad (-2-x_0)(1-x_0) + y_0^2 = 0$． ②

由①、②可得 $P\left(\dfrac{2}{3}, \pm\dfrac{2}{3}\sqrt{2}\right)$，$k_{PN} = \pm 2\sqrt{2}$．

（2）若 P 在第一象限，$N(1,0)$，直线 PN 交 y 轴于点 Q，若 $\angle PBQ = \dfrac{\pi}{2}$，求 P 点坐标．

解：设 $P(x_0, y_0)$，由题 $x_0 > 0$，$y_0 > 0$，得

$$PN: y = \frac{y_0}{x_0 - 1}(x-1), \quad Q\left(0, \frac{-y_0}{x_0 - 1}\right), \quad B(2, 0).$$

$\because \angle PBQ = \dfrac{\pi}{2}$，$\therefore \overrightarrow{BP} \cdot \overrightarrow{BQ} = 0$，得

$$-2(x_0 - 2) + y_0\left(\frac{-y_0}{x_0 - 1}\right) = 0. \qquad ①$$

又 $\because P$ 在椭圆上，

$\therefore \qquad\qquad\qquad\qquad x_0^2 + 4y_0^2 = 4. \qquad\qquad\qquad ②$

由①、②得 $x_0 = \dfrac{2}{7}$，$\therefore P\left(\dfrac{10}{7}, \dfrac{2}{7}\sqrt{6}\right)$.

变式：若 P 在第一象限，$N(1, 0)$，直线 PN 交 y 轴于点 Q，若以 PQ 为直径的圆过点 B，求 P 点坐标.

（3）$N(1, 0)$，求 $|PN|$ 的范围.

解：设 $P(x_0, y_0)$，$\because P$ 在椭圆上，$\therefore x_0^2 + 4y_0^2 = 4$，

$$|PN| = \sqrt{(x_0 - 1)^2 + y_0^2} = \sqrt{(x_0 - 1)^2 + 1 - \frac{1}{4}x_0^2} = \sqrt{\frac{3}{4}x_0^2 - 2x_0 + 2} \quad (-2 \leqslant x_0 \leqslant 2).$$

当 $x_0 = \dfrac{4}{3}$ 时，$|PN|$ 取最小值 $\dfrac{\sqrt{6}}{3}$；当 $x_0 = -2$ 时，$|PN|$ 取最大值 3.

（4）P 在第一象限，直线 PA 与 y 轴交于点 N，直线 PF 与 x 轴交于点 M，求四边形 $AFMN$ 的面积.

解：设 $P(x_0, y_0)$，$\because P$ 在椭圆上，$\therefore x_0^2 + 4y_0^2 = 4$，

$AP: y = \dfrac{y_0}{x_0 + 2}(x + 2)$，得 $N\left(0, \dfrac{2y_0}{x_0 + 2}\right)$. $FP: y - 1 = \dfrac{y_0 + 1}{x_0}x$，得 $M\left(\dfrac{x_0}{y_0 + 1}, 0\right)$.

$$S = \frac{1}{2}|AM||FN| = \frac{1}{2}\left(\frac{x_0}{y_0 + 1} + 2\right)\left(\frac{2y_0}{x_0 + 2} + 1\right)$$

$$= \frac{1}{2} \times \frac{(x_0 + 2y_0 + 2)(2y_0 + x_0 + 2)}{(y_0 + 1)(x_0 + 2)}$$

$$= \frac{1}{2} \times \frac{x_0^2 + 4y_0^2 + 4x_0y_0 + 4x_0 + 8y_0 + 4}{x_0y_0 + x_0 + 2y_0 + 2} = \frac{1}{2} \times \frac{4 + 4x_0y_0 + 4x_0 + 8y_0 + 4}{x_0y_0 + x_0 + 2y_0 + 2}$$

$$= \frac{1}{2} \times \frac{4(x_0y_0 + x_0 + 2y_0 + 2)}{x_0y_0 + x_0 + 2y_0 + 2} = 2.$$

【设计意图】 圆锥曲线大题中如果设直线，题目涉及的点不是直线和椭圆的交点，韦达定理用不上，这时候要用设点的方法．设点，从题目中找条件，一个条件一个方程，列出方程组，通过解方程组来解决问题．设椭圆上一点 $P(x_0, y_0)$，一定有一个关于 x_0, y_0 的方程，如果再给一个独立条件，又能得到一个 x_0, y_0 的方程，两个方程，两个未知数，可以求出 x_0, y_0．如果没有第二个条件了，则 x_0, y_0 不独立，有关系，可以求出有关 x_0, y_0 式子的范围．

5.2 专题专训、总结方法

5.2.1 直线和圆的问题

【例 3】 已知点 $P(x,y)$ 是圆 $C: x^2 + 2x + y^2 - 1 = 0$ 上任意一点，$M(-2,0)$，$N(2,0)$．

（1）若 $x + \sqrt{7}y - 1 = 0$ 与圆交于 A、B 两点，则 $|AB|=$ _____；$\overrightarrow{CA} \cdot \overrightarrow{CB} =$ _____．

（2）若 $x + my - 1 = 0$ 与圆交于 A、B 两点，且 $\triangle ABC$ 为直角三角形，则 $m =$ _____．

（3）过点 $N(2,0)$ 作圆的切线，切线方程为 _____；切线长为 _____．

（4）$|PN| \in$ _____．

（5）$\overrightarrow{PM} \cdot \overrightarrow{PN} \in$ _____．

（6）$|\overrightarrow{PM} + \overrightarrow{PN}| \in$ _____．

（7）若点 $G(2,-m), H(2,m)\ (m>0)$，圆 C 上存在点 P，使得 $\angle GPH = 90°$，则 $m \in$ _____．

解：（1）根据垂径定理，圆心 C 与 AB 中点 E 的连线垂直于直线 AB，所以圆心 C 到直线 AB 的距离 $d = |CE| = \dfrac{\sqrt{2}}{2}$，$|AB| = 2\sqrt{r^2 - d^2} = \sqrt{6}$，根据直角三角形 BCE，得

$\cos \angle BCE = \dfrac{1}{2}$，$\angle BCE = \dfrac{\pi}{3}$，$\angle ACB = \dfrac{2}{3}\pi$，$\overrightarrow{CA} \cdot \overrightarrow{CB} = \sqrt{2} \cdot \sqrt{2} \cdot \cos \dfrac{2}{3}\pi = -1$．

（2）∵ $|CA| = |CB|$，∴ $\angle ACB = \dfrac{\pi}{2}$，$AB$ 中点为 E，圆心到直线 AB 的距离

$d=|CE|=r\cos\dfrac{\pi}{4}=1$,$\dfrac{|-1-1|}{\sqrt{1+m^2}}=1$,得$m=\pm\sqrt{3}$.

（3）由题可知,切线的斜率存在,设切线$y=k(x-2)$,圆心到直线的距离$d=r$,$d=\dfrac{|-k-2k|}{\sqrt{k^2+1}}=\sqrt{2}$,$k^2=\dfrac{2}{7}$,$k=\pm\dfrac{\sqrt{14}}{7}$,设切点为$F$,根据勾股定理,切线长$|NF|=\sqrt{CN^2-r^2}=\sqrt{7}$.

（4）画图,$|NC|-r\leqslant|PN|\leqslant|NC|+r$,$|PN|\in[3-\sqrt{2},3+\sqrt{2}]$.

（5）**方法一**：设线段MN中点为O,

$\because\overrightarrow{PM}\cdot\overrightarrow{PN}=(\overrightarrow{PO}+\overrightarrow{OM})\cdot(\overrightarrow{PO}+\overrightarrow{ON})=\overrightarrow{PO}^2-\overrightarrow{OM}^2=|PO|^2-|OM|^2$

$=|PO|^2-4$,

$\therefore r-|CO|\leqslant|PO|\leqslant r+|CO|$,$\sqrt{2}-1\leqslant|PO|\leqslant\sqrt{2}+1$,

$\overrightarrow{PM}\cdot\overrightarrow{PN}\in[-1-2\sqrt{2},-1+2\sqrt{2}]$.

方法二：设$P(x,y)$,$\overrightarrow{PM}=(-2-x,-y)$,$\overrightarrow{PN}=(2-x,-y)$,

$\because\overrightarrow{PM}\cdot\overrightarrow{PN}=x^2+y^2-4=1-2x-4=-3-2x$,$-1-\sqrt{2}\leqslant x\leqslant-1+\sqrt{2}$,

$\therefore\overrightarrow{PM}\cdot\overrightarrow{PN}\in[-1-2\sqrt{2},-1+2\sqrt{2}]$.

方法三：由方法二得$\overrightarrow{PM}\cdot\overrightarrow{PN}=x^2+y^2-4$,将$\begin{cases}x=1+\sqrt{2}\cos\alpha\\y=\sqrt{2}\sin\alpha\end{cases}$代入,

得 $\overrightarrow{PM}\cdot\overrightarrow{PN}=(1+\sqrt{2}\cos\alpha)^2+(\sqrt{2}\sin\alpha)^2=2\sqrt{2}\cos\alpha-1$,

$\overrightarrow{PM}\cdot\overrightarrow{PN}\in[-1-2\sqrt{2},-1+2\sqrt{2}]$.

（6）线段MN中点为O,$|\overrightarrow{PM}+\overrightarrow{PN}|=2|\overrightarrow{PO}|$,画图可得

$r-|CO|\leqslant|PO|\leqslant r+|CO|$,$\sqrt{2}-1\leqslant|PO|\leqslant\sqrt{2}+1$,$|\overrightarrow{PM}+\overrightarrow{PN}|=2|\overrightarrow{PO}|$,

$\sqrt{2}-1\leqslant|PO|\leqslant\sqrt{2}+1$,$|\overrightarrow{PM}+\overrightarrow{PN}|=2|\overrightarrow{PO}|\in[2\sqrt{2}-2,2\sqrt{2}+2]$.

（7）画图可知,P在以GH为直径的圆上,设GH的中点为$I(2,0)$,圆I与圆C有公共点,

$R-r\leqslant|IC|\leqslant R+r$,$m-\sqrt{2}\leqslant 3\leqslant m+\sqrt{2}$,$m\in[3-\sqrt{2},3+\sqrt{2}]$.

【**设计意图**】（1）、（2）涉及直线和圆相交,用圆的平面几何性质,利用垂径定理,可以构造出直角三角形,解小直角三角形,可以求出弦长$|AB|=2\sqrt{r^2-d^2}$（d为圆心到直线的距离）,求出弦所对的圆心角,进而可以求出跟弦长和圆周角有关的问题.（3）涉及的是圆与直线相切的问题,主要用上圆心到直线的距离等

于半径这个条件．也可以构造出直角三角形，求出切线长及两条切线所成的夹角．（4）涉及圆上的点到一个定点的距离的范围．方法就是画图，根据圆的平面几何性质可知，若定点在圆外，$d-r \leqslant |PN| \leqslant d+r$（$d$ 为圆心到定点的距离）；若定点在圆内，$r-d \leqslant |PN| \leqslant d+r$（$d$ 为圆心到定点的距离）．（5）比较综合，有三种方法：方法一是用向量的性质进行转化，转化为几何性质；方法二是把问题坐标化，把问题转化为代数式子，代入消元，转化为一次函数求范围；方法三前面同方法二，后面是用三角消元，转化为三角函数求范围．求范围问题的基本方法就是几何方法与代数方法．几何方法即利用几何意义转化；代数方法经常利用消元，转化为函数求范围．（6）转化为圆上点到定点的距离的范围．（7）画图，转化为两个圆有公共点的问题．通过这七问，让学生掌握解决跟圆有关问题的方法，最基本的方法就是画图，利用圆的平面几何性质来解决问题．

5.2.2 圆锥曲线定义的应用

【例 4】 已知 P 是椭圆 $\dfrac{x^2}{25}+\dfrac{y^2}{16}=1$ 上的点，F_1、F_2 是焦点．

（1）求 $\triangle PF_1F_2$ 的周长；

变式：若椭圆的弦 AB 过焦点 F_1，求 $\triangle ABF_2$ 的周长；

（2）求 $|PF_1||PF_2|$ 的最大值；

变式：求 $|PF_1|^2+|PF_2|^2$ 的范围；

（3）若 $\angle F_1PF_2=60°$，求 $\triangle PF_1F_2$ 的面积；

（4）线段 PF_1 的中点在 y 轴上，那么 $|PF_1|$ 是 $|PF_2|$ 的多少倍？

解： $|PF_1|+|PF_2|=2a$，

（1）$|PF_1|+|PF_2|+|F_1F_2|=2a+2c=16$．

变式：$4a=20$．

（2）设 $|PF_1|=t, |PF_2|=2a-t, |PF_1||PF_2|=t(2a-t)=t(10-t)$，$a-c \leqslant t \leqslant a+c$，$|PF_1||PF_2| \in [16,25]$．故最大值为 25．

变式：$|PF_1|^2+|PF_2|^2=t^2+(2a-t)^2=2t^2-4at+4a^2$，$a-c \leqslant t \leqslant a+c$ 得 $|PF_1|^2+|PF_2|^2 \in [50,68]$．

（3）

$$\cos\angle F_1PF_2 = \dfrac{|PF_1|^2+|PF_2|^2-|F_1F_2|^2}{2|PF_1||PF_2|} = \dfrac{(|PF_1|+|PF_2|)^2-2|PF_1||PF_2|-|F_1F_2|^2}{2|PF_1||PF_2|}$$

$$= \frac{4b^2 - 2|PF_1||PF_2|}{2|PF_1||PF_2|}, \quad \cos\angle F_1PF_2 = \frac{2b^2}{|PF_1||PF_2|} - 1,$$

$$S = \frac{1}{2}|PF_1||PF_2|\sin\angle F_1PF_2 = b^2 \frac{\sin\angle F_1PF_2}{1+\cos\angle F_1PF_2} = b^2 \tan\frac{\angle F_1PF_2}{2} = \frac{16}{3}\sqrt{3}.$$

（4）线段 PF_1 的中点在 y 轴上，$PF_2 \perp F_1F_2$，不妨设 $F_2(3,0)$，可求得 $P\left(3, \pm\frac{16}{5}\right)$，$|PF_2| = \frac{16}{5}$，$|PF_1| = 2a - |PF_2| = \frac{34}{5}$，可求得 $\frac{17}{8}$。

【设计意图】 圆锥曲线的定义经常在焦点三角形中使用。本题把在椭圆中与焦点三角形相关的常见问题都串起来了，集中解决这些问题，可以对椭圆定义的理解更进一步。

【例5】（1）如图 5-1 所示，已知动圆 M 与圆 $C_1:(x+4)^2+y^2=2$ 相外切，与圆 $C_2:(x-4)^2+y^2=2$ 相内切，求动圆圆心 M 的轨迹方程。

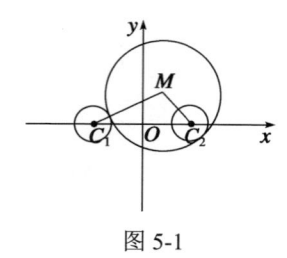

图 5-1

解： 设动圆 M 的半径为 r，

则由已知可得 $|MC_1| = r + \sqrt{2}$，$|MC_2| = r - \sqrt{2}$，

$\therefore |MC_1| - |MC_2| = 2\sqrt{2}$。

又 $C_1(-4,0)$，$C_2(4,0)$，

$\therefore |C_1C_2| = 8$，$\therefore 2\sqrt{2} < |C_1C_2|$。

根据双曲线定义知，点 M 的轨迹是以 $C_1(-4,0)$、$C_2(4,0)$ 为焦点的双曲线的右支。

$\because a = \sqrt{2}$，$c = 4$，$\therefore b^2 = c^2 - a^2 = 14$，

$\therefore$ 点 M 的轨迹方程为 $\frac{x^2}{2} - \frac{y^2}{14} = 1$（$x \geq \sqrt{2}$）。

（2）已知 F 是双曲线 $\frac{x^2}{4} - \frac{y^2}{12} = 1$ 的左焦点，$A(1,4)$，P 是双曲线右支上的动点，求 $|PF| + |PA|$ 的最小值。

解：设双曲线的右焦点为 F_1，则由双曲线的定义可知 $|PF|=2a+|PF_1|=4+|PF_1|$，于是 $|PF|+|PA|=4+|PF_1|+|PA|$，所以当满足 $|PF_1|+|PA|$ 最小时，$|PF|+|PA|$ 最小．当点 A、P、F_1 共线时，$|PF_1|+|PA|$ 最小，可求得 $|PF|+|PA|$ 的最小值为 9．

（3）双曲线 $\dfrac{x^2}{a^2}-\dfrac{y^2}{b^2}=1$（$a>0$，$b>0$），$F_1$、$F_2$ 为焦点，弦 AB 过 F_1 且与双曲线的一支相交于点 A、B，若 $|AF_2|+|BF_2|=2|AB|$，则 $|AB|=$ _____．

解：由双曲线的定义可知，$|AF_2|-|AF_1|=2a$，$|BF_2|-|BF_1|=2a$，
两式相加，得 $|AF_2|+|BF_2|-(|AF_1|+|BF_1|)=4a$，注意到 $|AF_1|+|BF_1|=|AB|$，又已知 $|AF_2|+|BF_2|=2|AB|$，所以 $|AB|=4a$．

【变式】点 P 是双曲线 $\dfrac{x^2}{16}-\dfrac{y^2}{20}=1$ 上的一点，F_1、F_2 是双曲线的两个焦点，且 $|PF_1|=9$，则 $|PF_2|=$ _____．

解：由双曲线的方程可知，$a^2=16$，$b^2=20$，$c^2=a^2+b^2=36$，所以 $a=4$，$c=6$．

点 P 在双曲线上，由双曲线的定义，有 $||PF_1|-|PF_2||=2a=8$，
解得 $|PF_2|=1$ 或 17，又 $|PF_2|\geqslant c-a=2$，所以 $|PF_2|=17$．

（4）设 P 为双曲线 $x^2-\dfrac{y^2}{12}=1$ 上的一点，F_1、F_2 是该双曲线的两个焦点，若 $|PF_1|:|PF_2|=3:2$，则 $\triangle PF_1F_2$ 的面积为（　　）．

  A．$6\sqrt{3}$ B．12   C．$12\sqrt{3}$ D．24

解：$a=1$，$b=\sqrt{12}$，$c=\sqrt{13}$，$\because |PF_1|:|PF_2|=3:2$，
又 $||PF_1|-|PF_2||=2a=2$，$\therefore |PF_1|=6$，$|PF_2|=4$．
$\because |PF_1|^2+|PF_2|^2=52$，$|F_1F_2|^2=52$，所以 $\triangle PF_1F_2$ 为直角三角形，
$\therefore S_{\triangle PF_1F_2}=\dfrac{1}{2}|PF_1|\cdot|PF_2|=\dfrac{1}{2}\times 6\times 4=12$．

故选 B．

【设计意图】运用双曲线的定义，把到一个焦点的距离转化为到另一个焦点的距离可以使问题变得简单一些．本题把在双曲线中与定义相关的常见问题都串起来了，集中解决这些问题，可以更深地理解双曲线的定义．

【例 6】已知抛物线 $y^2=2px$（$p>0$）的焦点为 F，过 F 的直线 l 与抛物线交于两点 $A(x_1,y_1)$，$B(x_2,y_2)$，直线 l 的倾斜角为 θ，求证：

（1）$y_1y_2=-p^2$，$x_1x_2=\dfrac{p^2}{4}$；（y_1y_2，x_1x_2 为定值）

（2）$|AB|=x_1+x_2+p=\dfrac{2p}{\sin^2\theta}$；

（3）$\triangle AOB$ 的面积 $S=\dfrac{p^2}{2\sin\theta}$；

（4）$\dfrac{1}{|AF|}+\dfrac{1}{|BF|}=\dfrac{2}{p}$（为定值）；

（5）以 AB 为直径的圆与抛物线的准线相切．

证：（1）抛物线焦点坐标为 $F\left(\dfrac{p}{2},0\right)$．

设直线 l 方程为 $x=my+\dfrac{p}{2}$，代入 $y^2=2px$，

得 $y^2=2p\left(my+\dfrac{p}{2}\right)$，即 $y^2-2pmy-p^2=0$ ①

则 y_1，y_2 是方程①的两个实数根，所以 $y_1y_2=-p^2$．

因为 $y_1^2=2px_1$，$y_2^2=2px_2$，所以 $y_1^2y_2^2=4p^2x_1x_2$，

所以 $x_1x_2=\dfrac{y_1^2y_2^2}{4p^2}=\dfrac{p^4}{4p^2}=\dfrac{p^2}{4}$．

（2）$|AB|=|AF|+|BF|=x_1+\dfrac{p}{2}+x_2+\dfrac{p}{2}=x_1+x_2+p$

$=my_1+\dfrac{p}{2}+my_2+\dfrac{p}{2}+p=m(y_1+y_2)+2p$．

由（1）中方程①，得 $y_1+y_2=2pm$，代入上式，得

$|AB|=m\cdot 2pm+2p=2p(m^2+1)$．

又 $m=\dfrac{1}{\tan\theta}=\dfrac{\cos\theta}{\sin\theta}$，所以 $|AB|=2p\left(\dfrac{\cos^2\theta}{\sin^2\theta}+1\right)=2p\cdot\dfrac{\cos^2\theta+\sin^2\theta}{\sin^2\theta}=\dfrac{2p}{\sin^2\theta}$．

综上，$|AB|=x_1+x_2+p=\dfrac{2p}{\sin^2\theta}$．

（3）$\triangle AOB$ 的面积 $S=\dfrac{1}{2}|OF||y_1-y_2|=\dfrac{1}{2}\cdot\dfrac{p}{2}|y_1-y_2|=\dfrac{p}{4}|y_1-y_2|$，

$|y_1-y_2|^2=(y_1-y_2)^2=(y_1+y_2)^2-4y_1y_2=(2pm)^2-4(-p^2)=4p^2(m^2+1)$

$=4p^2\left(\dfrac{\cos^2\theta}{\sin^2\theta}+1\right)=4p^2\cdot\dfrac{\cos^2\theta+\sin^2\theta}{\sin^2\theta}=\dfrac{4p^2}{\sin^2\theta}$，$|y_1-y_2|=\dfrac{2p}{\sin\theta}$．

所以 $\triangle AOB$ 的面积 $S = \dfrac{p}{4} \cdot \dfrac{2p}{\sin\theta} = \dfrac{p^2}{2\sin\theta}$.

（4）$\dfrac{1}{|AF|} + \dfrac{1}{|BF|} = \dfrac{1}{x_1 + \dfrac{p}{2}} + \dfrac{1}{x_2 + \dfrac{p}{2}} = \dfrac{x_1 + x_2 + p}{x_1 x_2 + \dfrac{p}{2}(x_1 + x_2) + \dfrac{p^2}{4}}$，由 $x_1 x_2 = \dfrac{p^2}{4}$，

代入上式，得 $\dfrac{1}{|AF|} + \dfrac{1}{|BF|} = \dfrac{x_1 + x_2 + p}{\dfrac{p^2}{4} + \dfrac{p}{2}(x_1 + x_2) + \dfrac{p^2}{4}} = \dfrac{x_1 + x_2 + p}{\dfrac{p}{2}(x_1 + x_2 + p)} = \dfrac{2}{p}$（为定值）.

（5）如图 5-2 所示，设 AB 的中点为 $M(x_0, y_0)$，分别过 A、B 作准线的垂线，垂足为 C、D，过 M 作准线的垂线，垂足为 N，则

$$|MN| = \dfrac{1}{2}(|AC| + |BD|) = \dfrac{1}{2}(|AF| + |BF|) = \dfrac{1}{2}|AB|,$$

所以以 AB 为直径的圆与抛物线的准线相切.

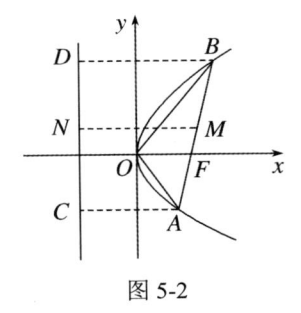

图 5-2

【设计意图】本题涵盖了抛物线中与焦点弦有关的常见结论，既有代数推理、又有几何直观想象，有利于培养学生思维的多样性、提升综合能力.

5.2.3 求离心率的取值或范围

【例 7】求以下离心率相关问题.

（1）椭圆长轴一个端点与短轴两端点张开的视角为 60 度，求离心率 e.

（2）F_1、F_2 是椭圆的焦点，P 是椭圆上一点，$PF_1 \perp PF_2$，且 $\angle PF_1 F_2 = 30°$，求离心率 e.

（3）若椭圆 $\dfrac{x^2}{k+8} + \dfrac{y^2}{9} = 1$ 的 $e = \dfrac{1}{2}$，则 k 的值为 _____.

（4）P 是椭圆 $\dfrac{x^2}{a^2} + \dfrac{y^2}{b^2} = 1$ 上的点，F_1、F_2 是焦点，若存在点 P 使 $\angle F_1 P F_2 = \dfrac{\pi}{2}$，

求椭圆离心率的范围.

（5）椭圆 $\dfrac{x^2}{a^2}+\dfrac{y^2}{b^2}=1$ 过原点的直线 l 交椭圆于 A、B 两点，F_1、F_2 是焦点，若存在直线 l 使 $\Box AF_1BF_2$ 的面积为 ab，求椭圆离心率的范围.

（6）设 F_1 和 F_2 为双曲线 $\dfrac{x^2}{a^2}-\dfrac{y^2}{b^2}=1$（$a>0$，$b>0$）的两个焦点，若 F_1、F_2、$P(0,2b)$ 是正三角形的三个顶点，则双曲线的离心率为（　　）.

A. $\dfrac{3}{2}$　　　　B. 2　　　　C. $\dfrac{5}{2}$　　　　D. 3

（7）如图 5-3 所示，F_1 和 F_2 分别是双曲线 $\dfrac{x^2}{a^2}-\dfrac{y^2}{b^2}=1$（$a>0$，$b>0$）的两个焦点，$A$ 和 B 是以 O 为圆心、以 $|OF_1|$ 为半径的圆与该双曲线左支的两个交点，且 $\triangle F_2AB$ 是等边三角形，则双曲线的离心率为（　　）.

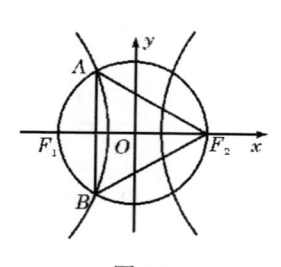

图 5-3

A. $\sqrt{3}$　　　　B. $1+\sqrt{3}$　　　　C. $\dfrac{\sqrt{5}}{2}$　　　　D. $\sqrt{5}$

（8）已知双曲线 $\dfrac{x^2}{a^2}-\dfrac{y^2}{b^2}=1$（$a>0$，$b>0$），过其右焦点且垂直于实轴的直线与双曲线交于 M、N 两点，O 为坐标原点. 若 $OM \perp ON$，则双曲线的离心率为（　　）.

A. $\dfrac{-1+\sqrt{3}}{2}$　　B. $\dfrac{1+\sqrt{3}}{2}$　　C. $\dfrac{-1+\sqrt{5}}{2}$　　D. $\dfrac{1+\sqrt{5}}{2}$

（9）已知双曲线 $\dfrac{x^2}{a^2}-\dfrac{y^2}{b^2}=1$（$a>0$，$b>0$）的左、右焦点分别为 F_1、F_2，点 P 在双曲线的右支上，$|PF_1|=4|PF_2|$，则此双曲线的离心率 e 的最大值是_____.

（10）已知点 F 是双曲线 $\dfrac{x^2}{a^2}-\dfrac{y^2}{b^2}=1$（$a>0$，$b>0$）的左焦点，点 E 是该双曲线的右顶点，过 F 且垂直于 x 轴的直线与双曲线交于 A、B 两点，若 $\triangle ABE$ 是钝角三角形，则该双曲线的离心率 e 的取值范围是_____．

变式训练 1：若 $\triangle ABE$ 是锐角三角形，则该双曲线的离心率 e 的取值范围是_____．

变式训练 2：若 $\triangle ABE$ 是直角三角形，则该双曲线的离心率 e 的取值范围是_____．

解：（1）$\dfrac{b}{a}=\tan 30°=\dfrac{\sqrt{3}}{3}$，$\dfrac{b^2}{a^2}=\dfrac{a^2-c^2}{a^2}=\dfrac{1}{3}$，$e=\dfrac{\sqrt{6}}{3}$．

（2）$|PF_2|=|F_1F_2|\cdot\sin 30°=c$，$|PF_1|=|F_1F_2|\cdot\cos 30°=\sqrt{3}c$，$|PF_1|+|PF_2|=c+\sqrt{3}c=2a$，$e=\dfrac{c}{a}=\sqrt{3}-1$．

（3）若焦点在 x 轴上，$a^2=k+8$，$b^2=9$，$c^2=k-1$，$\dfrac{c^2}{a^2}=\dfrac{k-1}{k+8}=\dfrac{1}{4}$，得 $k=4$；

若焦点在 y 轴上，$a^2=9$，$b^2=k+8$，$c^2=1-k$，$\dfrac{c^2}{a^2}=\dfrac{1-k}{9}=\dfrac{1}{4}$，得 $k=-\dfrac{5}{4}$；

故 $k=4$ 或 $-\dfrac{5}{4}$．

（4）$\angle F_1PF_2\geqslant\dfrac{\pi}{2}$，$\dfrac{c}{b}\geqslant\tan\dfrac{\pi}{4}$，$\dfrac{c^2}{b^2}=\dfrac{c^2}{a^2-c^2}\geqslant 1$，$c^2\geqslant a^2-c^2$，$2c^2\geqslant a^2$，得 $e\in\left[\dfrac{\sqrt{2}}{2},1\right)$．

（5）设 $A(x_0,y_0)$，$S=2S_{\triangle AF_1F_2}=2\cdot\dfrac{1}{2}\cdot 2c\cdot|y_0|=ab$，$|y_0|=\dfrac{ab}{2c}$，$0<|y_0|\leqslant b$，得 $e\in\left[\dfrac{1}{2},1\right)$．

（6）由 $\tan\dfrac{\pi}{6}=\dfrac{c}{2b}=\dfrac{\sqrt{3}}{3}$ 有 $3c^2=4b^2=4(c^2-a^2)$，则 $e=\dfrac{c}{a}=2$，故选 B．

（7）连接 AF_1，$\angle AF_2F_1=30°$，$|AF_1|=c$，$|AF_2|=\sqrt{3}c$，所以 $2a=(\sqrt{3}-1)c$，所以双曲线的离心率为 $e=\dfrac{c}{a}=\dfrac{2}{\sqrt{3}-1}=\sqrt{3}+1$．故选 B．

（8）设右焦点为 F，由 $OM\perp ON$，得 $\triangle OMN$ 为等腰直角三角形，$\therefore$

$|MF|=|OF|$，$\therefore \dfrac{b^2}{a}=c$，$\therefore c^2-ac-a^2=0$，解得 $\dfrac{c}{a}=\dfrac{1\pm\sqrt{5}}{2}$，$\because e>1$，$\therefore$ $e=\dfrac{c}{a}=\dfrac{1+\sqrt{5}}{2}$，故选 D.

（9）由双曲线的定义可得，$|PF_1|-|PF_2|=3|PF_2|=2a$，所以 $|PF_2|=\dfrac{2}{3}a$.

由点 P 在双曲线右支上，有 $|PF_2|=\dfrac{2}{3}a \geq c-a$，得 $c \leq \dfrac{5}{3}a$，

所以双曲线的离心率为 $e=\dfrac{c}{a} \leq \dfrac{5}{3}$，故而双曲线的离心率 e 的最大值是 $\dfrac{5}{3}$.

（10）由双曲线的对称性，知 $EA=EB$，故 $\triangle ABE$ 为等腰三角形.

若 $\triangle ABE$ 是钝角三角形，则当且仅当 $\angle AEF > 45°$.

直线 AB 的方程为 $x=-c$，代入双曲线方程，得 $y^2=\dfrac{b^4}{a^2}$.

取点 $A\left(-c,\dfrac{b^2}{a}\right)$，则 $|AF|=\dfrac{b^2}{a}$，$|EF|=a+c$，$\angle AEF > 45° \Leftrightarrow |AF|>|EF|$，

即 $\dfrac{b^2}{a}>a+c \Rightarrow b^2=c^2-a^2>a^2+ac$，$c^2-ac-2a^2>0$，两边同除以 a^2，得 $e^2-e-2>0$.

解得 $e<-1$ 或 $e>2$，又 $e>1$，所以 $e>2$，故该双曲线的离心率 e 的取值范围是 $(2,+\infty)$.

变式训练 1：若 $\triangle ABE$ 是锐角三角形，则当且仅当 $\angle AEF < 45° \Leftrightarrow |AF|<|EF|$.

同理可得 $c^2-ac-2a^2<0$，得 $e^2-e-2<0$.

解得 $-1<e<2$，又 $e>1$，所以 $1<e<2$，故该双曲线的离心率 e 的取值范围是 $(1,2)$.

变式训练 2：若 $\triangle ABE$ 是直角三角形，则当且仅当 $\angle AEF = 45° \Leftrightarrow |AF|=|EF|$.

同理可得 $c^2-ac-2a^2=0$，得 $e^2-e-2=0$.

解得 $e=-1$ 或 $e=2$，又 $e>1$，所以 $e=2$，故该双曲线的离心率 e 的取值范围是 $\{2\}$.

【设计意图】 求圆锥曲线的离心率是一个常见的题型，是高考中的一个考点，也是难点. 椭圆和双曲线的离心率 e 是一个比值，故只需根据条件得到关于 a、b、c 的一个关系式，消去 b，将方程或不等式变形求得 e，需注意椭圆 $0<e<1$，双曲线 $e>1$. 本题把离心率的常见考法都串起来了，集中突破，更容易掌握方法.

5.2.4 圆锥曲线中的几何性质转化

【例8】 在平面直角坐标系 xOy 中，点 B 与点 $A(-1,1)$ 关于原点 O 对称，P 是动点，且直线 AP 与 BP 的斜率之积等于 $-\dfrac{1}{3}$.

（1）求动点 P 的轨迹方程；

（2）设直线 AP 和 BP 分别与直线 $x=3$ 交于点 M、N，问：是否存在点 P 使得△PAB 与△PMN 的面积相等？若存在，求出点 P 的坐标；若不存在，说明理由.

解：（1）如图 5-4 所示，因点 B 与 $(-1,1)$ 关于原点对称，得 B 点坐标为 $(1,-1)$.
设 P 点坐标为 (x,y)，则 $k_{AP}=\dfrac{y-1}{x+1}$，$k_{BP}=\dfrac{y+1}{x-1}$，由题意得 $\dfrac{y-1}{x+1}\cdot\dfrac{y+1}{x-1}=-\dfrac{1}{3}$，
化简得 $x^2+3y^2=4$（$x\neq\pm 1$），即 P 点轨迹为 $x^2+3y^2=4$（$x\neq\pm 1$）.

（2）因 $\angle APB=\angle MPN$，可得 $\sin\angle APB=\sin\angle MPN$，
又 $S_{\triangle APB}=\dfrac{1}{2}|PA|\cdot|PB|\sin\angle APB$，$S_{\triangle MPN}=\dfrac{1}{2}|PM|\cdot|PN|\sin\angle MPN$.
若 $S_{\triangle APB}=S_{\triangle MPN}$，则有 $|PA|\cdot|PB|=|PM|\cdot|PN|$，
即 $\dfrac{|PA|}{|PM|}=\dfrac{|PN|}{|PB|}$.

设 P 点坐标为 (x_0,y_0)，则有 $\dfrac{|x_0+1|}{|3-x_0|}=\dfrac{|3-x_0|}{|x_0-1|}$，

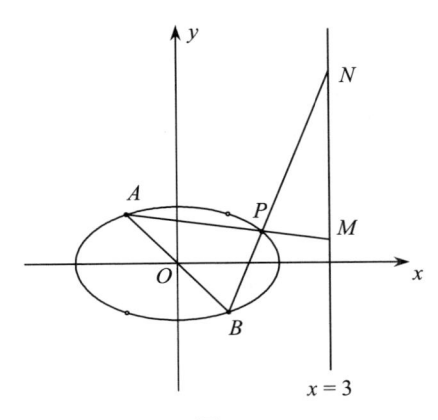

图 5-4

解得 $x_0=\dfrac{5}{3}$，又因 $x^2+3y^2=4$，解得 $y_0=\pm\dfrac{\sqrt{33}}{9}$.

故存在点 P 使得 $\triangle PAB$ 与 $\triangle PMN$ 的面积相等，此时 P 点坐标为 $\left(\dfrac{5}{3},\pm\dfrac{\sqrt{33}}{9}\right)$.

【设计意图】 解析几何首先是几何，"代数"只是我们解决几何问题时用的工具．学生在解答过程中，首先要将几何图形的性质用代数的语言来描述，最终通过坐标的代数运算来解答．"几何"是我们思考的起点和终点，也是问题的缘起和归宿．在具体解答过程中，首先要搞明白试题要解决的是怎样的几何问题；其次要弄清楚解决该几何问题需要用到哪些代数条件，再把几何问题代数化（有时候代数化过程不是很直观，需要把几何问题转化为另一个等价的几何问题后再进行代数化）；再者是利用已知的题设条件，分析这些条件之间的联系，研究并解决转化之后的代数问题；最后要返回去解决几何问题．如果用上几何转化，能让计算变得非常简洁．

本题方法颇多，解答中给出的方法相对比较简洁．三角形"面积相等"，常见的转化方法有：二分之一底乘以高；二分之一两边乘以夹角的正弦、割补等．可引导学生多角度思考问题、自主探究，有利于提升逻辑推理和发散思维等综合能力．同时，也能积累常见的几何转化的结论，构建知识体系．

5.2.5 圆锥曲线中参数（设点、设线方法）的选择

【例9】（16年北京文）已知椭圆 C：$\dfrac{x^2}{a^2}+\dfrac{y^2}{b^2}=1$ 过 $A(2,0)$、$B(0,1)$ 两点.

（Ⅰ）求椭圆 C 的方程及离心率;

（Ⅱ）设 P 为第三象限内一点且在椭圆 C 上，直线 PA 与 y 轴交于点 M，直线 PB 与 x 轴交于点 N，求证：四边形 $ABNM$ 的面积为定值.

解：（Ⅰ）由题意得 $a=2$，$b=1$，所以椭圆 C 的方程为 $\dfrac{x^2}{4}+y^2=1$.

又 $c=\sqrt{a^2-b^2}=\sqrt{3}$，所以离心率 $e=\dfrac{c}{a}=\dfrac{\sqrt{3}}{2}$.

（Ⅱ）**方法一**：设 $P(x_0,y_0)$（$x_0<0$，$y_0<0$），则 $x_0^2+4y_0^2=4$.

又 $A(2,0)$，$B(0,1)$，所以直线 PA 的方程为 $y=\dfrac{y_0}{x_0-2}(x-2)$.

令 $x=0$，得 $y_M=-\dfrac{2y_0}{x_0-2}$，从而 $|BM|=1-y_M=1+\dfrac{2y_0}{x_0-2}$.

直线 PB 的方程为 $y=\dfrac{y_0-1}{x_0}x+1$.

令 $y=0$，得 $x_N = -\dfrac{x_0}{y_0-1}$，从而 $|AN|=2-x_N=2+\dfrac{x_0}{y_0-1}$.

所以四边形 $ABNM$ 的面积为

$$S=\frac{1}{2}|AN|\cdot|BM|=\frac{1}{2}\left(2+\frac{x_0}{y_0-1}\right)\left(1+\frac{2y_0}{x_0-2}\right)$$

$$=\frac{x_0^2+4y_0^2+4x_0y_0-4x_0-8y_0+4}{2(x_0y_0-x_0-2y_0+2)}$$

$$=\frac{2x_0y_0-2x_0-4y_0+4}{x_0y_0-x_0-2y_0+2}=2,$$

从而四边形 $ABNM$ 的面积为定值.

方法二：设直线 PA 的方程为 $y=k(x-2)$，$M(0,-2k)$，

联立 $\begin{cases} y=k(x-2) \\ x^2+4y^2=4 \end{cases}$，得 $(1+4k^2)x^2-16k^2x+16k^2-4=0$，

$2\cdot x_P=\dfrac{16k^2-4}{1+4k^2}$，$P\left(\dfrac{8k^2-2}{1+4k^2},\dfrac{-4k}{1+4k^2}\right)$，

由 B、P 两点求得直线 PB 方程为

$$y-1=\frac{-4k^2-4k-1}{8k^2-2}x,\quad N\left(\frac{8k^2-2}{4k^2+4k+1},0\right),$$

$$S=\frac{1}{2}\left(2-\frac{8k^2-2}{4k^2+4k+1}\right)(1+2k)$$

$$=\frac{1}{2}\frac{4(1+2k)^2}{(1+2k)^2}=2,$$

从而四边形 $ABNM$ 的面积为定值.

【设计意图】 对于圆锥曲线与直线的关系问题，解答时有四个环节：①分析问题：寻找运动变化的原因，是动点还是动直线；注意几何问题和图形的特点，能否用几何性质进行转化，预估一下计算量．②选择设点方法或设直线的方法．③若设点，根据条件列方程，解方程；若设直线，联立，消元，韦达．④解决问题．设点的方法，把矛盾都集中在 (x_0,y_0) 上；设直线的方法，把矛盾都集中在斜率 k 上．若题目中涉及的点不都是直线与椭圆的交点，韦达定理用不上，就要用设点的方法．

5.2.6 圆锥曲线中的先猜后证问题

【例 10】（2021 西城一模）已知椭圆 $C: \dfrac{x^2}{a^2}+\dfrac{y^2}{3}=1$（$a>0$）的焦点在 x 轴上，且经过点 $E\left(1,\dfrac{3}{2}\right)$，左顶点为 D，右焦点为 F.

（Ⅰ）求椭圆 C 的离心率和 $\triangle DEF$ 的面积；

（Ⅱ）已知直线 $y=kx+1$ 与椭圆 C 交于 A、B 两点，过点 B 作直线 $y=t$（$t>\sqrt{3}$）的垂线，垂足为 G. 判断是否存在常数 t，使得直线 AG 经过 y 轴上的定点？若存在，求 t 的值；若不存在，请说明理由.

（Ⅰ）依题意，$\dfrac{1}{a^2}+\dfrac{3}{4}=1$，解得 $a=2$.

因为 $c^2=a^2-b^2=4-3=1$，即 $c=1$，所以 $D(-2,0)$，$F(1,0)$，

所以离心率 $e=\dfrac{c}{a}=\dfrac{1}{2}$，$\triangle DEF$ 的面积 $S=\dfrac{1}{2}\times 3\times \dfrac{3}{2}=\dfrac{9}{4}$.

（Ⅱ）**解法一**：由已知，直线 DE 的方程为 $y=\dfrac{1}{2}x+1$.

当 $A(-2,0)$，$B\left(1,\dfrac{3}{2}\right)$，$G(1,t)$ 时，

直线 AG 的方程为 $y=\dfrac{t}{3}(x+2)$，交 y 轴于点 $\left(0,\dfrac{2}{3}t\right)$；

当 $A\left(1,\dfrac{3}{2}\right)$，$B(-2,0)$，$G(-2,t)$ 时，

直线 AG 的方程为 $y-\dfrac{3}{2}=\dfrac{t-\dfrac{3}{2}}{-3}(x-1)$，交 y 轴于点 $\left(0,\dfrac{t+3}{3}\right)$.

若直线 AG 经过 y 轴上的定点，则 $\dfrac{2}{3}t=\dfrac{t+3}{3}$，

即 $t=3$，直线 AG 交 y 轴于点 $(0,2)$.

下面证明存在实数 $t=3$，使得直线 AG 经过 y 轴上的定点 $(0,2)$.

联立 $\begin{cases} y=kx+1, \\ \dfrac{x^2}{4}+\dfrac{y^2}{3}=1 \end{cases}$ 消 y 整理，得 $(4k^2+3)x^2+8kx-8=0$.

$\Delta>0$，恒成立.

设 $A(x_1,y_1)$,$B(x_2,y_2)$,则 $x_1+x_2=\dfrac{-8k}{4k^2+3}$,$x_1x_2=\dfrac{-8}{4k^2+3}$.

设点 $G(x_2,3)$,所以直线 AG 的方程为
$$y-3=\dfrac{y_1-3}{x_1-x_2}(x-x_2).$$

令 $x=0$,得
$$y=\dfrac{-x_2y_1+3x_2}{x_1-x_2}+3=\dfrac{3x_1-x_2y_1}{x_1-x_2}=\dfrac{3x_1-x_2(kx_1+1)}{x_1-x_2}=\dfrac{3x_1-x_2-kx_1x_2}{x_1-x_2}.$$

因为 $kx_1x_2=x_1+x_2$,

所以 $y=\dfrac{3x_1-x_2-(x_1+x_2)}{x_1-x_2}=\dfrac{2x_1-2x_2}{x_1-x_2}=2$.

所以直线 AG 过定点 $(0,2)$.

综上,存在实数 $t=3$,使得直线 AG 经过 y 轴上的定点 $(0,2)$.

解法二:直接计算,

联立 $\begin{cases}y=kx+1,\\ \dfrac{x^2}{4}+\dfrac{y^2}{3}=1\end{cases}$ 消 y 整理,得 $(4k^2+3)x^2+8kx-8=0$.

$\Delta>0$,恒成立.

设 $A(x_1,y_1)$,$B(x_2,y_2)$,则 $x_1+x_2=\dfrac{-8k}{4k^2+3}$,$x_1x_2=\dfrac{-8}{4k^2+3}$.

设点 $G(x_2,t)$,所以直线 AG 的方程为 $y-y_1=\dfrac{y_1-t}{x_1-x_2}(x-x_1)$.

令 $x=0$,得
$$y=\dfrac{-x_1y_1+tx_1}{x_1-x_2}+y_1=\dfrac{tx_1-x_2y_1}{x_1-x_2}=\dfrac{tx_1-x_2(kx_1+1)}{x_1-x_2}=\dfrac{tx_1-x_2-kx_1x_2}{x_1-x_2}.$$

因为 $kx_1x_2=x_1+x_2$,

所以 $y=\dfrac{tx_1-x_2-(x_1+x_2)}{x_1-x_2}=\dfrac{(t-1)x_1-2x_2}{x_1-x_2}=m$(定值).

$(t-1)x_1-2x_2=mx_1-mx_2$,

$(t-1-m)x_1-(2-m)x_2=0$,

$\begin{cases}t-1-m=0,\\ 2-m=0\end{cases}\Rightarrow\begin{cases}m=2,\\ t=3,\end{cases}$

所以直线 AG 过定点 $(0,2)$.

综上，存在实数$t=3$，使得直线AG经过y轴上的定点$(0,2)$.

【设计意图】高考数学北京高考试卷的解析几何试题无论其背景是什么，考查的都是学生的"探索实践、猜想证明和化归转化"，落脚点都是"能力"．一个有科学素养的人，在研究问题的时候，第一件事情就是遥望一下这个问题的结果！问题研究的过程中，从来都是"大胆猜想、小心证明"的过程．直线过定点、直线定向、定值问题是椭圆与直线关系问题中的常见问题，经常需要"大胆猜想、小心证明"．方法一：利用特殊情况猜出值，先猜后证；方法二：利用等式恒成立的条件，得出方程组，求出定值．

5.2.7 计算的技巧

【例11】已知A、B、C是椭圆$E: \dfrac{x^2}{a^2}+\dfrac{y^2}{b^2}=1$（$a>b>0$）上的三点，其中点$A$的坐标为$(2\sqrt{3},0)$，$BC$过椭圆的中心$O$，$AC \perp BC$，$|BC|=2|AC|$，且点$C$在$x$轴上方．

（1）求点C的坐标及椭圆E的方程；

（2）若P、Q为椭圆E上两点，使得$\angle PCQ$的平分线总是垂直于x轴，是否存在常数λ，使得$\overrightarrow{PQ}=\lambda\overrightarrow{AB}$，并给出证明；

（3）在（2）的条件下，求$\triangle OPQ$的面积的最大值．

解：（1）$\because |BC|=2|OC|, |BC|=2|AC|$，

$\therefore |OC|=|AC|$，

$\therefore \triangle OCA$为等腰三角形．

由$A(2\sqrt{3},0)$得$C(\sqrt{3},\sqrt{3})$，

将$a=2\sqrt{3}$代入椭圆方程得$b=2$．

$\therefore$椭圆方程为$\dfrac{x^2}{12}+\dfrac{y^2}{4}=1$．

（2）**方法一**：$C(\sqrt{3},\sqrt{3})$，则$B(-\sqrt{3},-\sqrt{3})$，

$\therefore k_{AB}=\dfrac{1}{3}$．

设直线PC的方程为$y-\sqrt{3}=k(x-\sqrt{3})$，

则直线CQ的方程为$y-\sqrt{3}=-k(x-\sqrt{3})$．

设 $P(x_1, y_1)$，$Q(x_2, y_2)$，由 $\begin{cases} y - \sqrt{3} = k(x - \sqrt{3}), \\ \dfrac{x^2}{12} + \dfrac{y^2}{4} = 1, \end{cases}$ 得

$(1 + 3k^2)x^2 - 6\sqrt{3}k(k-1)x + 9k^2 - 18k - 3 = 0$.

由 $\sqrt{3}x_1 = \dfrac{9k^2 - 18k - 3}{1 + 3k^2}$，

解得 $x_1 = \dfrac{3\sqrt{3}k^2 - 6\sqrt{3}k - \sqrt{3}}{1 + 3k^2}$.

用 $-k$ 代 k 得 $x_2 = \dfrac{3\sqrt{3}k^2 + 6\sqrt{3}k - \sqrt{3}}{1 + 3k^2}$，

于是 $k_{PQ} = \dfrac{y_2 - y_1}{x_2 - x_1} = \dfrac{-k(x_1 + x_2 - 2\sqrt{3})}{x_2 - x_1} = \dfrac{1}{3}$，

所以 $k_{AB} = k_{PQ}$，故向量 $\overrightarrow{PQ}$ 与 $\overrightarrow{AB}$ 共线.

方法二：设直线 PQ 的方程为 $y = kx + m$，联立，消元，韦达，代入 $k_{CP} + k_{CQ} = 0$ 得到 k、m 的关系，可以得出定点.

$\begin{cases} y = kx + m, \\ x^2 + 3y^2 = 12 \end{cases} \Rightarrow (1 + 3k^2)x^2 + 6kmx + 3m^2 - 12 = 0$.

设 $P(x_1, y_1)$，$Q(x_2, y_2)$，

$\begin{cases} \Delta > 0, \\ x_1 + x_2 = -\dfrac{6km}{1 + 3k^2}, \\ x_1 \cdot x_2 = \dfrac{3m^2 - 12}{1 + 3k^2}. \end{cases}$

由题可得 $k_{CP} + k_{CQ} = 0$，

$\dfrac{y_1 - \sqrt{3}}{x_1 - \sqrt{3}} + \dfrac{y_2 - \sqrt{3}}{x_2 - \sqrt{3}} = 0$,

$(y_1 - \sqrt{3})(x_2 - \sqrt{3}) + (y_2 - \sqrt{3})(x_1 - \sqrt{3}) = 0$,

$(kx_1 + m - \sqrt{3})(x_2 - \sqrt{3}) + (kx_2 + m - \sqrt{3})(x_1 - \sqrt{3}) = 0$,

$2kx_1x_2 + (m - \sqrt{3} - \sqrt{3}k)(x_1 + x_2) - 2\sqrt{3}(m - \sqrt{3}) = 0$,

代入韦达得
$$9k^2 - 12k + 3\sqrt{3}km - \sqrt{3}m - 3 = 0,$$
$$(3k-1)(m - \sqrt{3}k - \sqrt{3}) = 0,$$
$$k = \frac{1}{3} 或 m = \sqrt{3}k + \sqrt{3}.$$

当 $m = \sqrt{3}k + \sqrt{3}$ 时，直线过定点 $(\sqrt{3}, \sqrt{3})$，不符合题意. 所以 $k = \frac{1}{3}$.

所以，$k_{AB} = k_{PQ}$，故向量 $\overrightarrow{PQ}$ 与 $\overrightarrow{AB}$ 共线.

(3) $\begin{cases} y = \frac{1}{3}x + m, \\ x^2 + 3y^2 = 12 \end{cases} \Rightarrow 4x^2 + 6mx + 9m^2 - 36 = 0$.

设 $P(x_1, y_1), Q(x_2, y_2)$，$\Delta > 0$ 得 $m^2 < \frac{16}{3}$.

$$x_1 + x_2 = -\frac{3m}{2}, \quad x_1 x_2 = \frac{9m^2 - 36}{4},$$

$|PQ| = \sqrt{(x_1 - x_2)^2 + (y_1 - y_2)^2} = \frac{\sqrt{10}}{2}\sqrt{16 - 3m^2}$，$d_{O-PQ} = \frac{|3m|}{\sqrt{10}}$，

$S = \frac{1}{2}|PQ| d_{O-PQ} = \frac{3}{2}|m|\sqrt{16 - 3m^2} = \frac{3}{2}\sqrt{m^2(16 - 3m^2)}$（$0 \leq m^2 < \frac{16}{3}$）.

当 $m^2 = \frac{8}{3}$ 时，$S_{\max} = 4\sqrt{3}$.

【设计意图】 直线的定点、定向问题是解析几何与直线关系的基本问题. 已知椭圆方程，直线只给了一个独立条件，经常可以得到直线过定点或定向. 方法一：设一条直线 PQ 方程为 $y = kx + m$，与椭圆联立，用上条件 $k_{CP} + k_{CQ} = 0$，得到 k、m 的关系式，往往要因式分解，得到简单的 k、m 的关系，代入直线方程，得到直线过定点或相互平行. 方法二：设两条直线，这两条直线过椭圆上的同一点，斜率有关系，分别与椭圆联立，用韦达定理求出另一点坐标，计算得出结果. 当直线与已知椭圆相交，只有一个独立条件，直线方程中 k、m 有关系，就能求出有关线段长或有关面积的范围.

5.2.8 圆锥曲线的最值问题

【例 12】（1）如图 5-5 所示，已知抛物线 $y^2 = 2x$ 的焦点是 F，点 P 是抛物线上的动点，点 $A(3, 2)$，则 $|PA| + |PF|$ 的最小值为_____，此时 P 点的坐标为_____.

解：由抛物线的定义，$|PF|=d_{P-l}$（点 P 到准线 l 的距离），

从而 $|PA|+|PF|=|PA|+d_{P-l} \geqslant d_{A-l}$（点 A 到准线 l 的距离），

即 $|PA|+|PF| \geqslant 3-\left(-\dfrac{1}{2}\right)=\dfrac{7}{2}$，此时 $y_P=2$，代入 $y^2=2x$ 中，得 $x_P=2$．故 $|PA|+|PF|$ 的最小值为 $\dfrac{7}{2}$，P 的坐标为 $(2,2)$．

（2）如图 5-6 所示，已知直线 l_1：$4x-3y+6=0$ 和直线 l_2：$x=1$，则抛物线 $y^2=4x$ 上一动点 P 到直线 l_1 和直线 l_2 的距离之和的最小值是（　　）．

A．2　　　　　B．3　　　　　C．$\dfrac{11}{5}$　　　　　D．$\dfrac{37}{16}$

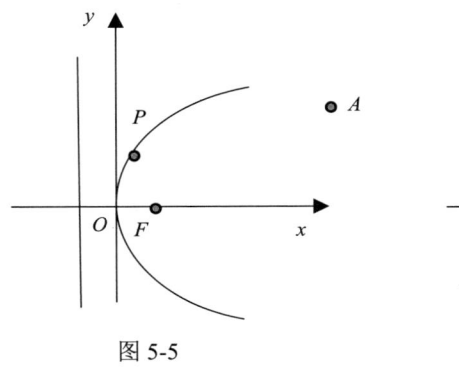

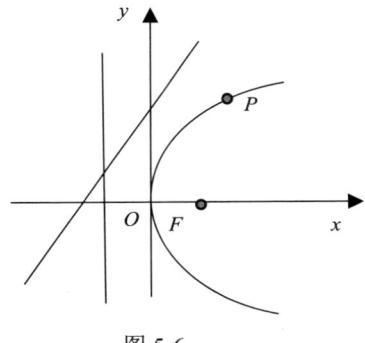

图 5-5　　　　　　　　　　　　图 5-6

解：$F(1,0)$，由抛物线的定义，点 P 到准线 l_2 的距离 $d_{P-l_2}=|PF|$，从而 $d_{P-l_1}+d_{P-l_2}=d_{P-l_1}+|PF| \geqslant d_{F-l_1}=2$．故选 A．

（3）如图 5-7 所示，过抛物线 $x^2=2py$（$p>0$）的焦点 F 作倾斜角为 $30°$ 的直线，与抛物线分别交于 A、B 两点（点 A 在 y 轴左侧），则 $\dfrac{|AF|}{|FB|}=$ _____．

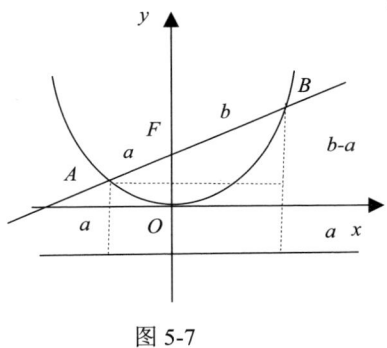

图 5-7

解：设 $|AF|=a$，$|BF|=b$，则 $a+b=2(b-a) \Rightarrow 3a=b$．所以 $\dfrac{|AF|}{|FB|}=\dfrac{a}{b}=\dfrac{1}{3}$．

【设计意图】抛物线的定义及转化——"给焦点、想准线""给准线、想焦点"，既有代数推理，又有几何直观想象，有利于学生培养思维的多样性、提升综合能力．

【例13】设抛物线 $y^2=8x$ 的焦点为 F，准线为 l，P 为抛物线上一点．

（1）点 P 到 $Q(2,1)$ 的距离与点 P 到焦点 F 距离之和取得最小值时，点 P 的坐标为_____；

（2）点 $A(a,0)$，$a \in R$，求 $|PA|$ 的最小值．

解：（1）抛物线 $y^2=8x$ 的焦点为 $F(2,0)$，准线为 $x=-2$．

作 PQ 垂直于准线，垂足为 M，

根据抛物线的定义，$|PQ|+|PF|=|PQ|+|PM|$，

根据"三角形两边之和大于第三边，直角三角形斜边大于直角边"，

可知 $|PQ|+|PM|$ 的最小值是点 Q 到抛物线准线 $x=-2$ 的距离．

所以点 P 的纵坐标为 -2，则横坐标为 $\dfrac{1}{2}$，即点 P 的坐标为 $\left(\dfrac{1}{2},-2\right)$．

（2）设 $P(x,y)$，则满足 $y^2=8x$．

$|PA|^2=(x-a)^2+y^2=(x-a)^2+8x=[x-(a-4)]^2+8a-16$．

由 $x \geqslant 0$，

当 $a-4 \geqslant 0$，即 $a \geqslant 4$，

则 $x=a-4$，$|PA|$ 取得最小值 $\sqrt{8a-16}=2\sqrt{2a-4}$；

当 $a-4<0$，即 $a<4$，

则 $x=0$，$|PA|$ 取得最小值 $\sqrt{a^2}=|a|$．

综上，当 $a \geqslant 4$，$|PA|$ 的最小值为 $2\sqrt{2a-4}$；当 $a<4$，$|PA|$ 的最小值为 $|a|$．

【设计意图】与抛物线有关的最值问题，一般都与抛物线的定义有关，在运用上有较大的灵活性，也有一定的难度．"见准线想焦点，见焦点想准线"，是解决抛物线有关焦点弦问题的重要途径．此外，根据题目条件进行适当的转化与化归，含有参数的最值问题要有分类讨论的意识．

5.3 变式训练、探寻本质

5.3.1 解析几何中重要的思想方法——"转化"和"消元"

"转化"思想在解析几何中非常重要，既可以激发学生的主观能动性，对问题进行深入思考；同时也有助于学生类比推理、发散思维能力的培养．关注圆锥曲线的几何特征，进行合理的"转化"，数形结合，从而简化运算．积累常见的几何转化结论，构建体系．此外，在解决多变量问题时，要有"主元"意识，强化"消元"的思想．

【例 14】 如图 5-8 所示，过点 $D(0,4)$ 的直线 l 与椭圆 $\dfrac{x^2}{4}+y^2=1$ 交于不同的两点 E、F，O 为坐标原点．

（1）若 $\angle EOF$ 为直角，求直线 l 的斜率；

（2）若 $\triangle EOF$ 为直角三角形，求直线 l 的斜率；

（3）求 $\triangle EOF$ 面积的最大值，及此时直线 l 的斜率；

（4）若 $\overrightarrow{DF}=3\overrightarrow{EF}$，求直线 l 的斜率；

（5）求 $\dfrac{|DE|}{|DF|}$ 的取值范围．

图 5-8

解：设 $E(x_1,y_1)$，$F(x_2,y_2)$，直线 l 的斜率为 k．

设直线 l 的方程为 $y=kx+4$，

与椭圆方程联立，消去 y：

$$\begin{cases} y=kx+4, \\ x^2+4y^2=4 \end{cases} \Rightarrow (1+4k^2)x^2+32kx+60=0.$$

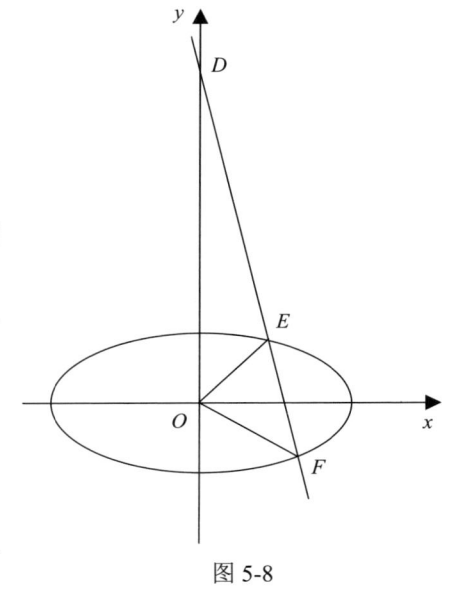

则

$$\begin{cases} \Delta = 32k^2 - 4 \times 60(1+4k^2) > 0 \Rightarrow k^2 > \dfrac{15}{4}, \\ x_1 + x_2 = \dfrac{-32k}{1+4k^2}, \\ x_1 \cdot x_2 = \dfrac{60}{1+4k^2}. \end{cases}$$

（1）$\overrightarrow{OE} = (x_1, y_1)$，$\overrightarrow{OF} = (x_2, y_2)$，

$\angle EOF$ 为直角 $\Leftrightarrow \overrightarrow{OE} \cdot \overrightarrow{OF} = 0 \Leftrightarrow x_1 x_2 + y_1 y_2 = 0$．

方法一（等量代换）：$y_1 y_2$ 转化为 $x_1 + x_2$、$x_1 x_2$．

$$y_1 y_2 = (kx_1 + 4)(kx_2 + 4) = k^2 x_1 x_2 + 4k(x_1 + x_2) + 16,$$
$$x_1 x_2 + y_1 y_2 = (1+k^2)x_1 x_2 + 4k(x_1 + x_2) + 16 = 0,$$
$$(1+k^2) \cdot \dfrac{60}{1+4k^2} + 4k \cdot \dfrac{-32k}{1+4k^2} + 16 = 0.$$

整理化简得 $k^2 = 19$，满足 $k^2 > \dfrac{15}{4}$，故 $k = \pm\sqrt{19}$．

方法二（再联立）：由韦达定理直接得 $y_1 y_2$．

由题意，知 $k \neq 0$．

$$\begin{cases} x = \dfrac{y-4}{k}, \\ x^2 + 4y^2 = 4 \end{cases} \Rightarrow (1+4k^2)y^2 - 8y + 16 - 4k^2 = 0, \quad y_1 y_2 = \dfrac{16 - 4k^2}{1+4k^2},$$

$$x_1 x_2 + y_1 y_2 = \dfrac{60}{1+4k^2} + \dfrac{16 - 4k^2}{1+4k^2} = \dfrac{76 - 4k^2}{1+4k^2} = 0.$$

由 $76 - 4k^2 = 0$ 得 $k^2 = 19$，满足 $k^2 > \dfrac{15}{4}$，故 $k = \pm\sqrt{19}$．

所以直线 l 的斜率为 $\pm\sqrt{19}$．

（2）①若 $\angle EOF$ 为直角，由（1）可知 $k = \pm\sqrt{19}$．

②若 $\angle OEF$ 为直角，由题可知点 E 在以 OD 为直径的圆上，即满足方程：
$$x^2 + (y-2)^2 = 4.$$

又点 E 在椭圆上，满足方程 $x^2 + 4y^2 = 4$，两方程联立，消去 x 得：
$$3y^2 + 4y - 4 = 0.$$

解得 $y = -2$ 或 $y = \dfrac{2}{3}$，由点 E 在椭圆上，有 $y \in [-1, 1]$，故 $y = \dfrac{2}{3}$，代入椭圆方程，得 $x = \pm\dfrac{2\sqrt{5}}{3}$．

所以，点 $E\left(\pm\dfrac{2\sqrt{5}}{3},\dfrac{2}{3}\right)$，又 $D(0,4)$，故 $k=\dfrac{\dfrac{2}{3}-4}{\pm\dfrac{2\sqrt{5}}{3}}=\pm\sqrt{5}$，满足 $k^2>\dfrac{15}{4}$.

③若 $\angle OFE$ 为直角，与②同理可得 $k=\pm\sqrt{5}$.

综上，直线 l 的斜率为 $\pm\sqrt{19}$ 或 $\pm\sqrt{5}$.

（3）设 $\triangle EOF$ 的面积为 S，若点 E 在 F 上方，则
$$S=S_{\triangle DOF}-S_{\triangle DOE}=\dfrac{1}{2}|OD|\cdot|x_2-x_1|=\dfrac{1}{2}\cdot 4|x_2-x_1|=2|x_2-x_1|;$$
若点 E 在 F 下方，则 $S=S_{\triangle DOE}-S_{\triangle DOF}=2|x_1-x_2|$.
所以 $S=2|x_1-x_2|$.

$|x_1-x_2|^2=(x_1-x_2)^2=(x_1+x_2)^2-4x_1x_2=\left(\dfrac{-32k}{1+4k^2}\right)^2-4\cdot\dfrac{60}{1+4k^2}=\dfrac{16(4k^2-15)}{(1+4k^2)^2}$，

$$|x_1-x_2|=\dfrac{4\sqrt{4k^2-15}}{1+4k^2},\quad S=\dfrac{8\sqrt{4k^2-15}}{1+4k^2}.$$

令 $\sqrt{4k^2-15}=t$（$t>0$），则 $4k^2=t^2+15$，

所以 $S=\dfrac{8t}{t^2+16}=\dfrac{8}{t+\dfrac{16}{t}}\leqslant\dfrac{8}{2\sqrt{t\cdot\dfrac{16}{t}}}=\dfrac{8}{8}=1$，

当且仅当 $t=\dfrac{16}{t}$，即 $t=4$ 时，$\triangle OEF$ 的面积 S 取得最大值 1，此时 $k^2=\dfrac{31}{4}$，

满足 $k^2>\dfrac{15}{4}$，所以直线 l 的斜率 $k=\pm\dfrac{\sqrt{31}}{2}$.

（4）$D(0,4)$，$E(x_1,y_1)$，$F(x_2,y_2)$，
$\overrightarrow{DF}=(x_2,y_2-4)$，$\overrightarrow{EF}=(x_2-x_1,y_2-y_1)$，$\overrightarrow{DF}=3\overrightarrow{EF}$，
$(x_2,y_2-4)=3(x_2-x_1,y_2-y_1)$，故 $x_2=3(x_2-x_1)$，即 $\dfrac{x_1}{x_2}=\dfrac{2}{3}$.

$\begin{cases}\dfrac{x_1}{x_2}=\dfrac{2}{3},\\ x_1+x_2=\dfrac{-32k}{1+4k^2},\\ x_1\cdot x_2=\dfrac{60}{1+4k^2},\end{cases}$ 解得 $k^2=\dfrac{125}{12}$，满足 $k^2>\dfrac{15}{4}$，故 $k=\pm\dfrac{5}{6}\sqrt{15}$.

所以直线 l 的斜率为 $\pm \dfrac{5}{6}\sqrt{15}$.

（5）**方法一**（极端原理）：

当直线 l 的斜率不存在时，$E(0,1)$，$F(0,-1)$ 或 $E(0,-1)$，$F(0,1)$，

此时，$\dfrac{|DE|}{|DF|}=\dfrac{4-1}{4-(-1)}=\dfrac{3}{5}$ 或 $\dfrac{|DE|}{|DF|}=\dfrac{4-(-1)}{4-1}=\dfrac{5}{3}$.

当直线 l 的斜率存在且与椭圆相切时，E 与 F 重合，此时 $\dfrac{|DE|}{|DF|}=1$，

所以 $\dfrac{|DE|}{|DF|}$ 的取值范围为 $\left[\dfrac{3}{5},1\right)\cup\left(1,\dfrac{5}{3}\right]$.

方法二（"转化"与"消元"）：

当直线 l 的斜率不存在时，$E(0,1)$，$F(0,-1)$ 或 $E(0,-1)$，$F(0,1)$，

此时，$\dfrac{|DE|}{|DF|}=\dfrac{4-1}{4-(-1)}=\dfrac{3}{5}$ 或 $\dfrac{|DE|}{|DF|}=\dfrac{4-(-1)}{4-1}=\dfrac{5}{3}$.

当直线 l 的斜率存在时，由题意可知，x_1 与 x_2 同号，故 $\dfrac{|DE|}{|DF|}=\dfrac{|x_1|}{|x_2|}=\dfrac{x_1}{x_2}$.

令 $x_1=tx_2$（$t>0$），

$\begin{cases} x_1=tx_2, \\ x_1+x_2=\dfrac{-32k}{1+4k^2}, \\ x_1\cdot x_2=\dfrac{60}{1+4k^2} \end{cases} \Rightarrow \begin{cases} (1+t)x_2=\dfrac{-32k}{1+4k^2} \Rightarrow (1+t)^2 x_2^2=\left(\dfrac{-32k}{1+4k^2}\right)^2, \\ tx_2^2=\dfrac{60}{1+4k^2}, \end{cases}$

两式相除，得

$\dfrac{(1+t)^2}{t}=\dfrac{32\times 8k^2}{15(1+4k^2)}=\dfrac{64(1+4k^2)-64}{15(1+4k^2)}=\dfrac{64}{15}-\dfrac{64}{15(1+4k^2)}$,

即 $t+\dfrac{1}{t}+2=\dfrac{64}{15}-\dfrac{64}{15(1+4k^2)}$,

由 $k^2>\dfrac{15}{4}$ ，得

$1+4k^2>16$ ，$0<\dfrac{1}{1+4k^2}<\dfrac{1}{16}$ ，$\dfrac{64}{15}-\dfrac{64}{15(1+4k^2)}\in\left(4,\dfrac{64}{15}\right)$,

$t+\dfrac{1}{t}+2\in\left(4,\dfrac{64}{15}\right)$,

$$\begin{cases} t+\dfrac{1}{t}+2>4, \\ t+\dfrac{1}{t}+2<\dfrac{64}{15} \end{cases} \Rightarrow \begin{cases} (t-1)^2>0, \\ 15t^2-34t+15<0 \end{cases} \Rightarrow \begin{cases} (t-1)^2>0, \\ (3t-5)(5t-3)<0 \end{cases} \Rightarrow \begin{cases} t\neq 1, \\ \dfrac{3}{5}<t<\dfrac{5}{3}, \end{cases}$$

所以 $t\in\left(\dfrac{3}{5},1\right)\cup\left(1,\dfrac{5}{3}\right)$.

综上，$\dfrac{|DE|}{|DF|}$ 的取值范围为 $\left[\dfrac{3}{5},1\right)\cup\left(1,\dfrac{5}{3}\right]$.

【例 15】 如图 5-9 所示，已知椭圆 $\dfrac{x^2}{4}+y^2=1$，点 $P(0,-1)$，O 为坐标原点，直线 l：$y=kx+m$（$k\neq 0$）与该椭圆相交于不同的两点 M 和 N（异于点 P）. 根据下列条件，分别求实数 m 的取值范围.

（1）若 $|PM|=|PN|$；

（2）若椭圆上存在点 Q，使得四边形 $ONQM$ 构成平行四边形；

（3）若 $\angle MPN$ 为锐角（直角、钝角）；

（4）若 $k=-\dfrac{1}{2}$，直线 l 与 x、y 轴分别交于点 C、D，证明：$\triangle OCM$ 的面积等于 $\triangle ODN$ 的面积.

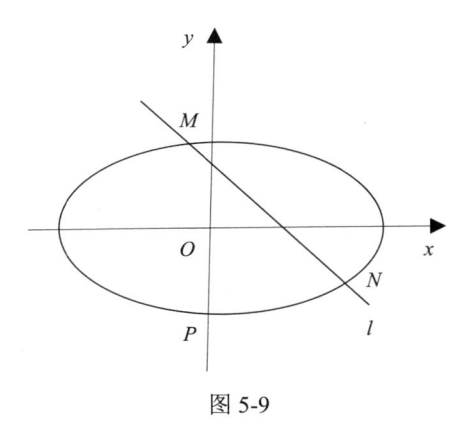

图 5-9

解：设 $M(x_1,y_1)$，$N(x_2,y_2)$，

直线 $y=kx+m$ 与椭圆方程联立，消去 y，

$$\begin{cases} y=kx+m, \\ x^2+4y^2=4 \end{cases} \Rightarrow (1+4k^2)x^2+8kmx+4m^2-4=0.$$

则 $\begin{cases} \Delta = 64k^2m^2 - 4(1+4k^2)(4m^2-4) > 0 \Rightarrow 1+4k^2 > m^2, \\ x_1 + x_2 = \dfrac{-8km}{1+4k^2}, \\ x_1 \cdot x_2 = \dfrac{4m^2-4}{1+4k^2}. \end{cases}$

（1）设线段 MN 的中点为 $T(x_T, y_T)$，则

$$x_T = \frac{x_1+x_2}{2} = \frac{-4km}{1+4k^2}, \quad y_T = kx_T + m = \frac{-4k^2m}{1+4k^2} + m = \frac{m}{1+4k^2},$$

$$T\left(\frac{-4km}{1+4k^2}, \frac{m}{1+4k^2}\right).$$

$|PM| = |PN| \Leftrightarrow PT \perp MN$，因为 $k \neq 0$，所以 $k_{PT} = -\dfrac{1}{k}$，即 $\dfrac{\dfrac{m}{1+4k^2}+1}{\dfrac{-4km}{1+4k^2}} = -\dfrac{1}{k}$，

化简得 $1+4k^2 = 3m$.

又 $1+4k^2 > m^2$，故 $3m > m^2$，解得 $0 < m < 3$.

又由 $3m = 1+4k^2 \geq 1 \Rightarrow m \geq \dfrac{1}{3}$，故 $\dfrac{1}{3} \leq m < 3$.

所以实数 m 的取值范围为 $\left[\dfrac{1}{3}, 3\right)$.

（2）设点 $Q(x_0, y_0)$，则四边形 $ONQM$ 构成平行四边形 $\Leftrightarrow \begin{cases} x_0 + 0 = x_1 + x_2 \\ y_0 + 0 = y_1 + y_2 \end{cases}$.

$y_1 + y_2 = kx_1 + m + kx_2 + m = k(x_1+x_2) + 2m = k \cdot \dfrac{-8km}{1+4k^2} + 2m = \dfrac{2m}{1+4k^2}$,

$x_0 = \dfrac{-8km}{1+4k^2}$, $y_0 = \dfrac{2m}{1+4k^2}$, $Q\left(\dfrac{-8km}{1+4k^2}, \dfrac{2m}{1+4k^2}\right)$.

由 Q 在椭圆上，有 $\left(\dfrac{-8km}{1+4k^2}\right)^2 + 4\left(\dfrac{2m}{1+4k^2}\right)^2 = 4$，化简得 $1+4k^2 = 4m^2$，

由 $1+4k^2 > m^2$，得 $4m^2 > m^2$，解得 $m \neq 0$.

又 $4m^2 = 1+4k^2 \geq 1$，故 $m \leq -\dfrac{1}{2}$ 或 $m \geq \dfrac{1}{2}$.

所以实数 m 的取值范围为 $\left(-\infty, -\dfrac{1}{2}\right] \cup \left[\dfrac{1}{2}, +\infty\right)$.

（3）$\overrightarrow{PM} = (x_1, y_1+1)$，$\overrightarrow{PN} = (x_2, y_2+1)$，

由题意，P、M、N 三点不共线，
故 $\angle MPN$ 为锐角 $\Leftrightarrow \overrightarrow{PM} \cdot \overrightarrow{PN} > 0 \Leftrightarrow x_1 x_2 + (y_1+1)(y_2+1) > 0$.
$(y_1+1)(y_2+1) = (kx_1+m+1)(kx_2+m+1) = k^2 x_1 x_2 + k(m+1)(x_1+x_2) + (m+1)^2$,
$x_1 x_2 + (y_1+1)(y_2+1) = (1+k^2)x_1 x_2 + k(m+1)(x_1+x_2) + (m+1)^2 > 0$,
即 $(1+k^2) \cdot \dfrac{4m^2-4}{1+4k^2} + k(m+1) \cdot \dfrac{-8km}{1+4k^2} + (m+1)^2 > 0$,

整理化简，得 $5m^2 + 2m - 3 > 0$，解得 $m < -1$ 或 $m > \dfrac{3}{5}$.

所以实数 m 的取值范围为 $(-\infty, -1) \cup \left(\dfrac{3}{5}, +\infty\right)$.

注：若 $\angle MPN$ 为直角，则实数 m 的取值范围为 $\left\{-1, \dfrac{3}{5}\right\}$. 若 $\angle MPN$ 为钝角，则实数 m 的取值范围为 $\left(-1, \dfrac{3}{5}\right)$.

（4）如图 5-10 所示，直线 l：$y = -\dfrac{1}{2}x + m$，则 $C(2m, 0), D(0, m)$.

$$\begin{cases} y = -\dfrac{1}{2}x + m, \\ x^2 + 4y^2 = 4 \end{cases} \Rightarrow x^2 - 2mx + 2m^2 - 2 = 0.$$

则 $\begin{cases} \Delta > 0, \\ x_1 + x_2 = 2m, \\ x_1 \cdot x_2 = 2m^2 - 2. \end{cases}$

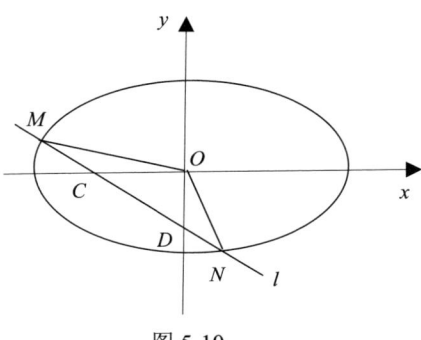

图 5-10

方法一：$S_{\triangle OCM} = \dfrac{1}{2}|OC||y_1| = |m||y_1|$，$S_{\triangle ODN} = \dfrac{1}{2}|OD||x_2| = \dfrac{|m|}{2}|x_2|$，

$$S_{\triangle OCM} = S_{\triangle ODN} \Leftrightarrow |x_2| = 2|y_1| \Leftrightarrow x_2{}^2 = 4y_1{}^2 = 4\left(-\frac{1}{2}x_1 + m\right)^2 = (x_1 - 2m)^2 = (-x_2)^2,$$

证毕.

方法二（四点共线——"线段中点重合"和"三角形面积割补"）：

设 MN 的中点为 K，则

$$x_K = \frac{x_1 + x_2}{2} = m, \quad y_K = -\frac{1}{2}x_P + m = \frac{m}{2}, \quad 得 K\left(m, \frac{m}{2}\right).$$

由 $M(2m,0), N(0,m)$，可知 K 也为 CD 的中点，从而 $MC = ND \Rightarrow MD = CN$.

设 O 到直线 l 的距离为 d，则 $S_{\triangle OMD} = \frac{1}{2}|MD| \cdot d$，$S_{\triangle OCN} = \frac{1}{2}|CN| \cdot d$.

$S_{\triangle OMD} = S_{\triangle OCN} \Rightarrow S_{\triangle OMD} - S_{\triangle OCD} = S_{\triangle OCN} - S_{\triangle OCD}$，即 $S_{\triangle OCM} = S_{\triangle ODN}$，证毕.

【设计意图】 转化思想在解析几何中非常重要，涉及的几何图形也比较丰富. 既可以激发学生的主观能动性，对问题进行深入思考；同时也有助于学生类比推理、发散思维能力的培养. 关注圆锥曲线的几何特征，进行合理的转化，数形结合，从而简化运算. 积累常见的几何转化的结论，构建体系. 此外，在解决多变量问题时，要有"主元"意识，强化"消元"的思想. 在实际教学中可以采用开放题的形式，解决设定的几个问题之后，培养学生的再创造、自主探究、积极主动设计问题并解决问题的能力.

5.3.2 解析几何中常用的几何转化方法

一、三角形

1. 等腰三角形 $\triangle ABC$：取底边 AB 的中点 P，则 $CP \perp AB$.

2. 等边三角形 $\triangle ABC$：若判断是否为等边三角形，则先看"是否为等腰"；若已知是等边三角形，则要满足"等腰且 $|CP| = \frac{\sqrt{3}}{2}|AB|$"或"等腰且一角为 $60°$".

二、四边形

3. 平行四边形 $ABCD$：① $x_A + x_C = x_B + x_D$，$y_A + y_C = y_B + y_D$（即 AC 和 BD 的中点重合）；②两组对边分别平行；③一组对边平行且相等；④ $\overrightarrow{AB} + \overrightarrow{AD} = \overrightarrow{AC}$.

4. 矩形 $ABCD$：①平行四边形且对角线相等；②平行四边形且一直角；③对角线平分且相等.

5．菱形 $ABCD$：①各边相等；②平行四边形且邻边相等；③平行四边形且对角线垂直．

6．梯形 $ABCD$：一组对边平行，另一组不平行．

三、角

7．角：①三角函数及正余弦定理；②向量数量积；③直线斜率及倾斜角；④相似（角相等）；⑤对顶角、内错角等．

8．直角：①"以 AB 为直径的圆过点 P" $\Leftrightarrow \angle APB$ 为直角 $\Leftrightarrow \overrightarrow{PA} \cdot \overrightarrow{PB} = 0$；②勾股；③斜边中线等于斜边一半．

【注】（"特例猜"）求角，先想是否是"直角"；判断两个角的关系，先想是否可能"相等"．

四、对称（角分线）——两条直线关于水平线或竖直线对称

9．AB 和 AC 关于直线 AD 对称（$AD // x$ 轴或 y 轴）$\Leftrightarrow AB$ 和 AC 倾斜角互补 $\Leftrightarrow k_{AB} + k_{AC} = 0$．

五、共线

10．ABC 三点共线：①斜率相等 $k_{AB} = k_{AC}$；②向量平行 $\overrightarrow{AB} // \overrightarrow{AC}$；③点 A 在直线 BC 上．

11．共线线段相等（依次 A、B、C、D）$AB=CD$：中点重合（AD 与 BC）．共线线段之比（依次 A、B、C、D）$\dfrac{|AB|}{|CD|}$：①投影（双坐标 $\Rightarrow$ 单坐标）；②相似．

六、面积

12．三角形 ABC 的面积：①$\dfrac{1}{2}$ 底 $\times$ 高（弦长 $AB \times$ 点 C 到直线 AB 的距离）；②割补（如"底"定长，高 $|y_1 - y_2|$）；③$\dfrac{1}{2} ab \cdot \sin C$．

三角形面积相等：①"对顶" $\dfrac{1}{2} ab \cdot \sin C = \dfrac{1}{2} cd \cdot \sin C \Rightarrow \dfrac{a}{c} = \dfrac{d}{b}$（共线线段坐标差之比）；②割补．

13．四边形面积：①$\dfrac{1}{2}$ 对角线 $\times$ 对角线（对角线 $\perp$）；②割补（三角形 $\pm$ 三角形）．

5.4 自主探究、提升能力

5.4.1 变量的多元与优化——"坐标、长度、角度……"

【例 16】 如图 5-11 所示,过抛物线 $y^2=2px\,(p>0)$ 的焦点 F 作两条互相垂直的射线,与抛物线交于 A、B 两点,过弦 AB 的中点 P 作准线的垂线,垂足为 Q,求 $\dfrac{|PQ|}{|AB|}$ 的最大值.

解:设 $|FA|=a$,$|FB|=b$,作 $AA'\perp$ 准线于 A',作 $BB'\perp$ 准线于 B'.

由抛物线的定义,有 $|AA'|=a$,$|BB'|=b$,$|PQ|=\dfrac{1}{2}(a+b)$.

方法一(以角为变量):

设 $\angle FAB=\theta$,则

$$\frac{|PQ|}{|AB|}=\frac{\frac{1}{2}(a+b)}{|AB|}=\frac{1}{2}\left(\frac{a}{|AB|}+\frac{b}{|AB|}\right)$$

$$=\frac{1}{2}(\cos\theta+\sin\theta)=\frac{\sqrt{2}}{2}\sin\left(\theta+\frac{\pi}{4}\right).$$

当 $\sin\left(\theta+\dfrac{\pi}{4}\right)=1$,$\theta=\dfrac{\pi}{4}$,即 $AB\perp x$ 轴时,$\dfrac{|PQ|}{|AB|}$ 取得最大值 $\dfrac{\sqrt{2}}{2}$.

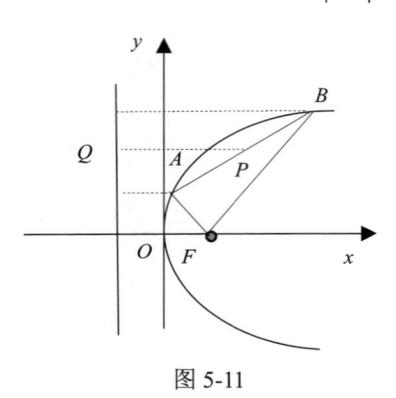

图 5-11

方法二(以长度为变量,勾股+均值):

$Rt\triangle FAB$ 中,$|AB|=\sqrt{a^2+b^2}$,

$$\frac{|PQ|}{|AB|} = \frac{\frac{1}{2}(a+b)}{\sqrt{a^2+b^2}} = \frac{1}{2}\sqrt{\frac{(a+b)^2}{a^2+b^2}} = \frac{1}{2}\sqrt{\frac{a^2+b^2+2ab}{a^2+b^2}} = \frac{1}{2}\sqrt{1+\frac{2ab}{a^2+b^2}},$$

由 $a^2+b^2 \geq 2ab$，可得 $\frac{|PQ|}{|AB|} = \frac{1}{2}\sqrt{1+\frac{2ab}{a^2+b^2}} \leq \frac{1}{2}\sqrt{1+\frac{2ab}{2ab}} = \frac{\sqrt{2}}{2}$，

当且仅当 $a=b$，即 $AB \perp x$ 轴时，$\frac{|PQ|}{|AB|}$ 取得最大值 $\frac{\sqrt{2}}{2}$.

【设计意图】 与抛物线有关的最值问题，一般都与抛物线的定义有关，在运用上有较大的灵活性，也有一定的难度. 此外，根据题目条件进行参数的适当选取，是本题的难点. 求解的本质是长度之比，可以设点坐标、设线段长度、设角等. 若设点坐标，计算量比较大且非常烦琐. 相比较而言，设角为参数是相对简洁的方法. 可引导学生多角度思考问题、自主探究，有利于提升其逻辑推理和发散思维等综合能力.

5.4.2 新定义问题——"美育精神"

【例 17】 数学中有许多形状优美、寓意美好的曲线，如曲线 C：$x^2+y^2 = 1+|x|y$ 就是其中之一（见图 5-12）. 给出下列三个结论：

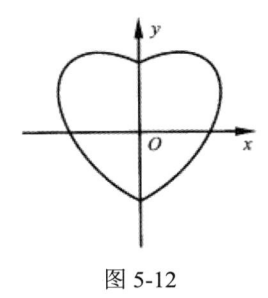

图 5-12

①曲线 C 恰好经过 6 个整点（即横、纵坐标均为整数的点）；
②曲线 C 上任意一点到原点的距离都不超过 $\sqrt{2}$；
③曲线 C 所围成的"心形"区域的面积小于 3.
其中，所有正确结论的序号是_____.
  A. ①   B. ②   C. ①②   D. ①②③

分析：由 $x^2+y^2 = 1+|x|y$，得

$$y^2 - |x|y = 1 - x^2, \quad \left(y - \frac{|x|}{2}\right)^2 = 1 - \frac{3x^2}{4}, \quad 1 - \frac{3x^2}{4} \geqslant 0, \quad x^2 \leqslant \frac{4}{3},$$

所以 x 可为的整数有 0、-1、1，从而曲线 $C: x^2 + y^2 = 1 + |x|y$ 恰好经过 (0,1)、(0,-1)、(1,0)、(1,1)、(-1,0)、(-1,1) 六个整点，结论①正确.

由 $x^2 + y^2 = 1 + |x|y$，得 $x^2 + y^2 \leqslant 1 + \frac{x^2 + y^2}{2}$，

解得 $x^2 + y^2 \leqslant 2$，所以曲线 C 上任意一点到原点的距离都不超过 $\sqrt{2}$，结论②正确.

如图 5-13 所示，易知 $A(0,-1), B(1,0), C(1,1), D(0,1)$，四边形 $ABCD$ 的面积 $S_{ABCD} = \frac{1}{2} \times 1 \times 1 + 1 \times 1 = \frac{3}{2}$，很明显 "心形" 区域的面积大于 $2S_{ABCD}$，

即 "心形" 区域的面积大于 3，说法③错误.

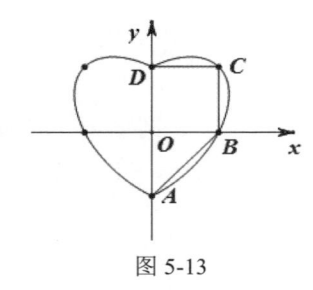

图 5-13

故选 C.

【设计意图】 新定义问题在高考中常有涉及，处理方法也比较灵活．本题考查曲线与方程、曲线的几何性质、基本不等式及其应用，注重对基础知识、基本运算能力及分析解决问题能力的考查．通过解决此类问题，可以更深刻地体会到数学之美，也更好地渗透了美育精神．

第6单元 排列组合、二项式定理、概率统计

排列组合作为数学中的基础概念，在科研和生活中都有着重要的应用．通过学习排列组合，我们能够更好地解决现实生活中的计数问题，提升逻辑推理素养．

二项式定理展示了数学中美妙的代数规律．它不仅是代数中的一个关键定理，更是数学家们不断探索的对象，在概率论、统计学和数学分析等领域扮演着重要的角色．通过二项式定理，我们能够深入理解多项式的展开形式以及系数的组织规律，从而解决各种代数问题．

概率统计是现代社会决策和科学研究中不可或缺的一部分．它不仅用于描述和预测事件发生的可能性，还能帮助我们理解数据背后的规律和趋势．概率统计在金融、医学、工程学等领域发挥着重要作用，它能辅助我们更加客观地分析问题，作出合理的决策．

6.1 一题多问、串联知识

6.1.1 概率统计中的常见问题

在计数原理、二项式定理和概率统计学习中，可以通过一题多问的方式达到复习概念、区分相似问题的联系和区别、准确判断概型等目的．

【例 1】为保障食品安全，某地食品监管部门对辖区内甲、乙两家食品企业进行检查，分别从这两家企业生产的某种同类产品中随机抽取了 100 件作为样本，并以样本的一项关键质量指标值为检测依据．已知该质量指标值对应的产品等级如下：

质量指标值	[15,20)	[20,25)	[25,30)	[30,35)	[35,40)	[40,45]
等级	次品	二等品	一等品	二等品	三等品	次品

根据质量指标值的分组，统计得到了甲企业的样本频率分布直方图（见图 6-1，

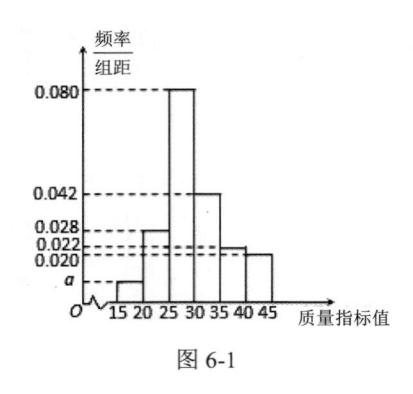

其中 $a>0$ ）和乙企业的样本频数分布表（见表 6-1）.

图 6-1

表 6-1

质量指标值	频数
[15,20)	2
[20,25)	18
[25,30)	48
[30,35)	14
[35,40)	16
[40,45]	2
合计	100

（1）现从甲企业生产的产品中任取一件，试估计该件产品为次品的概率.

（2）从这 200 件样本中随机抽取一件，经检验，这件产品为次品，请问这件产品来自甲企业的概率是多少？

（3）从乙企业中的样品中抽出 2 件，记 Y 为这 2 件产品中次品的个数，求 Y 的分布列和数学期望（只要列式）.

（4）一名顾客随机购买了乙企业销售的 2 件食品，记 ξ 为这 2 件食品中次品的个数，求 ξ 的分布列及数学期望（只要列式）.

（5）为守法经营、提高利润，乙企业将所有次品销毁，并将一等品、二等品、三等品的售价分别定为 120 元、90 元、60 元. 一名顾客随机购买了乙企业销售的 2 件产品，记其支付费用为 X 元，用频率估计概率，求 X 的分布列和数学期望.

（6）根据图表数据，请自定标准，对甲、乙两企业食品质量的优劣情况进行比较.

（7）估计甲企业 100 件样本质量指标值的中位数、平均数和众数.

（8）若甲企业改进了技术，质量指标值变为原来的 0.9，那么对于这些产品，与旧的质量指标值的方差相比，技术改进后质量指标值的方差是否有变化？是变大了还是变小了（结论不需要证明）？

解：（1）$(a+0.028+0.080+0.042+0.022+0.020)\times 5=1$，所以 $a=0.008$，

样本中甲企业的产品为次品的频率为 $(0.008+0.020)\times 5=0.14$，

根据用样本估计总体的统计思想，估计该件产品为次品的概率为 0.14.

（2）甲企业次品共 4+10=14 件，乙企业次品共 4 件，两企业次品共 18 件.

根据条件概率公式，这件次品来自甲企业的概率为 $\dfrac{\frac{14}{200}}{\frac{18}{200}}=\dfrac{7}{9}$.

（3）由已知，乙企业的 100 件产品中，有 4 件次品，Y 的可能取值为 0，1，2，

$$P(Y=0)=\frac{C_{96}^2}{C_{100}^2}, \quad P(Y=1)=\frac{C_{96}^1 C_4^1}{C_{100}^2}, \quad P(Y=2)=\frac{C_4^2}{C_{100}^2},$$

分布列为：

Y	0	1	2
P	$\dfrac{C_{96}^2}{C_{100}^2}$	$\dfrac{C_{96}^1 C_4^1}{C_{100}^2}$	$\dfrac{C_4^2}{C_{100}^2}$

$\because Y\sim H(100,2,4)$，$\therefore E(Y)=\dfrac{2\times 4}{100}=0.08$.

（4）乙企业的样本中有 4 件次品，故可估计随机购买一件乙企业的产品，这件是次品的概率为 $\dfrac{4}{100}=\dfrac{1}{25}$，由题意，$\xi\sim B\left(2,\dfrac{1}{25}\right)$，

分布列为：

ξ	2	1	0
P	$\left(\dfrac{1}{25}\right)^2$	$C_2^1 \dfrac{1}{25}\times\dfrac{24}{25}$	$\left(\dfrac{24}{25}\right)^2$

$$E(\xi) = 2 \times \frac{1}{25} = \frac{2}{25}.$$

（5）由样本可估计随机购买乙企业的 1 件产品，这件产品是一等品、二等品、三等品的概率分别为 $\frac{1}{2}$、$\frac{1}{3}$、$\frac{1}{6}$，X 的可能值为 240，210，180，150，120，

$$P(X=240) = \frac{1}{2} \times \frac{1}{2} = \frac{1}{4}, \quad P(X=210) = 2 \times \frac{1}{2} \times \frac{1}{3} = \frac{1}{3},$$

$$P(X=180) = \frac{1}{3} \times \frac{1}{3} + 2 \times \frac{1}{2} \times \frac{1}{6} = \frac{5}{18}, \quad P(X=150) = 2 \times \frac{1}{3} \times \frac{1}{6} = \frac{1}{9},$$

$$P(X=120) = \frac{1}{6} \times \frac{1}{6} = \frac{1}{36},$$

分布列为：

X	240	210	180	150	120
P	$\frac{1}{4}$	$\frac{1}{3}$	$\frac{5}{18}$	$\frac{1}{9}$	$\frac{1}{36}$

$$E(X) = 240 \times \frac{1}{4} + 210 \times \frac{1}{3} + 180 \times \frac{5}{18} + 150 \times \frac{1}{9} + 120 \times \frac{1}{36} = 200.$$

（6）甲企业的次品率高于乙企业，所以乙企业的食品质量更好．

或者甲企业的一等品率小于乙企业的一等品率，所以乙企业的食品质量更好．

（7）设中位数为 x，则 $0.008 \times 5 + 0.028 \times 5 + 0.080 \times (x-25) = 0.5$，

解得 $x = 29$．平均数为 $17.5 \times 0.008 \times 5 + 22.5 \times 0.028 \times 5 + 27.5 \times 0.080 \times 5$
$+ 32.5 \times 0.042 \times 5 + 37.5 \times 0.022 \times 5 + 42.5 \times 0.020 \times 5 = 30.05$，

众数为 27.5．

（8）有变化，变小了．已知 $s^2 = \frac{1}{n}\sum_{i=1}^{n}(x_i - \bar{x})^2$，若指标值变为原来的 0.9，则

$$s_1^2 = \frac{1}{n}\sum_{i=1}^{n}(0.9x - 0.9\bar{x})^2 = \frac{0.81}{n}\sum_{i=1}^{n}(x - \bar{x})^2 = 0.81s^2 < s^2.$$

【设计意图】本题涵盖了概率统计中常见概型及数字特征的算法，通过此例题，可以引导学生区分不同的概型及其解法，同时也复习了数字特征的概念及算法．

6.1.2 二项式系数的计算

【例2】设 $(3x-1)^n = a_n x^n + a_{n-1} x^{n-1} + \cdots + a_1 x + a_0$.

（1）若展开式的二项式系数和为256，求二项式系数最大的项．
（2）若 $n=7$，求 $a_7+a_6+\cdots+a_1+a_0$．
（3）若 $n=7$，求 $a_1+a_3+a_5+a_7$．
（4）若 $n=7$，求 $a_0+a_2+a_4+a_6$．

解：（1）$2^n=256$，$n=8$，二项式系数最大的项为第 5 项，故
$$T_5=C_8^4\times(3x)^4\times(-1)^4=5670x^4.$$
（2）$a_7+a_6+\cdots+a_1+a_0=(3\times 1-1)^7=128$．
（3）$a_7+a_6+\cdots+a_1+a_0=(3\times 1-1)^7=128$，
$-a_7+a_6+\cdots-a_1+a_0=[3\times(-1)-1]^7=-2^{14}=-16384$，
$$a_1+a_3+a_5+a_7=\frac{128-(-16384)}{2}=8256.$$
（4）$a_0+a_2+a_4+a_6=-8128$．

【设计意图】 关注二项式系数的概念，二次式系数和、展开式系数和的求法，以及赋值法、公式法在求值中的应用．

6.2 专题专训、总结方法

数字特征相关问题

【例3】 现有两组数据，A 组：10，11，12，13，14，15，16；B 组：12，13，15，16，17，14，a．

（1）当 a 为何值时，A、B 两组数据的方差相等？
（2）记 B 组除 a 之外的 6 个数据的方差为 S_1^2，B 组所有数据的方差为 S_2^2．
（i）若 $a=14.5$，请判断 S_1^2 和 S_2^2 的大小关系．
（ii）若 $a=18$，请判断 S_1^2 和 S_2^2 的大小关系．

解：（1）11 或 18．
（2）（i）$S_1^2>S_2^2$，B 组数据除 a 以外，平均值为 14.5，当 $a=14.5$ 时，平均值没有变化，离差平方和也没有变化，但数据量由 6 变为 7，根据样本方差计算公式 $s^2=\dfrac{1}{n}\sum_{i=1}^{n}(x_i-\bar{x})^2$，可知方差变小．
（ii）$S_1^2<S_2^2$，B 组数据除 a 以外，最大值为 17，当 $a=18$ 时，这组数据的

波动程度显然变大，故方差变大．

【例 4】$a \in [70,80)$，$b \in [80,90)$，$c \in [90,100]$，$a,b,c \in N$．

（1）若数据 a，b，c 的方差最大，写出 a，b，c 的值．

（2）若数据 a，b，c 的方差最小，写出 a，b，c 的值．

解：（1）$a=70$，$b=80$，$c=100$．方差刻画一组数据的波动程度，所以尽可能地让数据更加分散，故 $a=70$，$c=100$，此时 a，c 两数的平均值为 85，考虑 b 偏离 a，c 两数的平均值越远，三个数的方差就越大．故 $a=70$，$b=80$，$c=100$．

（2）$a=79$，$b=84$ 或 85，$c=90$．方差刻画一组数据的波动程度，所以尽可能地让数据更加集中，故 $a=79$，$c=90$，此时 a，c 两数的平均值为 84.5，考虑 b 越接近 a，c 两数的平均值，三个数的方差就越小．故 $a=79$，$b=84$ 或 85，$c=90$．

【例 5】设 $0<a<1$．随机变量 X 的分布列如下：

X	0	a	1
P	$\frac{1}{3}$	$\frac{1}{3}$	$\frac{1}{3}$

则当 a 在 $(0,1)$ 内增大时，（　　）．

A．$D(X)$ 增大　　　　　　　　B．$D(X)$ 减小

C．$D(X)$ 先增大后减小　　　　D．$D(X)$ 先减小后增大

解：

$$E(X) = \frac{1}{3}(a+1)，$$

$$D(X) = \frac{(a+1)^2}{27} + \frac{(1-2a)^2}{27} + \frac{(a-2)^2}{27} = \frac{6a^2-6a+6}{27} = \frac{2}{9}\left[\left(a-\frac{1}{2}\right)^2 + \frac{3}{4}\right]，$$

所以当 a 在 $(0,1)$ 内增大时，$D(X)$ 先减小后增大，故选 D．

【例 6】为了解本市居民的生活成本，甲、乙、丙三名同学利用假期分别对三个社区进行了"家庭每月日常消费额"的调查．他们将调查所得到的数据分别绘制成频率分布直方图（见图 6-2），记甲、乙、丙所调查数据的标准差分别为 s_1，s_2，s_3，则它们的大小关系为_____．

【分析】从标准差的几何意义可知，图象越集中且越瘦高的标准差越小，图象越矮胖、越分散的标准差越大．

图 6-2

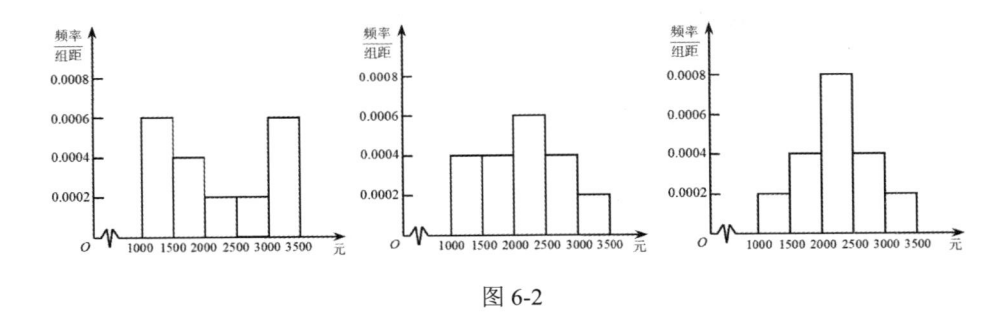

解：$s_1 > s_2 > s_3$．标准差反映的是一组数据相对于其平均水平的波动程度，由频率分布直方图来判断，三组数据的平均水平比较接近，数据的离散程度不同．丙的数据更加集中在平均水平附近；乙的数据接近均匀分布，有较多数据远离平均水平；甲的数据中，有很大一部分落在偏离平均水平的位置．故三者的标准差 $s_1 > s_2 > s_3$．

【例7】在一组样本数据中，1，2，3，4 出现的频率分别为 p_1，p_2，p_3，p_4，且 $\sum\limits_{i=1}^{4} p_i = 1$，则下面四种情形中，对应样本的标准差最大的一组是（ ）．

A．$p_1 = p_4 = 0.1$，$p_2 = p_3 = 0.4$ B．$p_1 = p_4 = 0.4$，$p_2 = p_3 = 0.1$

C．$p_1 = p_4 = 0.2$，$p_2 = p_3 = 0.3$ D．$p_1 = p_4 = 0.3$，$p_2 = p_3 = 0.2$

【分析】该已知条件可以转化为例 6 中的图形条件．

解：标准差刻画一组数据的波动程度，考虑到四个选项的对称结构，数据 1 和数据 4 在这组样本中出现的频率越大，该组数据的波动程度越大，故标准差更大，故选 B．

【例8】设两个正态分布 $N(\mu_1, \sigma_1^2)(\sigma_1 > 0)$ 和 $N(\mu_2, \sigma_2^2)(\sigma_2 > 0)$ 的密度函数图象如图 6-3 所示，则有（ ）．

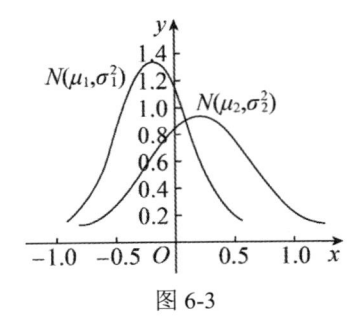

图 6-3

A．$\mu_1 < \mu_2, \sigma_1 < \sigma_2$ B．$\mu_1 < \mu_2, \sigma_1 > \sigma_2$
C．$\mu_1 > \mu_2, \sigma_1 < \sigma_2$ D．$\mu_1 > \mu_2, \sigma_1 > \sigma_2$

【分析】本题主要考查正态曲线的应用，属于基础题．正态曲线关于直线 $x = \mu$ 对称，μ 的大小决定曲线位置；σ 越大，曲线越"矮胖"表示总体越分散；σ 越小，曲线越"瘦高"表示总体分布越集中，由此可得结论．

解：从正态曲线对称轴的位置看，显然 $\mu_1 < \mu_2$；正态曲线越"瘦高"，表示取值越集中，σ 值越小，则 $\sigma_1 < \sigma_2$．故选 A．

【设计意图】比较期望、方差大小的常用方法：①公式法，通过计算比大小；②数形结合，平均数大的期望大，数据点分散的方差大；③几何意义法，方差表现为数据的离散程度，数据越集中，方差越小；④积累一些常见的结论．

6.3 变式训练、探寻本质

6.3.1 二项式定理的灵活应用

【例9】（1）$(1-2x)^{2013} = a_0 + a_1 x + \cdots + a_{2013} x^{2013}$（$x \in R$），$\dfrac{a_1}{2} + \dfrac{a_2}{2^2} + \cdots + \dfrac{a_{2013}}{2^{2013}}$ 的值为_____．

（2）已知 $(1+x) + (1+x)^2 + \cdots + (1+x)^n = a_0 + a_1 x + a_2 x^2 + \ldots + a_n x^n$，若 $a_1 + a_2 + \cdots + a_{n-1} = 509 - n$，求自然数 n 的值．

（3）已知 $a_0 x^n + a_1 x^{n-1} + \cdots + a_n = C_n^0 (x+1)^n - C_n^1 (x+1)^{n-1} + C_n^2 (x+1)^{n-2} - \cdots + (-1)^n C_n^n$，求 $a_0 + a_1 + a_2 + \cdots + a_n$ 的值．

解：（1）已知 $(1-2x)^{2013} = a_0 + a_1 x + a_2 x^2 + a_3 x^3 + \cdots + a_{2013} x^{2013}$，
令 $x = \dfrac{1}{2}$，可得 $a_0 + \dfrac{a_1}{2} + \dfrac{a_2}{2^2} + \dfrac{a_3}{2^3} + \cdots + \dfrac{a_{2013}}{2^{2013}} = 0$．再令 $x = 0$，可得 $a_0 = 1$，
则 $\dfrac{a_1}{2} + \dfrac{a_2}{2^2} + \dfrac{a_3}{2^3} + \cdots + \dfrac{a_{2013}}{2^{2013}} = 0 - 1 = -1$．

（2）令 $x = 1$，可得 $a_0 + a_1 + \cdots + a_n = 2 + 2^2 + \cdots + 2^n = \dfrac{2(1-2^n)}{1-2} = 2^{n+1} - 2$．
再令 $x = 0$，可得 $a_0 = n$．$a_n = 1$，$a_1 + a_2 + \cdots + a_{n-1} = 2^{n+1} - 2 - n - 1 = 509 - n$，
故 $n = 8$．

（3）令 $x = 1$，可得 $a_0 + a_1 + \cdots + a_n = C_n^0 2^n - C_n^1 2^{n-1} + C_n^2 2^{n-2} - \cdots + (-1)^n C_n^n$，
$C_n^0 2^n - C_n^1 2^{n-1} + C_n^2 2^{n-2} - \cdots + (-1)^n C_n^n = (2-1)^n = 1$．

【设计意图】 用二项式定理求值的常用方法：①公式逆用；②将 x 看成主元的展开式，赋值法的灵活使用．

6.3.2 抽样中的分布列

【例 10】 盒子中共有 5 个除颜色外完全相同的球，其中 3 个红球，2 个黑球．

（1）有放回地抽取 2 个球，记这 2 个球中黑球的个数为 X，求 X 的分布列．

（2）不放回地抽取 2 个球，记这 2 个球中黑球的个数为 X，求 X 的分布列．

（3）不放回地抽取，每次抽取一个球，抽到黑球为止，记抽取的次数为 X，求 X 的分布列．

（4）有放回地抽取 2 个球，直到两个黑球被同时取出，记抽取的次数为 X，求 X 的分布列．

解：（1）$X \sim B(2, 0.4)$，X 的所有可能取值为 0，1，2．

$P(X=0) = (0.6)^2 = 0.36$，$P(X=1) = C_2^1 \times 0.4 \times 0.6 = 0.48$，

$P(X=2) = (0.4)^2 = 0.16$．分布列如下：

X	0	1	2
P	0.36	0.48	0.16

（2）$X \sim H(5, 2, 2)$，X 的所有可能取值为 0，1，2．

$$P(X=0) = \frac{C_3^2}{C_5^2} = \frac{3}{10}, \quad P(X=1) = \frac{C_2^1 C_3^1}{C_5^2} = \frac{3}{5}, \quad P(X=2) = \frac{C_2^2}{C_5^2} = \frac{1}{10}.$$

分布列如下：

X	0	1	2
P	0.3	0.6	0.1

（3）X 的所有可能取值为 1，2，3，4．

$P(X=1) = \dfrac{2}{5}$，

$P(X=2) = \dfrac{3}{5} \times \dfrac{2}{4} = \dfrac{3}{10}$，

$P(X=3) = \dfrac{3}{5} \times \dfrac{2}{4} \times \dfrac{2}{3} = \dfrac{1}{5}$，

$$P(X=4) = \frac{3}{5} \times \frac{2}{4} \times \frac{1}{3} \times \frac{2}{2} = \frac{1}{10}.$$ 分布列如下：

X	1	2	3	4
P	0.4	0.3	0.2	0.1

（4）X 的所有可能取值为 1，2，3，4，…

在一次抽取中，两个黑球被同时取出的概率为 $\frac{1}{10}$，

$$P(X=k) = \left(\frac{9}{10}\right)^{k-1} \times \frac{1}{10} = \frac{9^{k-1}}{10^k} \quad (k \in \mathbf{N}^*).$$

分布列如下：

X	1	2	3	…
P	$\frac{1}{10}$	$\frac{9}{100}$	$\frac{81}{1000}$	…

【设计意图】注意审题，区分有放回与无放回、有序与无序等时概型的差别，平时做题、注意辨别与积累．

6.4 自主探究、提升能力

概率统计的综合应用

【例 11】为研究某种农产品价格变化的规律，收集得到了该农产品连续 40 天的价格变化数据，如表 6-2 所示．在描述价格变化时，用"+"表示"上涨"，即当天价格比前一天价格高；用"−"表示"下跌"，即当天价格比前一天价格低；用"0"表示"不变"，即当天价格与前一天价格相同．

表 6-2

时段	价格变化
第 1 天到第 20 天	− + + 0 − − − + + 0 + 0 − − + − + 0 0 +
第 21 天到第 40 天	0 + + 0 − − + + − + 0 + − + + − + 0 − −

（1）试估计该农产品价格"上涨"的概率；

（2）假设该农产品每天的价格变化是相互独立的，在未来的日子里任取4天，试估计该农产品价格在这4天中2天"上涨"、1天"下跌"、1天"不变"的概率；

（3）假设该农产品每天的价格变化只受前一天价格变化的影响，判断第41天该农产品价格"上涨""下跌"和"不变"的概率估计值哪个最大（结论不要求证明）．

解：（1）根据表格数据可以看出，40天里，有16个"+"，也就是有16天是上涨的，根据古典概型的计算公式，农产品价格上涨的概率为
$$\frac{16}{40} = 0.4.$$

（2）在这40天里，有16天上涨，14天下跌，10天不变，也就是上涨、下跌、不变的概率分别是0.4、0.35、0.25，未来任取4天，2天上涨、1天下跌、1天不变的概率为
$$C_4^2 \times 0.4^2 \times C_2^1 \times 0.35 \times 0.25 = 0.168.$$

（3）由于第40天处于上涨状态，从前39次的15次上涨进行分析，上涨后下一次仍上涨的有4次，不变的有9次，下跌的有2次，因此估计第41次不变的概率最大．

【设计意图】 本题第二问考查了独立重复试验概率的计算问题，与平常学生常见的二项分布相比有所变化，可以理解为三项分布的概率计算．第三问考查了条件概率的相关问题，对学生的理解能力有比较高的要求，能较好地训练学生解决实际问题的能力．

【例12】 在校运动会上，只有甲、乙、丙三名同学参加铅球比赛，比赛成绩达到9.50m以上（含9.50m）的同学将获得优秀奖．为预测获得优秀奖的人数及冠军得主，收集了甲、乙、丙以往的比赛成绩，并整理得到如下数据（单位：m）．

甲：9.80，9.70，9.55，9.54，9.48，9.42，9.40，9.35，9.30，9.25；

乙：9.78，9.56，9.51，9.36，9.32，9.23；

丙：9.85，9.65，9.20，9.16．

假设用频率估计概率，且甲、乙、丙的比赛成绩相互独立．

（1）估计甲在校运动会铅球比赛中获得优秀奖的概率；

（2）设X是甲、乙、丙在校运动会铅球比赛中获得优秀奖的总人数，估计X的数学期望$E(X)$；

（3）在校运动会铅球比赛中，甲、乙、丙谁获得冠军的概率估计值最大（结

论不要求证明)?

解:(1) 设"甲在校运会铅球比赛中获优秀奖"为事件 A,

比赛成绩达到 9.50m 以上获优秀奖,甲的比赛成绩达标的有 9.80,9.70,9.55,9.54 四个,所以甲在校运会铅球比赛中获优秀奖的概率为 $P(A)=0.4$.

(2) X 所有可能取值为 0,1,2,3.

甲在校运会铅球比赛中获优秀奖的概率为 $P(A)=0.4$,

乙在校运会铅球比赛中获优秀奖的概率为事件 B,则 $P(B)=0.5$.

丙在校运会铅球比赛中获优秀奖的概率为事件 C,则 $P(C)=0.5$.

$P(X=0)=0.6\times0.5\times0.5=0.15$,

$P(X=1)=0.4\times0.5\times0.5+0.6\times0.5\times0.5+0.6\times0.5\times0.5=0.4$,

$P(X=2)=0.4\times0.5\times0.5+0.4\times0.5\times0.5+0.6\times0.5\times0.5=0.35$,

$P(X=3)=0.4\times0.5\times0.5=0.1$,

则 $E(X)=0\times0.15+1\times0.4+2\times0.35+3\times0.1=1.4$.

(3) 丙获得冠军的概率估计值最大.

$P(丙冠军)=P(丙=9.85)P(甲乙<9.85|丙=9.85)+$
$\qquad P(丙=9.65)P(甲乙<9.65|丙=9.65)$
$=\dfrac{1}{4}\times1\times1+\dfrac{1}{4}\times\dfrac{8}{10}\times\dfrac{5}{6}=\dfrac{5}{12}$.

甲和乙得冠军的概率算法同丙,可以通过估计的办法得到正确答案.

【设计意图】本题第三问考查了全概率公式的理解和应用,考查方向比较新颖,对学生有一定的挑战性.

【例 13】某校为举办甲、乙两项不同的活动,分别设计了相应的活动方案一和方案二. 为了解该校学生对活动方案是否支持,对学生进行简单随机抽样,获得数据如表 6-3 所示.

表 6-3

方案	男生		女生	
	支持	不支持	支持	不支持
方案一	200人	400人	300人	100人
方案二	350人	250人	150人	250人

假设所有学生对活动方案是否支持相互独立.

（1）从该校全体男生及全体女生中各随机抽取 1 人，

（i）分别估计该校男生支持方案一的概率，该校女生支持方案一的概率；

（ii）并依此计算这 2 人中恰有 1 人支持方案一的概率．

（2）从该校上述支持方案一的样本中，按性别分层抽样选取 5 人，再从这 5 人中任取 3 人进行访谈，设随机变量 X 表示 3 人中男生的人数，求 X 的分布列．

（3）将该校学生支持方案二的概率估计值记为 P_0，假设该校一年级有 500 名男生和 300 名女生，除一年级外其他年级学生支持方案二的概率估计值记为 P_1，试比较 P_0 与 P_1 的大小（结论不要求证明）．

解：（1）（i）由表格数据可得，该校男生支持方案一的概率为 $\dfrac{200}{200+400}=\dfrac{1}{3}$；该校女生支持方案一的概率为 $\dfrac{300}{300+100}=\dfrac{3}{4}$．

（ii）2 人中恰有 1 人支持方案一的概率为 $\dfrac{1}{3}\times\left(1-\dfrac{3}{4}\right)+\left(1-\dfrac{1}{3}\right)\times\dfrac{3}{4}=\dfrac{7}{12}$．

（2）支持方案一的男女生比例为 2：3，抽取的 5 人中，有男生 2 人，女生 3 人，则 X 所有可能的取值为 0，1，2，

$P(X=0)=\dfrac{C_3^3}{C_5^3}=\dfrac{1}{10}$，$P(X=1)=\dfrac{C_2^1 C_3^2}{C_5^3}=\dfrac{6}{10}=\dfrac{3}{5}$，$P(X=2)=\dfrac{C_2^2 C_3^1}{C_5^3}=\dfrac{3}{10}$．

X 的分布列如下：

X	0	1	2
P	$\dfrac{1}{10}$	$\dfrac{3}{5}$	$\dfrac{3}{10}$

（3）由表格数据知：该校学生支持方案二的概率估计值

$$p_0=\dfrac{350+150}{350+250+150+250}=\dfrac{1}{2}.$$

其中男生支持方案二的概率估计值为 $\dfrac{350}{350+250}=\dfrac{7}{12}$，女生支持方案二的概率估计值为 $\dfrac{150}{150+250}=\dfrac{3}{8}$，

所以一年级学生支持方案二的人数为 $500\times\dfrac{7}{12}+300\times\dfrac{3}{8}\approx 404$ 人，

设该校共有学生 n 人，则 $p_1 = \dfrac{\frac{1}{2}n-404}{n-800} < \dfrac{\frac{1}{2}n-400}{n-800} = \dfrac{1}{2} = p_0$，所以 $p_1 < p_0$.

【例 14】 近年来，某市为了促进生活垃圾的分类处理，将生活垃圾分为厨余垃圾、可回收物和其他垃圾三类，并分别设置了相应的垃圾箱．为调查居民生活垃圾分类投放情况，现随机抽取了该市三类垃圾箱中总计 1000 吨生活垃圾，数据统计如表 6-4 所示（单位：吨）．

表 6-4

类别	"厨余垃圾"箱	"可回收物"箱	"其他垃圾"箱
厨余垃圾	400	100	100
可回收物	30	240	30
其他垃圾	20	20	60

（1）试估计厨余垃圾投放正确的概率；

（2）试估计生活垃圾投放错误的概率；

（3）假设厨余垃圾在"厨余垃圾"箱、"可回收物"箱、"其他垃圾"箱的投放量分别为 a，b，c（其中 $a>0$，$a+b+c=600$）．当数据 a，b，c 的方差 s^2 最大时，写出 a，b，c 的值（结论不要求证明），并求此时 s^2 的值（注：$s^2 = \dfrac{1}{n}[(x_1-\bar{x})^2 + (x_2-\bar{x})^2 + \cdots + (x_n-\bar{x})^2]$，其中 $\bar{x}$ 为数据 $x_1, x_2, \cdots, x_n$ 的平均数）．

解：（1）由题意可知，厨余垃圾 600 吨，投放到"厨余垃圾"箱 400 吨，故厨余垃圾投放正确的概率为 $\dfrac{400}{600} = \dfrac{2}{3}$；

（2）由题意可知，生活垃圾投放错误的有 $100+100+30+30+20+20=300$，故生活垃圾投放错误的概率为 $\dfrac{300}{1000} = \dfrac{3}{10}$；

（3）由题意可知，$a+b+c=600$，

$\therefore a$，b，c 的平均数为 200，

$\therefore s^2 = \dfrac{1}{3}[(a-200)^2 + (b-200)^2 + (c-200)^2]$

$= \dfrac{1}{3}(a^2 + b^2 + c^2 - 120000)$，

$\because (a+b+c)^2 = a^2+b^2+c^2+2ab+2bc+2ac \geqslant a^2+b^2+c^2$，

$\therefore$ 当 $a=600$，$b=0$，$c=0$ 时，有 $s^2_{\max} = 80000$．

第 7 单元 创新题

创新题是北京试卷的特色题目,往往以离散型知识为载体,结合新定义运算进行数学知识、方法、能力的综合考查,是一道综合度强、难度较大的题目.

解创新题的常用方法有:动手实践、归纳猜想证明、知识联想与类比、反证法、计数原理、排列组合、抽屉原理等. 在解题过程中,偶尔会用到数论的简单知识,如奇偶性、整除等,建议用数形结合直观理解题意,将陌生问题转化为熟悉的问题.

创新题考查的核心素养有:数学抽象、逻辑推理、数学运算、直观想象、数学建模、数据分析等.

7.1 知识拆分、积累方法

创新题的前两问往往是对具体问题的分析,只要读懂题意就可以根据定义进行判断或计算,是解决后续问题的基础和关键. 这部分题目培养学生阅读、审题、提取信息和理解题意的能力.

【例 1】 已知集合 $A=\{a_1,a_2,a_3,\cdots,a_k\}$ $(k\geqslant 2)$,其中 $a_i\in Z$ $(i=1,2,\cdots,k)$,由 A 中的元素构成两个相应的集合

$$S=\{(a,b)\mid a\in A,b\in A,a+b\in A\},\quad T=\{(a,b)\mid a\in A,b\in A,a-b\in A\},$$

其中 (a,b) 是有序实数对,集合 S 和 T 的元素个数分别为 m、n. 若对于任意的 $a\in A$,总有 $-a\notin A$,则称集合 A 具有性质 P.

检验集合 $\{0,1,2,3\}$ 与 $\{-1,2,3\}$ 是否具有性质 P,并对其中具有性质 P 的集合写出相应的集合 S 和 T.

引申:集合 S 和 T 的元素的个数有什么关系?试着证明.

分析:集合 A 具有性质 P 的条件是对于任意的 $a\in A$,总有 $-a\notin A$,则 $0\notin A$,所以 $\{0,1,2,3\}$ 不具有性质 P,用该定义一一检验可得集合 $\{-1,2,3\}$ 具有性质 P.

S	−1	2	3
−1	−2	1	2√
2	1	4	5
3	2√	5	6

T	−1	2	3
−1	0	3√	4
2	−3	0	1
3	−4	−1√	0

得 $S = \{(-1,3),(3,-1)\}$，$T = \{(2,-1),(2,3)\}$．

引申：任给集合 S 中的元素 (a,b)，有 $a+b \in A$，$a \in A, b = (a+b) - a \in A$，所以 $(a+b, a) \in T$；反之任给集合 T 中的元素 (a,b)，$a-b \in A, b \in A$，所以 $a \in (a-b)+b \in A$，所以 $(a-b, b) \in S$，于是集合 S 和 T 的元素的个数相等.

【设计意图】 创新问题往往有三问，难度是逐级上升的．教师在教学中可以随着知识进度将部分创新题拆分成小题，选择其中的第一个或前二个问题进行教学设计，针对具体问题和情境训练学生的阅读能力以及对抽象字母的理解方法，提升其动手实践能力.

【例 2】 某校数学课外小组在坐标纸上，为学校的一块空地设计植树方案如下：第 k 棵树种植在点 $P_k(x_k, y_k)$ 处，其中 $x_1 = 1$，$y_1 = 1$，当 $k \geq 2$ 时，
$$\begin{cases} x_k = x_{k-1} + 1 - 5\left[T\left(\dfrac{k-1}{5}\right) - T\left(\dfrac{k-2}{5}\right)\right], \\ y_k = y_{k-1} + T\left(\dfrac{k-1}{5}\right) - T\left(\dfrac{k-2}{5}\right). \end{cases}$$

其中 $T(a)$ 表示非负实数 a 的整数部分，如 $T(2.6) = 2$，$T(0.2) = 0$．按此方案，第 6 棵树种植点的坐标应为_____；第 2024 棵树种植点的坐标应为_____.

分析：根据所给的新符号的定义，代入 k 值依次计算，得到坐标的规律：
$P_1(1,1), P_2(2,1), P_3(3,1), P_4(4,1), P_5(5,1), P_6(1,2), P_7(2,2), P_8(3,2), P_9(4,2), P_{10}(5,2), P_{11}(1,3), \cdots$．

答案：$(1,2)$；$(4,405)$．

说明：动手实践、观察归纳是解新定义问题常用的方法．

【例 3】 数列 $\{2^n - 1\}$ 的前 n 项 $1, 3, 7, \cdots, 2^n - 1$ 组成集合 $A_n = \{1, 3, 7, \cdots, 2^n - 1\}$

($n \in \mathbf{N}^*$)，从集合 A_n 中任取 k（$k=1,2,3,\cdots,n$）个数，其所有可能的 k 个数的乘积的和为 T_k（若只取一个数，规定乘积为此数本身），记 $S_n = T_1 + T_2 + \cdots + T_n$．例如当 $n=1$ 时，$A_1=\{1\}$，$T_1=1$，$S_1=1$；当 $n=2$ 时，$A_2=\{1,3\}$，$T_1=1+3$，$T_2=1\times 3$，$S_2 = 1+3+1\times 3 = 7$．则当 $n=3$ 时，$S_3=$ _____ ；试写出 $S_n=$ _____ ．

分析：（1）列举法，$1+3+7+1\times 3+1\times 7+3\times 7+1\times 3\times 7=63$；

（2）知识结构联想法，所求相当于代数式 $(1+1)(1+3)(1+7)\cdots(1+2^n-1)-1$ 的展开式，化简 $(1+1)(1+3)(1+7)\cdots(1+2^n-1)-1 = 2^{\frac{n(n+1)}{2}}-1$．

答案：63；$2^{\frac{n(n+1)}{2}}-1$．

【例4】设集合 S，T，$S \subseteq \mathbf{N}^*$，$T \subseteq \mathbf{N}^*$，S，T 中至少有 2 个元素，且 S、T 满足：①对于任意的 x，$y \in S$，若 $x \neq y$，则 $xy \in T$；②对于任意的 x，$y \in T$，若 $x < y$，则 $\dfrac{y}{x} \in S$．则下列命题正确的是（　　）．

A．若 S 有 4 个元素，则 $S \cup T$ 有 7 个元素

B．若 S 有 4 个元素，则 $S \cup T$ 有 6 个元素

C．若 S 有 3 个元素，则 $S \cup T$ 有 5 个元素

D．若 S 有 3 个元素，则 $S \cup T$ 有 4 个元素

分析：可以构造满足已知条件的集合，用排除法得到选项．

解：取 $S=\{1,2,4\}$，排除 C；取 $S=\{2,4,8\}$，排除 D；取 $S=\{2,4,8,16\}$，排除 B．答案：A．

变式：S、T 满足①②，且 S 有 4 个元素，求证：S 中的四个元素在一定的顺序下成等比数列．

分析：不妨设 $S=\{a_1,a_2,a_3,a_4\}$，且 $a_1 < a_2 < a_3 < a_4$，

由①知，a_1a_2，a_1a_3，a_1a_4，a_2a_3，a_2a_4，$a_3a_4 \in T$，

由②知，$\dfrac{a_2a_3}{a_1a_3}, \dfrac{a_2a_3}{a_1a_2}, \dfrac{a_2a_4}{a_1a_2}, \dfrac{a_3a_4}{a_1a_2} \in S$，即 $\dfrac{a_2}{a_1}, \dfrac{a_3}{a_1}, \dfrac{a_4}{a_1}, \dfrac{a_3a_4}{a_1a_2} \in S$，

且 $\dfrac{a_2}{a_1} < \dfrac{a_3}{a_1} < \dfrac{a_4}{a_1} < \dfrac{a_3a_4}{a_1a_2}$，

所以 $\dfrac{a_2}{a_1}=a_1$，$\dfrac{a_3}{a_1}=a_2$，$\dfrac{a_4}{a_1}=a_3$，$\dfrac{a_3a_4}{a_1a_2}=a_4$，即 $a_2=a_1^2$，$a_3=a_1^3$，$a_4=a_1^4$，等比数列得证．

【**设计意图**】这种利用不等式的性质和元素一一对应得到相等关系的方法在

数列问题中常用，平时应注意积累．另外，通过对平时一些选填题目的变式教学，将创新题中用到的方法进行训练和积累．

【例 5】 设集合 $A = \{1, 2, \cdots, n\}, n \geq 4 \ (n \in \mathbf{N}^*)$，若 $X \subseteq A$，且 $2 \leq Card(X) \leq n-2$，($Card(X)$ 表示集合 X 中的元素个数）令 a_X 表示 X 中最大数与最小数之和，则

（1）当 $n = 5$ 时，集合 X 的个数为_____；

（2）所有 a_X 的平均值为_____．

分析：（1）$A = \{1, 2, 3, 4, 5\}$，X 是有 2 个或 3 个元素的 A 的子集，故 X 的个数有 $C_5^2 + C_5^3 = 20$ 个．

（2）对偶法．对所有的 X 进行配对，当 $Card(X) = 2$ 时，

令 $X = \{x_1, x_2\}$，$X' = \{n + 1 - x_i \mid x_i \in X\}$，必有 $X' \subseteq A$．不妨设 $x_1 < x_2$，则 $a_X = x_1 + x_2$，$a_{X'} = n + 1 - x_1 + n + 1 - x_2 = 2n + 2 - (x_1 + x_2)$．如果 $X \neq X'$ 则有 $a_X + a_{X'} = 2n + 2$，如果 $X = X'$ 则 $a_X = n + 1$．

同理，当 $Card(X) = k \ (2 < k \leq n - 2)$ 时，

令 $X = \{x_1, x_2, \cdots, x_k\}$，$X' = \{n + 1 - x_i \mid x_i \in X\}$ 必有 $X' \subseteq A$，不妨设 $x_1 < x_2 < \cdots < x_k$，则 $a_X = x_1 + x_k$，$a_{X'} = 2n + 2 - (x_1 + x_k)$．如果 $X \neq X'$ 则有 $a_X + a_{X'} = 2n + 2$，如果 $X = X'$ 则 $a_X = n + 1$．

所以，在每一组元素个数相同的子集中，a_X 的平均值为 $n+1$．

综上，所有 a_X 的算术平均值为 $n+1$．

答案：（1）20；（2）$n+1$．

【设计意图】 积累常见的处理创新问题的方法，如知识联想、构造法、对偶法、反证法等．经常训练此类问题的阅读，总结积累常见处理问题的方法，会在这些训练中逐渐提升数据分析、数学抽象、逻辑推理、数学运算和直观想象素养．

7.2 真题反复、逐渐提升

对于高考中的典型考题，分析其考查的主要方法和能力．根据学生的水平和需要提升的知识、能力、方法等选取难度适当的题目，逐渐提升学生理解抽象符号的能力、逻辑推理的能力，以及从文字语言的描述到抽象符号语言表达的能力等．这部分题目建议反复做，从原题方法的再现到举一反三的类比，从多个角度不断提升学生的能力．

【例6】（2013年北京高考）已知$\{a_n\}$是由非负整数组成的无穷数列，该数列前n项的最大值记为A_n，第n项之后各项a_{n+1}，a_{n+2}，$\cdots$的最小值记为B_n，$d_n=A_n-B_n$。

（Ⅰ）若$\{a_n\}$为2，1，4，3，2，1，4，3，$\cdots$，是一个周期为4的数列（即对任意$n\in \mathbf{N}^*$，$a_{n+4}=a_n$），写出d_1、d_2、d_3、d_4的值；

（Ⅱ）设d为非负整数，证明：$d_n=-d$（$n=1,2,3,\cdots$）的充分必要条件为$\{a_n\}$是公差为d的等差数列；

（Ⅲ）证明：若$a_1=2$，$d_n=1$（$n=1,2,3,\cdots$），则$\{a_n\}$的项只能是1或者2，且有无穷多项为1。

【分析】 用具体的实例理解抽象的概念，继而分析新定义的性质或本质。如从A_n递增分析入手，再解决后续的相关问题。对于具体例子的分析很重要，往往是后续证明或举例的依据。

第二问中先要注意逻辑关系，已知左，证明右，是必要性；反之是充分性。其次解决简单的证明：已知等差数列，证明$d_n=-d$；再反过来证明已知$d_n=-d$，数列是等差数列。证明中用等差数列的定义判定，考虑数列的单调性，确定新定义中的最大项等问题。

第三问是证明两个问题，不好说理时考虑用反证法。

（Ⅰ）**解**：$d_1=d_2=1$，$d_3=d_4=3$。

（Ⅱ）**证**：（充分性）因为$\{a_n\}$是公差为d的等差数列，且$d\geqslant 0$，

所以$a_1\leqslant a_2\leqslant \cdots \leqslant a_n\leqslant \cdots$。

因此$A_n=a_n$，$B_n=a_{n+1}$，$d_n=a_n-a_{n+1}=-d$（$n=1,2,3,\cdots$）。

（必要性）因为$d_n=-d\leqslant 0$（$n=1,2,3,\cdots$），所以$A_n=B_n+d_n\leqslant B_n$。

又因为$a_n\leqslant A_n$，$a_{n+1}\geqslant B_n$，所以$a_n\leqslant a_{n+1}$。于是$A_n=a_n$，$B_n=a_{n+1}$。

因此$a_{n+1}-a_n=B_n-A_n=-d_n=d$，即$\{a_n\}$是公差为$d$的等差数列。

（Ⅲ）**证**：因为$a_1=2$，$d_1=1$，所以$A_1=a_1=2$，$B_1=A_1-d_1=1$。故对任意$n\geqslant 1$，$a_n\geqslant B_1=1$。

假设$\{a_n\}$（$n\geqslant 2$）中存在大于2的项。

设m为满足$a_n>2$的最小正整数，则$m\geqslant 2$，并且对任意$1\leqslant k<m$，$a_k\leqslant 2$。

又因为$a_1=2$，所以$A_{m-1}=2$，且$A_m=a_m>2$。

于是$B_m=A_m-d_m>2-1=1$，$B_{m-1}=\min\{a_m,B_m\}\geqslant 2$。

故$d_{m-1}=A_{m-1}-B_{m-1}\leqslant 2-2=0$与$d_{m-1}=1$矛盾。

所以，对于任意 $n \geq 1$，有 $a_n \leq 2$，即非负整数列 $\{a_n\}$ 的各项只能为 1 或 2.

因此，对任意 $n \geq 1$，$a_n \leq 2 = a_1$，所以 $A_n = 2$. 故 $B_n = A_n - d_n = 2 - 1 = 1$.

因此，对于任意正整数 n，存在 m 满足 $m > n$，且 $a_m = 1$，即数列 $\{a_n\}$ 有无穷多项为 1.

【例7】（2018 北京高考）设 n 为正整数，集合 $A = \{\alpha \mid \alpha = (t_1, t_2, \cdots, t_n), t_k \in \{0, 1\}$，$k = 1, 2, \cdots, n\}$. 对于集合 A 中的任意元素 $\alpha = (x_1, x_2, \cdots, x_n)$ 和 $\beta = (y_1, y_2, \cdots, y_n)$，记 $M(\alpha, \beta) = \dfrac{1}{2}[(x_1 + y_1 - |x_1 - y_1|) + (x_2 + y_2 - |x_2 - y_2|) + \cdots + (x_n + y_n - |x_n - y_n|)]$.

（Ⅰ）当 $n=3$ 时，若 $\alpha = (1, 1, 0)$，$\beta = (0, 1, 1)$，求 $M(\alpha, \alpha)$ 和 $M(\alpha, \beta)$ 的值；

（Ⅱ）当 $n=4$ 时，设 B 是 A 的子集，且满足：对于 B 中的任意元素 α、β，当 α、β 相同时，$M(\alpha, \beta)$ 是奇数；当 α、β 不同时，$M(\alpha, \beta)$ 是偶数. 求集合 B 中元素个数的最大值；

（Ⅲ）给定不小于 2 的 n，设 B 是 A 的子集，且满足：对于 B 中的任意两个不同的元素 α、β，$M(\alpha, \beta) = 0$. 写出一个集合 B，使其元素个数最多，并说明理由.

分析：这个定义的关键是 0 与 1 通过新定义运算的结果是什么. 一方面按照定义代值计算，另一方面可以类比向量数量积的知识理解新定义的本质或意义，继而借助几何意义解决后续问题.

解：（Ⅰ）因为 $\alpha = (1, 1, 0)$，$\beta = (0, 1, 1)$，所以
$M(\alpha, \alpha) = \dfrac{1}{2}[(1+1-|1-1|)+(1+1-|1-1|)+(0+0-|0-0|)] = 2$，
$M(\alpha, \beta) = \dfrac{1}{2}[(1+0-|1-0|)+(1+1-|1-1|)+(0+1-|0-1|)] = 1$.

（Ⅱ）设 $\alpha = (x_1, x_2, x_3, x_4) \in B$，则 $M(\alpha, \alpha) = x_1 + x_2 + x_3 + x_4$.

由题意知 $x_1, x_2, x_3, x_4 \in \{0, 1\}$，且 $M(\alpha, \alpha)$ 为奇数，

所以 x_1, x_2, x_3, x_4 中 1 的个数为 1 或 3.

所以 $B \subseteq \{(1,0,0,0),(0,1,0,0),(0,0,1,0),(0,0,0,1),(0,1,1,1),(1,0,1,1),(1,1,0,1),(1,1,1,0)\}$.

将上述集合中的元素分成如下四组：

$(1,0,0,0),(1,1,1,0);(0,1,0,0),(1,1,0,1);(0,0,1,0),(1,0,1,1);(0,0,0,1),(0,1,1,1)$.

经验证，对于每组中两个元素 α、β，均有 $M(\alpha, \beta) = 1$.

所以每组中的两个元素不可能同时是集合 B 的元素.

所以集合 B 中元素的个数不超过 4.

又集合 $\{(1,0,0,0),(0,1,0,0),(0,0,1,0),(0,0,0,1)\}$ 满足条件,

所以,集合 B 中元素个数的最大值为 4.

(Ⅲ) **解法一**:根据数学的不重不漏分类原则,采用将数集分成若干类,在同一类中至多取一个元素的分类法.

设 $S_1 = \{(x_1,x_2,\cdots,x_n) \mid (x_1,x_2,\cdots,x_n) \in A, x_1 = 1\}$,

$S_k = \{(x_1,x_2,\cdots,x_n) \mid (x_1,x_2,\cdots,x_n) \in A, x_k = 1, x_1 = x_2 = \cdots = x_{k-1} = 0, k = 2,\cdots,n\}$,

$S_{n+1} = \{(0,0,0,\cdots,0)\}$,

则 $A = S_1 \cup S_2 \cup \cdots \cup S_{n+1}$.

对于 S_k($k = 1,2,\cdots,n-1$)中的不同元素 α、β,经验证,$M(\alpha,\beta) \geqslant 1$.

所以 S_k($k = 1,2,\cdots,n-1$)中的两个元素不可能同时是集合 B 的元素.

所以 B 中元素的个数不超过 $n+1$.

取 $e_k = (x_1,x_2,\cdots,x_n) \in S_k$ 且 $x_{k+1} = \cdots = x_n = 0$($k = 1,2,\cdots,n-1$).

令 $B = \{e_1,e_2,\cdots,e_{n-1}\} \cup S_n \cup S_{n+1}$,则集合 B 的元素个数为 $n+1$,且满足条件.

故 B 是一个满足条件且元素个数最多的集合.

【说明】创新问题第一问的具体例子,是熟悉新定义的基础,有时也是构造的基础;第二问往往为第三问搭建了一个台阶,起到承上启下的作用. 如本题的第二问中将满足条件的 8 个元素分为 4 组,每组中的元素不能共存,于是最多只要 4 个元素满足条件的方法就可以推广到第三问中,采用将集合分类,每类元素至多取一个的分类方法.

解法二:数形结合与等价转化.

对于 B 中任意两个不同的元素 α,β,$M(\alpha,\beta) = 0$. 写出一个集合 B,使其元素个数最多,即求满足条件的元素 α 的个数,其中 $\alpha = (x_1,x_2,\cdots,x_n)$.

我们将满足条件的 α 填在下表中(横向即 α 对应的不同元素,纵向是这些元素对应的第 i 个坐标).

由 $M(\alpha,\beta) = 0$,得满足条件的 α、β 等元素的第 i 个坐标不能同时是 1,

即每一列中最多只有一个 1,其余为 0.

显然,从横向坐标看,若某个 α 的坐标出现两个 1,则行数减少,元素 α 的个数减少.

故而至多 n 个 1 的表格应该最多有 $n+1$ 行.

元素	x_1	x_2	...	x_i	...	x_n
α_1	1	0	...	0	...	0
α_2	0	1	...	0	...	0
...	...	...	...	...	...	...
α_i	0	0	...	1	...	0
...	...	...	...	...	...	...
α_n	0	0	...	0	...	1
α_{n+1}	0	0	0	0	0	0

解法三：抽屉原理、反证法.

答：至多有 $n+1$ 个.

存在性：$(1,0,\cdots,0)$, $(0,1,0,\cdots,0)$, $\cdots$, $(0,0,\cdots,0,1)$, $(0,0,\cdots,0)$ 满足条件.

反证：假设满足条件的元素个数大于或等于 $n+2$ 个.

设置 $n+1$ 个抽屉：前 $i-1$ 个坐标为 0，第 i 个坐标首次为 1，其余坐标任意，这样的抽屉有 n 个；还有一个是所有坐标为 0，这个抽屉只有一个元素，这样共有 $n+1$ 个抽屉.

将满足条件的元素放置在这 $n+1$ 个抽屉中，当至少有两个元素 α、β 在同一个抽屉中时，这两个元素的某个坐标同时为 1，$M(\alpha,\beta) \geqslant 1$，与 $M(\alpha,\beta)=0$ 矛盾.

所以得证.

【例8】 设 A 是由 $n \times n$ 个实数组成的 n 行 n 列的数表，其中 a_{ij} ($i,j=1,2,3,\cdots,n$) 表示位于第 i 行第 j 列的实数，且 $a_{ij} \in \{1,-1\}$. 记 $S(n,n)$ 为所有这样的数表构成的集合.

对于 $A \in S(n,n)$，记 $r_i(A)$ 为 A 的第 i 行各数之积，$c_j(A)$ 为 A 的第 j 列各数之积，令 $L(A) = \sum_{i=1}^{n} r_i(A) + \sum_{j=1}^{n} c_j(A)$.

（Ⅰ）请写出一个 $A \in S(4,4)$，使得 $L(A)=0$；

（Ⅱ）是否存在 $A \in S(9,9)$，使得 $L(A)=0$？说明理由；

（Ⅲ）给定正整数 n，对于所有的 $A \in S(n,n)$，求 $L(A)$ 的取值集合.

a_{11}	a_{12}	...	a_{1n}
a_{21}	a_{22}	...	a_{2n}
$\vdots$	$\vdots$		$\vdots$
a_{n1}	a_{n2}	...	a_{nn}

分析：（Ⅰ）逐步调整法：先令表格中所有的数字都是 1，再按照一定（如对角线）的顺序变动一个数字为 -1，观察所得的结果，归纳总结其变化规律及原因，从而从代数上给予证明.

1	1	1	1
1	1	1	1
1	1	-1	1
1	1	1	-1

（Ⅱ）算两次法、反证法（此题解法甚多，但大都基于算两次法和反证法的思想）.

记 $\prod_{i=1}^{n} r_i(A) = r_1(A) \cdot r_2(A) \cdot \cdots \cdot r_n(A)$，则 $P = \prod_{i=1}^{9} r_i(A) = \prod_{j=1}^{9} c_j(A)$，

所以 $\qquad P^2 = \prod_{i=1}^{9} r_i(A) \cdot \prod_{j=1}^{9} c_j(A) = 1$. ①

假设存在 $A \in S(9,9)$，使得 $L(A) = 0$，则 18 个数中有 9 个 1，9 个 -1，

所以 $\prod_{i=1}^{9} r_i(A) \cdot \prod_{j=1}^{9} c_j(A) = 1^9 \cdot (-1)^9 = -1$，与式①矛盾，

所以假设不成立，命题得证.

（Ⅲ）逐步调整法：先由极端情况得 $L(A)$ 的最值和范围，再由构造法得到取等条件.

a_{ij} 全为 1 时，$r_i(A) = 1$，$c_j(A) = 1$，所以 $L(A) = \sum_{i=1}^{n} r_i(A) + \sum_{j=1}^{n} c_j(A) = 2n$，

变换 a_{ij} 的取值，由（Ⅱ）知，$P^2 = \prod_{i=1}^{n} r_i(A) \cdot \prod_{j=1}^{n} c_j(A) = 1$，$r_i(A)$ 与 $c_j(A)$ 这 $2n$ 个数中 -1 的个数为偶数个.

设 $r_i(A)$ 与 $c_j(A)$ 这 $2n$ 个数中有 $2k$ 个 -1，则有（$2n-2k$）个 1，

$L(A) = 2n - 2k + 2k(-1) = 2n - 4k$，$k = 0,1,2,3,\cdots,n$，

所以 $L(A) \in \{-2n, -2n+4, \cdots, 2n\}$．构造例子略．

【例 9】（2022 北京高考）已知 $Q: a_1, a_2, \cdots, a_k$ 为有穷整数数列，给定正整数 m，若对任意的 $n \in \{1, 2, \cdots, m\}$，在 Q 中存在 $a_i, a_{i+1}, \cdots, a_{i+j}$ ($j \geq 0$)，使得 $a_i + a_{i+1} + a_{i+2} + \cdots + a_{i+j} = n$，则称 Q 为 m-连续可表数列．

（I）判断 $Q: 2,1,4$ 是否为 5-连续可表数列？是否为 6-连续可表数列？说明理由；

（II）若 $Q: a_1, a_2, \cdots, a_k$ 为 8-连续可表数列，求证：k 的最小值为 4；

（III）若 $Q: a_1, a_2, \cdots, a_k$ 为 20-连续可表数列，且 $a_1 + a_2 + \cdots + a_k < 20$，求证：$k \geq 7$．

分析：（I）直接根据 m-连续可表数列的定义即可判断．

（II）正向证明思路：由 k 项数列最多可以表示的连续可表数列个数 $1+2+\cdots+k \geq 8$，解出 $k \geq 4$，再给出一个例子说明存在性．

反向证明思路：先证明 k 取 3 时最多可以表示 6-连续可表数列，再给出一个 $k=4$ 的例子说明存在性．

（III）首先由 m-连续可表数列的定义，证明得出 $k \geq 6$，再证明 $k=6$ 时不成立即可．

解：（I）因为 $a_2 = 1$，$a_1 = 2$，$a_1 + a_2 = 2 + 1 = 3$，$a_3 = 4$，$a_2 + a_3 = 1 + 4 = 5$，所以 Q 是 5-连续可表数列．

由于不存在任意连续若干项之和相加为 6，所以 Q 不是 6-连续可表数列．

（II）假设 k 的值为 3，则 a_1, a_2, a_3 最多能表示 a_1, a_2, a_3，$a_1 + a_2$，$a_2 + a_3$，$a_1 + a_2 + a_3$ 共 6 个数字，与 Q 是 8-连续可表数列矛盾，故 $k \geq 4$．

现构造 $Q: 3,1,4,2$，可以表达出 1，2，3，4，5，6，7，8 这 8 个数字，即存在 $k=4$ 满足题意．故 k 的最小值为 4．

（III）先证明 $k \geq 6$．k 项数列最多可以表示的连续可表数列个数为 $1+2+\cdots+k$，由 $1+2+\cdots+k \geq 20$，解得 $k \geq 6$．

当 $k=6$ 时，最多可以表示 $6+5+4+3+2+1=21$ 个正整数．

由于 Q 为 20-连续可表数列，且 $a_1 + a_2 + \cdots + a_k < 20$，所以其中必有一项为负数．除此外，其余连续项的和均为 1 到 20 之间的不等正整数，且该负项不能是

数列中间的项，只能是首项或末项，不妨设为首项 a_1，

因为 a_1+a_2 表示 1 到 20 之间的某个数，所以 $0<a_1+a_2\leqslant 20$，所以 $0<-a_1<a_2\leqslant 20$，

存在 $a_i+a_{i+1}+a_{i+2}+\cdots+a_{i+j}=-a_1$，即 $a_1+a_i+a_{i+1}+a_{i+2}+\cdots+a_{i+j}=0$.

当 $i=2$ 时，显然与 $a_1+a_2+a_3+\cdots+a_{2+j}$ 表示 1 到 20 的数矛盾.

当 $i>2$ 时，$a_1+(a_2+\cdots+a_{i-1})+a_i+a_{i+1}+\cdots+a_{i+j}=a_2+\cdots+a_{i-1}$，

与 $a_1+(a_2+\cdots+a_{i-1})+a_i+a_{i+1}+\cdots+a_{i+j}$ 与 $a_2+\cdots+a_{i-1}$ 表示 1 到 20 的不同的数矛盾.

当 $i=1$ 时，可得所有连续可表数如下：

a_2	a_1+a_2				
a_2+a_3	$a_1+a_2+a_3$	a_3			
$a_2+a_3+a_4$	$a_1+a_2+a_3+a_4$	a_3+a_4	a_4		
$a_2+a_3+a_4+a_5$	$a_1+\cdots+a_5$	$a_3+a_4+a_5$	a_4+a_5	a_5	
$a_2+\cdots+a_6$	$a_1+\cdots+a_6$	$a_3+a_4+a_5+a_6$	$a_4+a_5+a_6$	a_5+a_6	a_6

所有连续可表数之和为

$$5a_1+10(a_2+a_5)+12(a_3+a_4)+6a_6=1+2+\cdots+20. \quad ①$$

所以 a_1 为偶数，且 $a_1\leqslant -2$，由题可知，最大数 $a_2+a_3+a_4+a_5+a_6=20$，

其次较大的数

$$a_1+a_2+a_3+a_4+a_5+a_6=18，\quad a_2+a_3+a_4+a_5=19, \quad ②$$

得

$$a_1=-2,\ a_6=1. \quad ③$$

由①②③解得 $a_2+a_5=7$，$a_3+a_4=12$，且只能是 $a_1+a_2=-a_1\Rightarrow a_2=4$，$a_5=3$.

所以 $a_2=a_5+a_6=4$，与 a_2，a_5+a_6 表示 1 到 20 不同的数矛盾.

故 $k\geqslant 7$.

【例 10】（2023 北京高考）已知数列 $\{a_n\}$，$\{b_n\}$ 的项数均为 $m(m>2)$，且 $a_n,b_n\in\{1,2,\cdots,m\}$，$\{a_n\}$，$\{b_n\}$ 的前 n 项和分别为 A_n，B_n，并规定 $A_0=B_0=0$. 对于 $k\in\{0,1,2,\cdots,m\}$，定义 $r_k=\max\{i\mid B_i\leqslant A_k,i\in\{0,1,2,\cdots,m\}\}$.

其中，$\max M$ 表示数集 M 中最大的数.

（Ⅰ）若 $a_1=2$，$a_2=1$，$a_3=3$，$b_1=1$，$b_2=3$，$b_3=3$，写出 r_0，r_1，r_2，r_3 的值；

（Ⅱ）若 $a_1 \geqslant b_1$，且 $2r_j \leqslant r_{j+1} + r_{j-1}$，$j = 1,2,\cdots,m-1$，求 r_n；

（Ⅲ）证明：存在 $p,q,s,t \in \{0,1,2,\cdots,m\}$，满足 $p > q$，$s > t$，使得
$$A_p + B_t = A_q + B_s.$$

分析：（Ⅰ）对于抽象定义 $r_k = \max\{i \mid B_i \leqslant A_k, i \in \{0,1,2,\cdots,m\}\}$，我们往往把字母具体化，通过特殊值理解定义的本质.

由 $a_1 = 2$，$a_2 = 1$，$a_3 = 3$，$b_1 = 1$，$b_2 = 3$，$b_3 = 3$，得
$$A_1 = 2,\ A_2 = 3,\ A_3 = 6,\ B_1 = 1,\ B_2 = 4,\ B_3 = 7,$$
$A_0 = B_0 = 0$，$r_0 = \max\{i \mid B_i \leqslant A_0 = 0, i \in \{0,1,2,3\}\} = 0$.

令 $k=1$，$r_1 = \max\{i \mid B_i \leqslant A_1 = 2, i \in \{0,1,2,3\}\} = 1$，

令 $k=2$，$r_2 = \max\{i \mid B_i \leqslant A_2 = 3, i \in \{0,1,2,3\}\} = 1$，

令 $k=3$，$r_3 = \max\{i \mid B_i \leqslant A_3 = 6, i \in \{0,1,2,3\}\} = 2$，

通过以上具体实例，理解抽象定义 $r_k = \max\{i \mid B_i \leqslant A_k, i \in \{0,1,2,\cdots,m\}\}$ 的本质，r_k 是求和数列 B_i 中满足不超过 A_k 的最大项数.

（Ⅱ）由 $2r_j \leqslant r_{j+1} + r_{j-1}$，联想等差中项的性质及不等式 $r_j - r_{j-1} \leqslant r_{j+1} - r_j$，推广得 $r_1 - r_0 \leqslant r_2 - r_1 \leqslant \cdots \leqslant r_j - r_{j-1} \leqslant r_{j+1} - r_j \leqslant \cdots \leqslant r_m - r_{m-1}$.

由 $a_1 \geqslant b_1$，$A_1 \geqslant B_1$，$r_1 = \max\{i \mid B_i \leqslant A_1, i \in \{0,1,2,\cdots,m\}\} \geqslant 1$，$r_0 = 0$，$r_m \leqslant m$，所以 $1 \leqslant r_1 - r_0 \leqslant r_2 - r_1 \leqslant \cdots \leqslant r_j - r_{j-1} \leqslant \cdots \leqslant r_m - r_{m-1}$.

求 r_n 通项公式，联想等差数列的叠加法，

得 $r_m = (r_m - r_{m-1}) + \cdots + (r_2 - r_1) + (r_1 - r_0) \geqslant 1 + 1 + \cdots + 1 = m$.

又 $r_m \leqslant m$，所以 $r_m = m$，所以 $1 = r_1 - r_0 = r_2 - r_1 = \cdots = r_j - r_{j-1} = \cdots = r_m - r_{m-1}$，得 $r_n = n$.

（Ⅲ）对于抽象的问题情境，我们尽可能用比较直观的数形结合或实际背景来理解题意. 本题可以翻译成一个寻宝游戏，每人有 m 次机会，每次机会都会出现最少 1 个最多 m 个宝贝，每次机会过后都会将宝贝数量求和计数，初始计数器上显示 0，现在有两个人参加这项游戏. 第三问的背景意义是甲选手第 q 次到第 p 次寻得的宝藏总数与乙选手第 t 次到第 s 次寻得的宝藏总数相等.

证明这个结论需要用到原题所搭建的台阶，即新定义. 同时需要将问题等价转化，即要证 $A_p + B_t = A_q + B_s$，只要证 $A_p - B_s = A_q - B_t \Leftrightarrow A_p - B_{r_p} = A_q - B_{r_q}$，

需要把 $A_k - B_{r_k}$ 作为研究的对象.

我们将原题的题干用图 7-1 来表示：即方块表示数列 $\{a_n\}$、$\{b_n\}$ 的每一项的取值，从左开始 n 个方块的和表示 $\{a_n\}$、$\{b_n\}$ 的前 n 项和，分别为 A_n、B_n，当 k 为正整数时，

由已知得 $B_{r_k} \leqslant A_k < B_{r_k+1} = B_{r_k} + b_{r_k+1}$，所以 $0 \leqslant A_k - B_{r_k} < b_{r_k+1} \leqslant m$，

即 $A_k - B_{r_k} = \{0, 1, 2, \cdots, m-1\}$.

若存在 $A_k - B_{r_k} = 0$，则 $A_k - B_{r_k} = A_0 - B_0$，则 $p = k$，$q = 0$，$s = r_k$，$t = 0$，满足 $A_p + B_t = A_q + B_s$.

若不存在 $A_k - B_{r_k} = 0$，则 $A_k - B_{r_k} = \{1, 2, \cdots, m-1\}, k \in \{1, 2, 3, \cdots, m\}$，$A_k - B_{r_k}$ 有 m 个自变量，有 $m-1$ 个取值，由抽屉原理，知必有两项 p、$q(p > q)$ 使得 $A_p - B_{r_p} = A_q - B_{r_q}$，此时 $s = r_p, t = r_q$，满足 $A_p + B_t = A_q + B_s$.

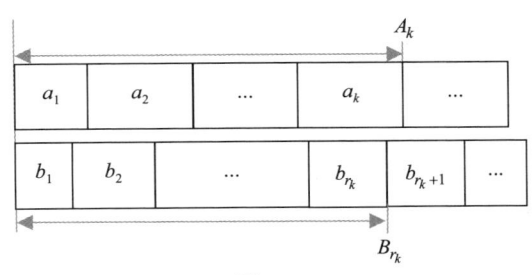

图 7-1

【设计意图】 本组题目基本选用北京高考原题. 一方面，了解北京高考此题的特点、难度、解法思路等，在平时的教学中注意渗透和训练，一个比较有效的方法是有讲有练. 对于认真分析过的题目，课后选用与此题方法相同或相近的题目进行反馈落实，学生在落实和对比中理解解题思路并掌握解题方法，逐渐提升逻辑推理和数学抽象素养. 另一方面，积累解决创新能力题的思路、方法和经验. 下面总结了本题的常见载体和常考知识点及方法.

1. 集合——考查集合语言的理解和集合的表达，常用特殊到一般、具体到抽象的方法；

2. 排列组合——考查计数的知识，常用特殊到一般、分类与整合的思想方法；

3. 向量——一般会拓展为多维向量的模长运算或数量积等运算，做题时考虑降维解决问题；

4. 数列——考查数列的基本性质和运算以及数列递推，有时考查数列与函

数、不等式的综合，通常使用动手尝试、归纳猜想等方法；

5. 不等式——考查不等式的基本性质与应用，往往与数列、函数、导数综合考查，有时会用到传递、放缩等方法.

此外，创新题还常用到动手实践法，通过对字母的特殊化，列举找到规律，再归纳特征、本质，用数学归纳法证明或联想相关的知识点和方法证明；有时也会用到（对偶、极端）构造法、反证法、降维度降次、简单的数论（奇偶性、整除、余数）、抽屉原理等.